"EL ALMA DEL REBE NAJMÁN"

Sijot HaRan

*Enseñanzas del Rabí Najmán de Breslov
con los comentarios de las clases del*

Rabí Zvi Aryeh Rosenfeld zal

Volumen II
Sijot 52 - 93

Compilado y editado por
Rabí Shlomo Katz

Traducido al Español por
Guillermo Beilinson

Publicado por
BRESLOV RESEARCH INSTITUTE
Jerusalem/New York

Copyright©2019 Breslov Research Institute

Ninguna parte de esta publicación podrá ser traducida, reproducida, archivada en ningún sistema o transmitida de ninguna forma, de ninguna manera, electrónica, mecánica, fotocopiada o grabada o de cualquier otra manera, sin el consentimiento previo, por escrito, del editor.

Primera edición
Título del original:

Rebbe Nachman's Soul

Para más información:
Breslov Research Institute
POB 5370
Jerusalem, Israel.

Breslov Research Institute
POB 587
Monsey, NY 10952-0587
Estados Unidos de Norteamérica.

Breslov Research Institute
c\o G.Beilinson
calle 493 bis # 2548
Gonnet (1897)
Argentina.
e-mail: abei2ar@yahoo.com.ar

Diseño de Cubierta: P-B
INTERNET: http//www.breslov.org

Leilui Nishmat
Para la elevación del Alma de

Aarón ben Biniamin z"l
Berta bat Pola z"l

De sus hijos
Con amor, reconocimiento y gratitud

Daniel, Guillermo y Eduardo
Beilinson

Para la Elevación de las Almas
de mi Padre

Isaac Haron Saban

y de mi Madre

Adele Ancona

de su hijo
Aricha Saban

Índice

Prefacio del Editor 8

Prefacio 11

Introducción 15

Sijot HaRan con los comentarios de las clases del Rabí Zvi Aryeh Rosenfeld zal

Sija 52: Oyendo el llamado de HaShem 21

Sija 53: Viviendo con Emuná 31

Sija 54: Renovación sin Repetición 35

Sija 55: ¿Cuán bueno es el Olam HaBa? 43

Sija 56: Reparando tus Errores 45

Sija 57: Transformando el Temor en Poder 50

Sija 58: Utiliza tu Cerebro para Encontrar la Verdad 54

Sija 59: Educando a los Niños 60

Sija 60: Protegiendo la Sabiduría Oculta 68

Sija 61: La Teshuvá del Tzadik 78

Sija 62: El Poder de Concentración 83

Sija 63: Eligiendo un Sendero 93

Sija 64: El Mérito de los Ancestros 97

Sija 65: Simja como una Cura para el Sufrimiento 100

Sija 66: Poniendo el Poder en la Plegaria 106

Sija 67: El Consejo del Tzadik 112

Sija 68: Tefilá, Tehilim, Hitbodedut 115

Sija 69: Venciendo a HaShem con la Plegaria 123

Sija 70: El Hitbodedut del Hombre Simple 128

Sija 71: La Teshuvá Corrige Todo 135

Sija 72: Sobre las Distracciones 142

Sija 73: Estudiando los Secretos de la Torá 146

Sija 74: Encontrando Kavaná 156

Sija 75: La Simpleza en la Plegaria 159

Sija 76: ¿Cuánta Torá hay que Estudiar? 166

Sija 77: Enfrentando la Disputa 176

Sija 78: La Rectitud dentro el Mal 183

Sija 79: Obstinándose con la Teshuvá 189

Sija 80: Evitar las Malas Compañías 193

Sija 81: El Peligro del Escepticismo 198

Sija 82: Elije tus Enemigos 201

Sija 83: Conoce Tu Verdadera Fuerza 205

Sija 84: HaShem es el Único Escape 213

Sija 85: Motivos para Viajar 219

Sija 86: Costumbres de las Bodas 225

Sija 87: Llorando por un Hermoso Etrog 238

Sija 88: Un Habla Liberada 245

Sija 89: Limpiando el Registro con Bondad 248

Sija 90: Preparación para dormir 255

Sija 91: Cómo amar la Torá 261

Sija 92: El momento para la batalla 269

Sija 93: Aferrándose al Tzadik Emet 275

Glosario 282

Diagramas 297

Prefacio del Editor

El presente volumen está compuesto por la transcripción de las clases del Rabí Zvi Aryeh Rosenfeld sobre *Sijot HaRan*, el texto que recopila las conversaciones y enseñanzas del Rebe Najmán de Breslov.

Sus clases se caracterizaban por una dulzura espiritual que llevaba a los oyentes más cerca del Creador y de los verdaderos Tzadikim y en especial de las enseñanzas del Tzadik, quien es el cimiento del mundo, el Rebe Najmán de Breslov, a cuya difusión el Rabí Rosenfeld le dedicó su vida, para hacerlo conocer y amar.

En sus últimos días el Rabí Rosenfeld impartió una serie de clases sobre el *Sijot HaRan* (literalmente, "Las Conversaciones del Rabí Najmán"), pero desafortunadamente falleció antes de completarlas.

Durante muchos años pensamos en publicar esas maravillosas clases. Finalmente comenzamos a procesar su compilación y a convertirlas de Torá oral en Torá escrita, sin cejar en ningún esfuerzo para publicar el libro de la mejor forma posible.

Decidimos titular este libro "*El Alma del Rebe Najmán*" como una continuación de nuestra traducción original del *Sijot HaRan, "Sabiduría y Enseñanzas del Rabí Najmán de Breslov"*. Pues la sabiduría está íntimamente conectada con el alma como se afirma, *"venishmat Shadai tevinem"*, "El alma que viene del Todopoderoso les permitirá comprender".

Si bien se buscó mantener el "sabor" de su origen coloquial, lo hemos adaptado a un lenguaje escrito más fluido.

En conclusión, elevamos nuestras manos al Todopoderoso rogando que, así como Él nos ayudó a publicar esta edición, podamos ser dignos de publicar todas las enseñanzas de Torá del Rabí Rosenfeld, para iluminar el mundo con la fe en HaShem, en Sus Tzadikim y en Su Torá, como está escrito "*Vegam beja iaaminu leolam*" – "también en ti [Moshé] creerán por siempre".

* * *

El Breslov Research Institute desea expresar su profundo agradecimiento a todos aquellos que dieron de sí mismos para llevar adelante este proyecto. Estas clases fueron dadas en Brooklyn entre los años 1975-1978. Los asistentes solían llevar sus grabadoras de *cassette* (no profesionales) para registrar las lecciones para la posteridad. Aquéllos familiarizados con la cualidad de las cintas de esa época saben de la tremenda esperanza colocada en esos artefactos primitivos para preservar el legado de los tiempos. Pero las cintas sobrevivieron milagrosamente y fueron más tarde transferidas a CDs para preservar esas enseñanzas, en un mundo que las necesita mucho más hoy en día.

La tarea requirió horas de transcripción a partir de las cintas originales y de los Cds hacia la forma digital necesaria para su publicación. Abraham David (Bobby) Rosenberg, cuyo amor sin limitaciones por su Rebi lo llevó a sumergirse, una y otra vez, en las clases del Rabí Rosenfeld, fue la fuerza motora detrás de esas transcripciones, encontrando las personas correctas para hacer realidad este proyecto.

Gracias a Shaúl Mizrahi, a quien consideramos un "regalo" para este proyecto. Aunque nunca conoció el Rabí Rosenfeld, aun así lo llamó "mi Rebi". Pese a tener un doctorado y ser abogado, dejó de lado su profesión para trabajar en los *shiurim* del Rabí Rosenfeld. Su dedicación al detalle y su capacidad para sincronizar todas las partes -el hebreo, el inglés, las afirmaciones simples y las ideas kabalísticas- fueron un importante elemento de esta obra.

Nuestro agradecimiento al Rabí Shlomo Katz por su brillante "darle sentido en papel" a lo que se dijo en una clase. Y a la larga lista de amigos y discípulos del Rabí Rosenfeld que dieron de su tiempo, de su talento y de su apoyo financiero para ayudar a que este proyecto fructificara.

Para todos, es nuestra esperanza que nuestros esfuerzos combinados nos alienten a caminar en la senda de la verdad del *Tzadik emet*. Podamos merecer ser testigos de la llegada del Mashíaj, de la reconstrucción del Templo y del retorno de los exilados, pronto y en nuestros días. Amén.

Breslov Research Institute
Sivan 5778 / Mayo 2018
Jerusalén

Nota del traductor:

Aquellos lectores familiarizados con la literatura de Breslov encontrarán en estos textos una voz diferente. La fuerza y generosidad del Rabí Rosenfeld *zal* en estos *shiurim* sorprenden e inspiran a quien se deja llevar por su asombroso fluir. Agradezco a HaShem el haberme permitido trabajar en esta traducción.

Prefacio

¿Quién fue el Rabí Rosenfeld?

Rabí Zvi Aryeh Rosenfeld
(1922-1978)

El Rabí Zvi Aryeh Benzion Rosenfeld fue un pionero del movimiento de Breslov en los tiempos actuales. Llevó la *Jasidut* a Norteamérica a mediados del siglo XX y nutrió su crecimiento durante más de 30 años. Muchos de los maestros de Breslov de habla inglesa de hoy en día fueron discípulos de este gran educador y guía espiritual.

Nacido en Gydinia, Polonia, el Rabí Rosenfeld proviene de la línea ancestral del Rav Aarón de Breslov y del Rav Shmuel Itzjak, el Rav de Tcherin, prominentes discípulos del Rebe Najmán de Breslov. El Rabí Rosenfeld emigró a

Brooklyn, Nueva York, con sus padres cuando era aún un niño y estudió en la *Rabbi Chaim Berlin School* y en la *Ieshivá Torah Vodaas*, en la ciudad de Nueva York. A la edad de 23 años, luego de completar todo el Talmud por segunda vez, recibió *smijá* del Rav Abraham Yaffen, *rosh ieshivá* de la *Ieshivá Bait Iosef-Novardok* en Europa y en América y del Rav Abraham Sternhartz, el reconocido líder de la *Jasidut* de Breslov en Rusia y en Jerusalén.

Su penetrante mente e incansable celo le permitieron alcanzar una gran maestría en todos los campos del estudio de la Torá, incluyendo el Talmud, el *Shuljan Aruj*, las enseñanzas jasídicas y la Kabalá. El Rav Moshé Feinstein solía tratar con él cuestiones difíciles de la ley judía, cuyas discusiones frecuentemente continuaban durante toda la noche. El Rabí Rosenfeld estuvo muy cerca del Rebe de Lubavitch, Rav Menajem Mendel Schneerson, en una cálida relación que comenzó cerca del año 1950 y continuó hasta el fallecimiento del Rabí Rosenfeld en el año 1978.

El Rabí Rosenfeld tuvo alumnos de todas las edades, desde niños de *Talmud Torá* hasta *bajurim* de Ieshivá y adultos. Dando constantes lecciones y conferencias, el Rabí Rosenfeld amaba compartir su vasto conocimiento del Talmud, del Midrash, del *Zohar*, de la Kábala y de las enseñanzas del Rebe Najmán, en clases que les impartía tanto a judíos ashkenazíes como sefaradíes. También sobresalía en sabiduría secular y solía aconsejar sobre temas financieros. Aun así vivía de manera muy modesta -en un apartamento rentado de una habitación- con sólo el salario de un maestro para sustentarse junto a su familia.

El Rabí Rosenfeld hizo más de 50 viajes a la Tierra Santa. En su primer viaje en el año 1949, se encontró con el Rav Abraham Sternhartz, quien inspiró en él un ardiente deseo de difundir las enseñanzas del Rebe Najmán en América. Ésta se volvió la misión de su vida y durante tres décadas fue un pionero en el movimiento *baal teshuvá* en los Estados Unidos, acercando cada vez más gente a las enseñanzas del Rebe Najmán.

Se dedicó a recolectar fondos para sustentar a las familias necesitadas de Breslov en Israel, a construir la *Ieshivá* de Breslov en Jerusalén y a publicar las obras del Rebe Najmán. En diciembre del año 1963, durante el pico de la Guerra Fría, llevó al primer grupo de Breslovers de Norteamérica a Umán, para orar en el *tzion* del Rebe Najmán.

El Rabí Rosenfeld dejó un legado de más de 1000 lecciones y conferencias grabadas, basado en el Talmud, en la *halajá*, en la Kabalá y en las enseñanzas jasídicas. También fue un pionero en la traducción de las enseñanzas del Rebe Najmán al inglés, comenzando con *Sijot HaRan*. A pedido del Rabí Rosenfeld, el Rabí Aryeh Kaplan tradujo esta obra al inglés con el título de *Rebbe Nachman's Wisdom* (publicada en español como *Sabiduría y Enseñanzas del Rabí Najmán de Breslov*) y fue el Rabí Rosenfeld mismo quien la editó.

Sentía un inmenso amor por *Eretz Israel* y quiso asentarse allí para vivir. Lo único que lo retuvo fueron los nuevos estudiantes que seguían sumándose a sus clases cada día. Cierta vez decidió que, de pasar un año entero sin la llegada de un nuevo estudiante, se mudaría a Jerusalén. Enfermo de cáncer a la edad de 56 años, finalmente se mudó a Jerusalén en el verano de 1978, dándose así varios meses para preparar su partida. El día 11 del mes de Kislev es el *iortzait* del Rav Zvi Aryeh Rosenfeld.

Atrajo a muchos a las enseñanzas del Rebe Najmán. Enriqueció cada mitzvá y cada matiz de la *kedushá* con un entusiasmo asociado a la vida de cada uno, a la pura *emuná* y al *bitajón*. Le estamos sinceramente agradecidos a un Rav que fue una fuente de asombrosos consejos tanto para *rujaniut* como para *gashmiut*. Muchos años han pasado desde su fallecimiento y aún sentimos un profundo vacío.

El espíritu del Rabí Rosenfeld continúa dando forma a nuestro mundo. Sus palabras, tan claras y cautivantes como en el día en que fueron dichas, aún pueden oírse en cada clase que grabó sobre todos los aspectos del pensamiento de Breslov. Y cuando vemos el creciente interés en el Rebe Najmán en los Estados Unidos, en Canadá, en Sudamérica, en Sudáfrica, en Europa, en Asia y en Australia, nos quedamos asombrados del hombre que por sí sólo trajo las enseñanzas de Breslov a los nuevos continentes y a las nuevas generaciones.

"Decimos que es de noche, vemos que es de noche, creemos que es de noche.
"Pero yo digo honestamente y en verdad... creo mucho más que *Rabeinu zal* es el *Tzadik emet* de lo que creo que es de noche ahora. Estoy mucho más seguro de ello".

- Primera clase del Rabí Rosenfeld sobre *Shevajey HaRan*, septiembre de 1975

Introducción

Para comprender en verdad el profundo amor por HaShem, por la Torá y por el *Tzadik emet* que motivó cada una de las acciones del Rabí Zvi Aryeh Rosenfeld no es suficiente con conocer sus antecedentes y su historia de vida. Es necesario comprender la *Jasidut* de Breslov que él enseñó y comprender cómo sus esfuerzos fueron tan únicos en la Norteamérica de los años 1950, 60 y 70.

Hoy en día y en el mundo entero existen muchas clases de judíos afiliados a la *Jasidut* de Breslov, con diferentes modos y acercamientos. Pero casi todos los judíos han tenido acceso a un libro de Breslov, a una clase sobre el Rebe o se han unido a los breslovers en su baile y canción. Más de cuarenta mil judíos viajan para el *kibutz* de Rosh HaShaná en Umán cada año. Casi todos saben al menos algo del Rebe Najmán de Breslov.

Sin embargo hace cincuenta años, poca gente fuera de Rusia e Israel había oído alguna vez la palabra "Breslov". El Rabí Rosenfeld estuvo prácticamente solo en su dedicación, en su intensa confianza y en su simple y pura fe en el Rebe Najmán y en sus enseñanzas en la Norteamérica de esos años. Su inmutable fe en el Rebe incomodó también a algunas personas del mundo de la *ieshivá*, que no estaban familiarizadas con el concepto del *Tzadik emet*. El Rav Rosenfeld tenía la apariencia de un meticuloso rabino de una *ieshivá* lituana. No parecía en absoluto jasídico. Muchos podrían haber pensado lo contrario... hasta que comenzaba a dar sus *shiurim*. Ésos *shiurim* estaban imbuidos de un vasto conocimiento del Talmud, del Midrash, del *Zohar* y de la Kabalá - pero en el corazón de todos sus *shiurim* estaban siempre las enseñanzas del Rebe Najmán.

En septiembre del año 1975, cuando el Rabí Rosenfeld comenzó a dar sus *shiurim* sobre *Shevajey HaRan* y *Sijot HaRan* fue como si hubiera esperado para ello toda su vida. De hecho, fue la última serie de *shiurim* que dio y, desafortunadamente, falleció antes de completarla. Esos *shiurim* tenían la intención de ser una introducción formal y apropiada a la *Jasidut* de Breslov.

El Rabí Rosenfeld comenzó sus series como sigue:

"Hoy comenzamos una nueva serie de *shiurim*, un evento realmente histórico para nosotros, sobre *Rabeinu zal*".

Inmediatamente indicó que el Rebe Najmán sería referido desde ese momento como *Rabeinu zal*, "nuestro maestro cuya memoria es bendecida". El Rabí Rosenfeld era inconmovible en su intensa confianza y simple y pura fe en el Rebe Najmán y en sus enseñanzas.

Al comenzar *Shevajey HaRan*, el Rabí Rosenfeld repitió las palabras de su autor, el Rabí Natán Sternhartz quien fuera el discípulo más cercano y escriba del Rebe Najmán. Estas palabras son muy apropiadas aquí. Lo que sigue es una breve síntesis del *shiur* del Rav Rosenfeld:

"Escribe el Rabí Natán en el prefacio de este libro que estaba dudando si poner esto por escrito o hacerlo público debido al hecho de que existe mucha gente que no creería en ello y diría que era imposible que un ser humano alcanzara algo así. De todos modos, el Rabí Natán afirmó que había decidido registrarlo por escrito pues todo aquello de lo cual él estaba testificando era algo que había visto él mismo y que, además, aquellos que creían en *Rabeinu zal* estaban ansiosos por conocer. Aquellos que no creen, *jas veshalom*, también podrán obtener algo de su lectura. Pues aunque no crean en *Rabeinu zal*, las cosas presentadas aquí, los hábitos y las historias del sacrificio hecho en aras de la religión, son temas de los cuales puede aprender cada persona... de las historias mismas. Incluso aquellos que se oponen, los así llamados *mitnagdim*, también podrán ganar algo. Que lean sobre cómo servir a HaShem.

"En definitiva, el Rabí Natán afirmó muy claramente que todas las alabanzas mencionadas aquí, en este *sefer*, suenan muy lejanas y elevadas, pero que todas ellas no son más que una gota en el océano comparadas con la verdadera grandeza de *Rabeinu zal*.

"Y esto lo decimos con una fe muy profunda. Antes de comenzar, nos gustaría dejar esto muy claro: Puede haber alguien que nunca haya oído de *Rabeinu zal*, o alguien que tenga las inevitables preguntas sobre qué es lo que hace que un rav sea más grande que otro. No es nuestro asunto ahora entrar en esta controversia; podemos decir esto en aras de aquellos que son los seguidores de *Rabeinu zal*, los jasidim de Breslov. Ninguna palabra más hace falta para explicarlo y esto no requiere pruebas. Pero en aras de aquellos que pueden ser escépticos, sólo decimos lo siguiente: Tengan paciencia, esperen hasta oír más sobre la vida y los dichos de *Rabeinu zal* y entonces, estamos seguros de que también ustedes se unirán con una firme fe en reconocer la grandeza de *Rabeinu zal* como el *Tzadik emet*. Nuevamente, queremos afirmar de manera muy enfática que *emuná*, la fe, significa que uno cree con tanta fuerza como aquello que uno puede ver - y la verdadera fe significa ver incluso con más fuerza todavía. La fe es algo que uno no ve. Pero la verdadera *emuná* consiste en que tu fe es tan grande... más que algo que puedas ver.

"Y por lo tanto afirmamos ahora que en este momento, aunque no puedan verlo en la grabación, ahora precisamente es de noche. Esto es algo que nadie en este momento puede negar. Decimos que es de noche, vemos que es de noche, creemos que es de noche. Pero yo afirmo con total honestidad y en verdad, en un día tan importante, que creo mucho más que *Rabeinu zal* es el *Tzadik emet* de lo que creo que es de noche ahora. Estoy mucho más seguro de ello. Y esto es sólo rozar la superficie de la fe. Debemos trabajar para adquirir una fe mucho más fuerte que ésta. Es nuestra esperanza que a través de este estudio de los escritos de *Rabeinu zal* podamos alcanzar este verdadero grado de fe".

Sijot HaRan

con los comentarios de las clases del
Rabí Zvi Aryeh Rosenfeld zal

Sija # 52

Oyendo el llamado de HaShem

Está escrito (Isaías 6:3): "El mundo entero está lleno de Su gloria".

La gloria de HaShem clama desde todas las cosas.

Incluso los cuentos de las naciones resuenan con la gloria de HaShem. Éste es el significado del versículo (Salmos 96:3): "Que las naciones relaten Su gloria". Y esto también se refleja en sus relatos.

La gloria de HaShem resuena constantemente, llamándote para que te acerques a Él. Pues HaShem te desea cerca con todo Su amor y toda Su misericordia.

A veces tus plegarias son como llamas de fuego. Las palabras fluyen de tus labios con una ardiente devoción, despertando tus emociones más profundas.

En ese momento la misma luz de HaShem se encuentra dentro de ti, diciéndote que te acerques. Tus profundas emociones son una chispa de la propia esencia de HaShem.

Está escrito (Deuteronomio 10:21): "Él es tu alabanza, Él es tu HaShem". HaShem mismo está en tu alabanza y en tu plegaria. A veces puedes estar orando delante de HaShem, literalmente.

Debes igualmente orarLe a HaShem cuando Él se retira y se encuentra lejos. Como está escrito (Salmos 55:23): "Arroja tu carga sobre HaShem". Debes, literalmente, arrojar tus plegarias, lanzándolas hacia HaShem, desde lejos. Dice el *Tikuney Zohar*: "Feliz del hombre que sabe cómo arrojar flechas" (*Tikuney Zohar* #21, 61b). Éstas son las plegarias que deben arrojarse hacia HaShem.

(*Sijot HaRan* #52)

HaShem es todo y está en todas partes

Rabeinu *zal* dice que en cada parte de la creación encontramos el *cavod*, el "honor", la grandeza de HaShem. Dado que todo fue creado por HaShem, debe haber parte de HaShem en todas las cosas. En verdad, HaShem existe incluso en algo que es contrario a la fe, como un ídolo. El ídolo mismo tampoco podría existir a no ser que parte de HaShem se encuentre en él, pues donde no está HaShem, no hay nada. HaShem está en todas partes y esto se manifiesta en diferentes formas.

Naturalmente, la persona podría decir que dado que HaShem, *kiviajol*, "si así pudiera decirse", se encuentra en un cierto grado dentro de ese ídolo, ¿acaso ello no le da algo de santidad al ídolo mismo? La respuesta es definitivamente no, pues HaShem le ha otorgado poder al *satán*, ordenando que el *satán* induzca a la gente a ir en contra de la orden de HaShem, como una prueba. De modo que vemos que HaShem ha creado esa cosa como una prueba, para que la persona se pruebe a sí misma en su fe en HaShem.

Desde todo aquello que uno ve el honor de HaShem clama al judío, diciéndole que se acerque y que sirva a HaShem.

El propósito de este mundo

El judío fue creado con un propósito y no para vivir como un animal. No fuimos creados para levantarnos simplemente por la mañana, desayunar, salir a trabajar y ganar suficiente dinero para comprar alimento para desayunar nuevamente, sólo para luego salir a trabajar para comprar alimentos... Éste no es el propósito de la persona y su objetivo no es fallecer finalmente, tener un hermoso funeral y ser enterrada bajo un mausoleo de piedra. Ése no es el final de la persona ni su misión en la tierra.

Su misión es servir a HaShem y recordar siempre que éste no es el mundo real, que éste no es el final. Este mundo es el más bajo de todos los planetas, más bajo que el más bajo de los cielos. Arriba, en los cielos, se encuentra el mundo real, el mundo del *Gan Edén*. Este mundo es muy temporal. Es una antesala a la Cámara del Trono de HaShem, que es el Mundo del Cielo.

La venida de la persona a este mundo es temporaria. Nadie ha salido nunca de este mundo con vida. Nadie se ha quedado aquí permanentemente. Cada persona -buena, mala, rica o pobre- dejará finalmente este mundo. Ello significa que tampoco nosotros somos diferentes a todas las generaciones que nos precedieron. Llegará un momento en el que ninguno de nosotros estará aquí; a no ser que, por supuesto, llegue Mashíaj y todos tengamos el *tejiat hameitim*, "la resurrección de los muertos". Todos estaremos en algún otro lugar, y es mejor que nos preparemos para ese viaje final y para la vida eterna posterior.

"Retorna a Mí"

Dado que todos estamos extremadamente ocupados, necesitamos algo que nos lo haga recordar. Estamos tan ocupados con lo que creemos que es el mundo real... Así sea con los estudios, los negocios o el placer, nos olvidamos de nuestra verdadera misión.

Para ayudar a la persona, HaShem envía mensajes. Esos mensajes son llamadas silenciosas, son alusiones. Si la persona al menos lo reconociera, oiría esas llamadas en todas las cosas. HaShem llama a la persona, "Retorna - no sigas adelante hacia ese abismo del deseo físico, que carece de sentido y de valía. Retorna a Mí. Comprende por qué estás aquí".

HaShem le dice a cada uno de nosotros, "Comprende que incluso el más grande de los placeres de aquí es sólo temporal. No importa lo que tu mente pueda haber concebido -una pantalla de televisión más grande, un automóvil de oro puro o una montaña de delicioso helado- todo lo que hayas podido concebir no es nada en realidad comparado con el éxtasis que la persona experimenta en el *Gan Edén* en un solo instante". *Gan Edén* no es sólo para un minuto. *Gan Edén* es una vida mucho más larga que la de aquí.

¿Aié? ¿Dónde?

Este recordatorio de HaShem se hace de todas las formas posibles. Todo lo que la persona ve es un recordatorio para ella. La pregunta es: ¿Cómo encuentro ese recordatorio? ¿Dónde puedo ver a HaShem llamándome? Veo todo como cualquier otra persona... ¿Dónde está la voz? ¿Dónde está el clamor?

Rabeinu *zal* dice que hay veces en que la persona que está orando se encuentra perdida en una profunda cavilación. En medio de la plegaria sus pensamientos divagan sobre cosas que debe comprar, o planes sobre cómo gobernar mejor el país. A veces divaga sobre la puntuación de los diferentes juegos de pelota. Esto puede suceder precisamente en medio de las *Shmone Esere*. Y de pronto se despierta y ve que está retrocediendo tres pasos y terminando las *Shmone Esere*. ¿En dónde estuvo? En un juego de pelota...

Súbito despertar

Sin embargo, a veces la persona se encuentra en medio de la plegaria y súbitamente comienza a surgir un profundo sentimiento de *teshuvá* y de compasión de sí misma. Dándose cuenta de su situación, comienza a recitar una de las *berajot*, "bendiciones", de las *Shmone Esere* con un profundo sentimiento. A veces incluso se encuentra derramando lágrimas con una profunda *kavaná* y calidez, tales como nunca antes sintió. En ella se ha encendido una chispa y la plegaria comienza a fluir.

Esto también le puede suceder al estudiar. Su estudio puede ser muy pasivo y muy aburrido. De pronto percibe una pregunta en la Guemará que es muy difícil e interesante. Comienza a pensar al respecto y se encuentra profundizando más y más, experimentando el entusiasmo de tratar de encontrar una respuesta a una cuestión profunda.

¿Qué es lo que ha generado ese súbito despertar? En ese segundo, fue alcanzada por un llamado a despertar proveniente de HaShem. Su alma fue alcanzada por un mensaje del Cielo.

Se le ha dado la oportunidad de levantarse, de volver a brillar. Si lo merece, deberá aprovechar esa oportunidad.

La debilidad de la generación

Hoy en día constituimos una clase diferente de generación. Tres generaciones atrás, la vasta mayoría de los judíos era observante del Shabat. Raramente se podía encontrar a un judío que se animara a desacralizar el Shabat. De hacerlo, lo haría de manera privada. Hoy en día, y muy trágicamente, la mayoría de los judíos *mejalel Shabat*, "desacralizan el Shabat". La mayoría de los judíos ni siquiera sabe lo que son los *tefilín*. Ello se debe a que las generaciones se han debilitado mucho. Ha habido una declinación en la cualidad de la religión.

Como dice la Guemará, en cada generación los líderes se encuentran en un nivel cada vez más bajo (Shabat 112b). Los rabinos y los Tzadikim de hoy no pueden compararse con los de la generación pasada, ni ellos con los que les precedieron, y así en más. Si los rabinos son inferiores, también los discípulos se encuentran mucho más bajo que los discípulos de antes. Es toda la generación la que ha bajado de nivel.

Por lo tanto y dado que sabemos que no somos la primera generación sino el final de una larga línea de generaciones, estamos acercándonos al final del mundo, al final del tiempo. Como dice la Guemará, hay un tiempo fijado para la existencia de este mundo y será cuando finalmente llegue el Mashíaj (Sanedrín 97a). Esto se acerca a los últimos momentos de la creación. Por lo tanto ahora nos encontramos en un nivel muy, muy bajo, de modo que naturalmente sabemos que nos hemos alejado de HaShem, alejado de Su llamada recordatoria y alejado del cumplimiento de nuestra misión.

Mi turno para clamar

Por lo tanto dice Rabeinu *zal*: Cuando la persona comprende que debido a que ha sido tan negligente en oír a HaShem, HaShem también ha partido, *kiviajol*, y que

HaShem dice, "Los he llamado tantas veces y ustedes no han respondido... Les digo adiós...". ¿Cuál es entonces el próximo paso? El próximo paso, dice Rabeinu *zal*, es que la persona llore, que clame ante HaShem, "¡No me dejes! ¡No me olvides! Es mi turno para clamar a Ti, para que vuelvas". Por supuesto, este clamor amargo y triste nunca es rechazado por HaShem. HaShem desea el clamor de aquel que ha caído.

Un secreto del *Tikuney Zohar*

Dice Rabeinu *zal*: Con esto, revelaré un secreto que se encuentra en el *Tikuney Zohar*. El *Tikuney Zohar* es uno de los *sifrei Kabalá*, "libros de Kabalá", escritos por el Rabí Shimón bar Iojai junto con Moshé *Rabeinu*. En él hay una afirmación que parece un misterio. Dice Rabeinu *zal*: Interpretaré esta declaración para ustedes, con relación a lo que hemos acabado de decir.

El *Tikuney Zohar* dice que existe una serpiente venenosa y mortífera que vive entre las montañas más altas. Aquel que logre matar a esa serpiente recibirá como recompensa a la princesa, que habita en una alta torre. La princesa es la recompensa por matar a esa serpiente.

El *Zohar HaKadosh* dice que esa serpiente se mata con flechas. Alguien, un joven, viene y arroja una andanada de flechas, asaeteando a esa gigantesca serpiente, pero la serpiente se las sacude de encima. Fue un muy buen intento, pero inútil. Llega entonces Moshé *Rabeinu* para ayudar al joven que trata de matar a la serpiente. Toma su arco y sus flechas. Con una tremenda velocidad golpea a esa serpiente, una flecha tras otra, hasta que la serpiente cae muerta. La princesa le es dada entonces a ese joven, no a Moshé *Rabeinu*. Eso es lo que dice el *Tikuney Zohar* (Tikuney Zohar #13, 29b).

¿Quién es la princesa?

Dice el *Tikuney Zohar*: Sólo les diré que esa princesa significa el poder de la plegaria. La última de las Diez *Sefirot* es llamada *Maljut, maljut pé*, "*maljut* es la boca". Las Diez *Sefirot* corresponden a diferentes partes del cuerpo, que corresponden al alma. La boca corresponde a *Maljut*, a la princesa, la *bat melej*, "la hija del rey", que es *emuná*, "fe", que es la *tefilá*, "plegaria". De modo que la persona que merece destruir esa serpiente obtiene, como premio, el poder de la *tefilá*.

Dice Rabeinu *zal*: Podemos comprender lo que significa esta afirmación. La serpiente es el poder maligno que trata de separar al judío de HaShem. Debe haber una unidad, debe haber un lazo de unión, entre HaShem y el pueblo de Israel, pues nosotros somos parte de HaShem, somos parte de la *Shejiná*. Este lazo entre los judíos y HaShem es algo deseado por HaShem.

Intercambio de admiración

Cierta vez hubo una boda en *Har Sinaí*, en el monte Sinaí, donde HaShem fue el novio y los judíos, la novia. Todo el *Shir HaShirim*, el Cantar de los Cantares, se relaciona con ese momento en el *Har Sinaí* donde el intercambio de admiración fue expresado entre el novio y la novia. HaShem habla sobre la grandeza de su novia, sobre cuán maravillosa novia es la nación judía; y los judíos, la novia, admiran la grandeza celestial de HaShem.

El arma secreta de los judíos

Aquí llega entonces el *satán*, el *ietzer hará*, alejando al judío de HaShem, haciendo que caiga en la transgresión. Y cada transgresión que comete la persona la hunde mucho más en ese pozo de *tumá*, de impureza. La persona se aleja tanto, *jas veshalom*, HaShem no lo permita, que se encuentra imposibilitada de retornar. ¿Qué hay que hacer? Debes hacerte de un arma, el arma de la voz, el arma de la *tefilá*. Es necesario aprender a disparar poderosas flechas al *satán*, pues esas flechas son el arma secreta del judío.

Como ejemplo, al viajar al exterior, a uno siempre le

preguntan, "¿Tiene algo especial que declarar? ¿Lleva acaso algún arma?".

Cuando recientemente me hicieron esa pregunta, yo dije, "Absolutamente sí". Hubo expresiones de tremendo asombro. ¿Una confesión? No podían entender. Me miraron y dijeron, "Usted no tiene el tipo...". Yo les dije, "Pero tengo un arma".

"¿De qué clase?".

"Más poderosa que una *Uzi*".

"¿Cual es esa arma?".

"'*HaShem uzi umeuzi*' ('HaShem, fuerza mía y mi fortaleza') (Jeremías 16:19). Tengo un *Sefer Tehilim*. Es muy pequeño, y muy poderoso también".

Durante las guerras más importantes de Israel, ¿qué trajo la victoria? ¿Qué produjo la destrucción del enemigo? ¿Acaso fueron las balas de una ametralladora o las palabras que salieron del corazón de la gente? No fue en el campo de batalla sino, quizás, a 7000 km de allí, clamando a HaShem esas palabras de los *Tehilim*. Cada palabra fue una flecha absolutamente certera, cada palabra golpeó al enemigo.

Éste es un misil tan perfecto y tan preciso, tan seguro de la victoria, que ningún arma así se ha inventado aún ni puede compararse con esto: el poder de la *Tefilá*. Sin embargo, uno debe recordar que ello depende de cuán pura sea la fe de aquel que ora, y de cuánto ponga su corazón en la plegaria.

Con respecto a la historia del *Tikuney Zohar*, el "joven" hace referencia a la persona que aún es inmadura; que aún no es un Tzadik. Trató, le apuntó a esa serpiente, pero no tuvo éxito. La serpiente se sacudió de encima su *tefilá*. No significaba nada, no tenía peso alguno. Esto quiere decir que incluso cuando la persona está orando, diciendo palabras muy sagradas, en lugar de pensar en la traducción de las palabras y en lugar de sentirlas, su mente está lejos, en un tema absolutamente diferente, *jas veshalom*. ¿Por qué esto es así?

Se debe a este *ietzer hará*, a este *satán* que interfiere, que se lleva la mente de la persona. Secuestra la mente de la persona y la contamina. Éste es el campo de batalla. Dice el *Zohar HaKadosh*, "*Ki aleja horagnu kol haiom*" ("Por Ti somos muertos cada día"). La persona sale a la guerra y fallece cada día en esa batalla. ¿De qué clase de batalla estamos hablando? Ella está dispuesta a morir en esa batalla de la *Tefilá*, para vencer a este archienemigo, pero no lo logra. Es joven y no tiene esa fuerza.

El sendero a la victoria

¿Cual es la verdadera solución? Moshé *Rabeinu*, que significa el *Tzadik emet*, el Tzadik verdadero. ¿Cómo es que ese joven finalmente adquiere el premio, la princesa? Pues ha tenido una fe perfecta en el *Tzadik emet*, y si uno tiene esa fe en el *Tzadik emet*, puede estar seguro de que su *tefilá* estará cuidada. Envía su *tefilá* con guardaespaldas, *lehavdil*, quienes se cuidarán de que ningún ladrón de caminos se robe esa plegaria.

No será destruida por los secuaces del *satán* al acecho en el camino, para robar, para destruir la plegaria de la persona, pues está protegida y es llevada delante del Trono Celestial. Ése fue el caso de Moshé *Rabeinu*, quien se colocó junto a su seguidor y con éxito destruyó a la serpiente. Retiró esa barrera, ese obstáculo, que separaba al judío de HaShem. Con ello, hizo que el judío retornara a HaShem.

Un clamor desde arriba

Dice Rabeinu *zal*: Éste es el significado de un clamor desde arriba. Es HaShem llamándonos. Aunque la persona no reconozca ese llamado y se haya alejado mucho, aún hay esperanzas para ella. Puede volver y clamar a HaShem, "HaShem, me he extraviado, me he alejado. Conozco mis errores. Sé que es mi falta. Sé que debería haber controlado mis deseos y tentaciones, pero fui débil. Me hicieron extraviar. Dejé el pueblo. No pude ir a las clases de Torá. Yo mismo no pude estudiar Torá. Dejé que me llevaran lejos de la *kedushá*, pero muy profundamente dentro de mí, conozco la verdad. Sé cuán lejos me he extraviado. Sé que mi alma clama y anhela retornar. Por lo tanto clamo, HaShem: Tómame de vuelta, *hashiveinu*, haznos retornar a Ti".

Con *emuná* en el *Tzadik emet*, la persona puede tener éxito en destruir esa gigantesca serpiente y apegarse una vez más a HaShem.

Sija # 53

Viviendo con Emuná

Si tienes fe, tu vida es una verdadera vida.

Cuando tienes fe, cada día está pleno de bien. Cuando las cosas van bien, de hecho es bueno. Pero cuando tienes problemas, también eso es bueno. Pues tú sabes que HaShem tendrá piedad y al final todo será para bien (Deuteronomio 8:16). Todo debe ser bueno, ya que todo proviene de HaShem.

Un hombre sin fe no vive realmente. Cuando el mal le sobreviene, pierde toda esperanza. No hay nada que lo alegre ni reconforte, pues no tiene fe. Se encuentra fuera de la providencia de HaShem y no posee bien alguno.

Pero si tienes fe, tu vida será buena y agradable.

(*Sijot HaRan* #53)

Qué significa tener fe

En la *sija* anterior, Rabeinu zal demostró que la *emuná* es la clave para que la persona pueda acercarse a HaShem, cumpliendo con su misión en la vida y ganando una vida eterna en el *Olam HaBa*, el "Mundo que Viene". En esta *sija*, Rabeinu zal demuestra las ventajas de la *emuná* [mientras uno aún se encuentra] en el *Olam HaZe*, en "este mundo".

Si pensamos en ello, ¿qué significa *emuná*? Significa que cuando la persona vive con *emuná*, puede estar segura de tener el *Olam HaBa*, lo que significa el mundo futuro en el *Gan Edén*. Ahora bien, hay muchos cínicos y escépticos que dicen que la fe es muy buena, pero ¿cómo alimentas a tus hijos sólo con la fe? ¿Cómo, solamente con fe, tienes suficiente leche para un niño hambriento? ¿Cómo compras ropas con fe?

La persona puede tener una fe perfecta, pero también tiene que vivir. Tiene que comer, tiene que tener una casa, debe proveer para su familia. ¿Cómo puede hacerlo solamente con fe? No puede decirle a su jefe, "Debo salir porque es *Erev Shabat*", y no preocuparse por su trabajo pues tiene fe. El jefe le dirá, "Muy bien, puedes tomar tu fe, pasar por ventanilla a cobrar tu salario final y luego ir a tu casa a disfrutarlo".

Viviendo con fe

Así, ¿cómo hace la persona para vivir con fe en este mundo? No puedes saltearte este mundo. No puedes decir, "Pasaré inmediatamente al *Olam HaBa* y me olvidaré de todo el resto aquí". Dice la Mishná (*Avot* 4:22), "*Veal korjaja ata jai*" ('Contra tu voluntad has nacido'), estás forzado a atravesar la experiencia de vivir en este mundo antes de llegar allí. No puedes escapar de la tumba. No es un refugio de escape, no es una ciudad de refugio. Pero dado que tienes que vivir y tienes que comer cada día, ¿cómo es que la fe te da el alimento o cubre las necesidades de la vida?

Dice Rabeinu *zal*: La persona debe meditar profundamente y comprender que el verdadero vivir es sólo a través de la fe. Esto es verdad incluso en este mundo. La persona que está muy enferma, la persona que tiene un profundo dolor, *jas veshalom*, realmente no está viviendo. Está existiendo en circunstancias muy difíciles.

¿Cuál es la consecuencia de tener fe? Casi toda la gente come todos los días. Existen numerosos y remotos confines de la tierra en donde es posible encontrar pobreza en el nivel de hambruna, pero hoy en día y en esta época, la persona promedio no sufre de inanición.

Tenemos riqueza y tenemos pobreza. Tenemos salud y tenemos enfermedad. Así sea muy rica o muy pobre, la persona no puede evitar la enfermedad. Es posible encontrar entre las personas más ricas del mundo el peor tipo de enfermedades. Los individuos más notables de la sociedad... entre los políticos y en el mundo del espectáculo, son afligidos por diferentes clases de enfermedades. Muchas veces, se encuentran casos de suicidio entre las personalidades muy famosas, que no pueden soportar éste así llamado sufrimiento. A veces, la gente de este nivel llega a estar "mortalmente aburrida".

De modo que, ¿cuál es la clave para la enfermedad, para la pobreza o para cualquier tipo de sufrimiento? ¿O para aquel afligido con hijos que se han extraviado, que se han salido del sendero? ¿Cual es la clave para esto?

La clave para todo

La respuesta es: Realmente no hay respuesta, sólo hay esperanza. Para aquellos que no son religiosos, hay esperanza. Para aquellos que son religiosos, hay *tefilá*. Pero la clave es *emuná*.

Emuná significa que la persona tiene fe. Cuando se presentan dificultades en la vida de esta persona, cuando llega al punto en que sus negocios han caído en la bancarrota y que su salud tampoco se encuentra de lo mejor, esta persona aún dice que está *besimja*, "alegre". "Aún estoy contento porque éste es un acto de HaShem. Si el Creador quiere que esto sea así, lo acepto de buen grado, pues al aceptarlo estoy sirviendo a HaShem. Tengo fe en HaShem y HaShem oye la *tefilá*. Si hoy estoy sufriendo, no me preocupo pues HaShem me ayudará, y mañana, este sufrimiento habrá pasado".

La persona que está muy enferma, que se está por someter a una operación, puede decir, "No estoy preocupado pues tengo confianza. Tengo *emuná* en HaShem, que HaShem me curará. Mi médico es HaShem y tengo plena *emuná* en HaShem, Quien es un *rofé jolim*, 'quien cura a los enfermos'. HaShem cura al enfermo, HaShem tiene el poder de curar. Pongo mi fe en HaShem y voy a esta cirugía con alegría, con fe.

"Si algo llega a suceder, si en el peor de los casos el resultado es fatal, aún estoy contento porque tengo fe en HaShem, que HaShem seguirá cuidándome luego. Lo peor que puede pasar es la muerte. No es tan malo, pues tengo fe en el hecho de que después existe la vida eterna, la vida eterna con una medida de alegría mucho más grande que la que tenemos aquí". Éste es el caso de quien tiene *emuná*.

Viviendo sin fe

Ahora bien, tomemos el caso de aquel que no tiene *emuná*. Cuando las cosas le van bien, cuando los negocios funcionan y el gráfico demuestra una línea ascendente, está contento. Pero un día, los negocios comienzan a decaer. Siente un sospechoso dolor en la parte superior de su intestino, o en su cabeza, y teme ir a ver al médico y enterarse de qué se trata. Ese dolor lo carcome y finalmente se le dice que debe someterse a una cirugía. Comienza a preocuparse.

¿De qué le sirve ahora su cuenta bancaria? ¿Qué puede hacer ahora para consolarse? ¿Qué puede esperar? Está por poner su vida en las manos de esos médicos muy capaces, o carniceros, de supuestos sabelotodo que son muy eficientes y trabajan mano a mano con los sepultureros. ¿Qué puede apaciguar su preocupación? En el peor de los casos, si la cirugía es fatal, puede esperar el transformarse en un bocado, en un plato para los gusanos en la tumba. ¿Qué puede esperar para después?

El resultado es que, sin *emuná*, todo lo que tiene es preocupaciones, temor y angustia. No hay nada que pueda apaciguarlo entonces. Esto es así durante toda su vida. Ante la mínima dificultad en la vida, así sea en temas de fracaso financiero, de salud o problemas de familia, lo que fuere, si no hay fe, realmente no hay hacia dónde ir.

Rabeinu *zal* dice que la persona con fe tiene una vida que es buena. Sin *emuná*, no hay vida. Incluso en esta vida temporal, ello no es considerado vivir. Es una existencia muy pobre. La *emuná* es la base para una buena vida aquí. Aquel que tiene *emuná* en el momento que sufre, está más contento y más satisfecho que aquél sin *emuná* cuando no está sufriendo, y ello es sólo en esta etapa temporal. En última instancia, imaginen la diferencia en la vida eterna.

Sija # 54

Renovación sin Repetición

HaShem no repite la misma cosa dos veces.
Aun cuando un alma vuelve a renacer, no es completamente la misma.
El alma posee un nivel de *Nefesh* y un nivel de *Rúaj* y nunca ambos son regresados en la misma combinación. El *Nefesh* puede reencarnar pero siempre con un *Rúaj* diferente.
El alma completa nunca es la misma, pues HaShem no repite la misma cosa dos veces.

(*Sijot HaRan* #54)

Renovar y no repetir

Dice Rabeinu *zal*: HaShem nunca repite dos veces la misma acción. Ahora bien, ésta es una afirmación extraña y aun así, de hecho se encuentra escrita en los *Kitvei HaArizal* (*Los escritos del Ari zal*). El *Ari HaKadosh* afirma que nunca nada se repite en esta creación (*Etz Jaim, Heijal Adam Kadmón* 1:5). Cuando el sol brilla por la mañana, no es el mismo sol que has visto el día de ayer. Cuando el sol se pone, no es el mismo sol que se está poniendo. No es el mismo mundo, no es la misma vida. Hay algo nuevo. El cambio de átomos tiene lugar a cada segundo.

Esto lo encontramos en la frase, "*HaMejadesh betuvo bejol iom tamid, maasé bereshit*" ("En Su bondad renueva cada día, siempre, la obra de la creación") (Liturgia de la mañana). HaShem renueva diariamente la Creación. No es que HaShem repita, sino que renueva una nueva clase de mundo cada mañana.

Aunque parezca el mismo, de hecho es nuevo. Así es como se nos representa el mundo para nosotros.

Creando ángeles

Cuando la persona lleva a cabo una *mitzvá*, está creando a control remoto. Por ejemplo, cuando dices una *berajá* antes de comer, ¿qué ha sucedido? En cuanto a lo que tú puedes ver, nada. Lo que no has visto es el hecho de que se está creando una nueva entidad. Has creado un ser con tus palabras: se ha creado un ángel. Cada *mitzvá* que lleva a cabo un judío crea un ángel.

Por supuesto, es un espíritu invisible, pero existe. Es un ser celestial. De modo que este ángel creado con esa *mitzvá* es algo, pero mucho más que eso, hay diferentes mundos, mundos celestiales, con ciertas clases de luz espiritual que son mejores y más claras que las mejores fluorescentes. Al ascender más y más, la luz se vuelve más brillante. Cuanto más elevado sea el mundo celestial, más brillante será la luz. Ninguna luz terrenal puede compararse con las luces especiales de allí arriba. Esas luces no siempre están encendidas. Esas luces son un conglomerado de diferentes tipos de colores. Cuando el judío lleva a cabo una *mitzvá*, se iluminan en el Cielo esas diferentes clases de luces (*Zohar* II, 166a. Ver también *Likutey Moharán* I, 275).

El *Zohar HaKadosh* dice que parte del placer del *Gan Edén* es percibir los colores de esas diferentes luces (*Zohar Terumá* 150a). Obviamente, no podemos describirlo. No podemos concebirlo con nuestra mente mortal, pero es algo que es de una belleza no terrenal.

Ahora bien, ¿cómo se encienden esas luces? A través de las acciones de una persona aquí abajo.

Todo un mundo se crea en el Cielo a través de las *mitzvot* de una persona. Cada *berajá* y cada sección de la *tefilá* hacen que se ilumine una diferente parte de los cielos. Cada día, la iluminación es diferente. No es la misma. Toda la estructura de las estrellas celestes en el mundo cambia. Gira y rota en una forma diferente, con un patrón diferente, dependiendo de cada acción que lleve a cabo un judío mediante sus *mitzvot* (ver *Etz Jaim, Heijal Adam Kadmón* 1:5).

Guilgulim

Ahora bien, cuando la persona fallece puede suceder que al presentarse delante de la Corte Celestial se encuentre carente de varias *mitzvot* que debería haber llevado a cabo. Para pagar esa deuda es enviada a la tierra, para volver a nacer. Debe volver a pasar por toda la exasperación de la juventud. Pensó que se había graduado, pensó que había terminado con todo eso. Pero ahora debe volver a la escuela, debe buscar a su esposa y comenzar la misma rutina con todo el sufrimiento y la confusión de este mundo. ¿Por qué? Pues perdió cierto número de *mitzvot*, que no fueron cumplidas. Esto es llamado un *guilgul*, una reencarnación. Debido a la falta de algunas de esas *mitzvot*, debe volver a pasar por una vida entera.

Rabeinu *zal* dice que eso es lo que tú piensas. El hecho es que el alma de la persona consiste de muchas partes y cuando la persona no ha cumplido con su misión, a veces necesita una pequeña porción para completarla. De modo que en lugar de enviar un alma a la tierra para volver a nacer como una persona regular, es enviada como parte de una persona (*Shaar HaGuilgulim, Hakdamá* 2). Esto significa que la gente no es realmente una sola alma. Es una combinación de muchas almas. Esto quiere decir que aquel que ha sido enviado nuevamente aquí abajo tiene una cantidad de pequeñas partes de otras almas apegadas a él.

Hay diferentes nombres para las partes del alma - *nefesh, rúaj, neshamá, jaiá* y *iejidá*. Pero debido al hecho de que existe esta combinación, nunca vuelve a repetirse la misma cosa. Incluso en el caso de un *guilgul*, de una reencarnación, no es exactamente la misma cosa la que vuelve a la tierra. No puedes decir que esa exacta persona que vivió en la pasada generación ha reencarnado ahora. No es exactamente la misma persona. Es parte de esa persona, noventa por ciento de ésta, cinco por ciento de la otra, dos, tres y demás.

La Guemará ilustra este hecho comparándolo con las acciones humanas. Cuando un ser humano crea un molde de alguna clase y quiere hacer una copia, puede generar muchos duplicados a partir de ese solo molde, muchas copias, todas las cuales son idénticas. Pero en el caso de HaShem, Él hizo un solo molde, *kiviajol*. Creó un solo ser humano. Ése fue Su molde.

Él creó a *Adam HaRishón*, el primer hombre, y luego el resto del mundo, toda la civilización, provino de él, todo a partir de ese molde. Y desde esa época, nunca ha habido otro ser humano exactamente igual a *Adam HaRishón*. Nunca ha habido dos seres humanos exactamente iguales. Incluso el término "gemelos idénticos" no es un nombre apropiado. No puede haber dos personas exactamente idénticas. Ésta es la grandeza de HaShem. Nunca hubo un duplicado exacto. Siempre hay algo nuevo en la creación (*Sanedrín* 37a).

Ahora bien, con respecto a esto existe una interesante historia sobre uno de los más grandes discípulos, sino el más grande, del Baal Shem Tov *HaKadosh*. Su principal discípulo, aquel que continuó después del Baal Shem Tov, fue el Maguid de Mezritch. Naturalmente él era muy santo, pero nunca tocaba el *shofar* en Rosh HaShaná. Solía nombrar a alguien para hacerlo. Generalmente nombraba a Reb Menajem Mendel, uno de sus *talmidim* favoritos. El Maguid era el *makri*. Esto significa que anunciaba el nombre del *kol*, del sonido a ejecutar, "*Tekia*" y el *baal tokea* hacía sonar *tekia*, una nota larga. Entonces anunciaba, "*Shevarim*", "*Terúa*" y demás.

Un año, este Reb Menajem Mendel no estaba presente en la ciudad para Rosh HaShaná y el Maguid tuvo que nombrar a otro *talmid* como *baal tokea*. *Baal tokea* es una posición extremadamente importante. Es necesario alguien que posea *irat Shamaim*, un verdadero temor a HaShem. Uno que pudiera instilar el temor a HaShem en los demás, para despertar los corazones de los oyentes hacia la *teshuvá*, al verdadero arrepentimiento. Llamó entonces a Reb Levi Itzjak de Berdichov, quien era muy famoso como un *baal mofet*, alguien que podía llevar a cabo milagros. Era tan grande que Rabeinu *zal* lo llamaba "la belleza de la generación", un Tzadik que era llamado la *peer*, la belleza (Iemei Moharnat 39).

Reb Levi Itzjak se adelantó y tomó el *shofar*. Comenzó a temblar de temor y sobrecogimiento debido a la tremenda tarea que debía realizar, soplar el *shofar* en la sinagoga del Maguid. Allí estaba de pie, dispuesto. El Maguid pronunció la primera palabra, "*Tekía*". Cuando pronunció esa palabra, Reb Levi Itzjak vio de pronto que los cielos se abrían delante de él y percibió una luz celestial tan brillante que lo cegó, cayendo desmayado. No pudo continuar. Alguien más fue nombrado en su lugar.

Tuvimos algo así ayer (en Rosh HaShaná. El Rabí Rosenfeld era un *baal tokea*). Escuché un llamado, un grito, "*Tekía*" y también vi estrellas. Por supuesto que no hay comparación con el pasado. Reb Levi Itzjak era tan santo que podía ver a través de los cielos, percibiendo la luz celestial, pero más aún era la grandeza del Maguid, que con el solo hecho de pronunciar esa palabra abrió los cielos.

El Maguid dijo cierta vez algo sobre el Baal Shem Tov, su rabí. Así como el Arizal podía mirar a una persona y detectar exactamente qué *neshamá* tenía -exactamente quién había sido esa persona en sus anteriores *guilgulim* y en todas las veces en que había estado antes en esta tierra- el Baal Shem Tov dijo sobre su discípulo Reb Jaim de Brody que era una *nitzotz*, una chispa, que su *neshamá* era parte de la *neshamá* del Raban Iojanan ben Zakai.

Esto fue dicho por el Baal Shem Tov y todos se maravillaron de ello. Ante todo, era inusual que Reb Jaim fuera tan grande como para tener una *neshamá* como ésa. Raban Iojanan ben Zakai era tan grande... La Mishná dice que tenía cinco *talmidim*, entre los que se encontraba el Rabí Eliezer HaGadol, rabí del Rabí Akiva (*Avot* 2:8). Parte de su *neshamá* estaba en Reb Jaim. También, dijeron que era asombroso que el Baal Shem Tov pudiese mirar a la persona y no sólo ver un *guilgul* de la vida anterior sino uno que se remontaba a 2000 años antes.

El Maguid dijo con calma, "No veo qué clase de maravilla es ésta. ¿De qué se maravillan? Yo miro a este Reb Jaim y por supuesto que tiene la *neshamá* del Raban Iojanan ben Zakai, porque tiene el mismo rostro. Se parece exactamente al Raban Iojanan ben Zakai. Puedo ver al Raban Iojanan ben Zakai al mirar su rostro". Éste era el Maguid, que tomó a la ligera el hecho de que pudiera ver a los *Tanaim*, a los grandes Sabios de la Mishná y ver en él el parecido.

Sin embargo nosotros vemos el mismo rostro, la similitud, la semejanza, pero nunca exactamente. Incluso en este caso, que era el mismo rostro, era una *nitzotz*, una chispa de la *neshamá* del Raban Iojanan ben Zakai, pero no exactamente, no toda la cosa. Precisamente como dice Rabeinu *zal*, que nunca hay una repetición. Siempre hay algo nuevo. "*HaMejadesh betuvo bejol iom tamid...*".

Aunque cada día parece que la así llamada naturaleza se repite a sí misma -el sol sale, el sol se pone, el mundo se comporta de la misma manera como el día anterior- en verdad es un mundo nuevo. Es un nuevo mundo con nuevas acciones y nuevas actividades creadas por HaShem, constantemente. HaShem creó el mundo hace 5736 años (esta lección fue dada en el año 1976) y desde entonces, HaShem ha estado recreando el mundo cada día.

De modo que esto, dice Rabeinu *zal*, es un hecho definitivo. Como hemos mencionado, nunca tendremos algo igual, algo repetido, menos aún una persona, ni siquiera algo vivo ni un ente inorgánico. Si puede haber algo, será con una forma diferente. Lo mismo es verdad con respecto al Cielo.

Placer ilimitado

Nuestros Sabios dicen que un segundo en el *Gan Edén* es más placentero que todos los placeres, lujos y riquezas combinados de este mundo. Pero no importa cuán grande sea -millones y millones de veces, hasta la enésima potencia- no importa cuánto lo multipliques, siempre tendrá un límite.

De modo que la persona que va al *Gan Edén* queda asombrada de esa enésima potencia de la enésima potencia, pero no importa cuán grande sea su asombro, cuando pasa allí un tiempo, se acostumbra a todo. De modo que cuando se acaba esa novedad, ya no es más *Gan Edén*. Si visitas un palacio y te quedas allí constantemente, dejarás de notar las asombrosas maravillas del palacio. Si te dieran la delicia culinaria más grande y más sabrosa y comieras de ella todos los días, terminarías cansándote.

El *Gan Edén* es la cosa más maravillosa imaginable, por encima de todo lo que podamos concebir. Aun así, si lo tienes todos los días, terminarás cansándote de ello. ¿Qué hay entonces en el *Gan Edén* que es eterno? La respuesta es que no hay allí repetición alguna de un segundo a otro. El *Gan Edén* es tal que un segundo allí es de un éxtasis más grande que todo este mundo combinado, pero al segundo siguiente es un *Gan Edén* enteramente nuevo, algo absolutamente nuevo y esto continúa de manera infinita porque el Cielo es el mundo del infinito.

El infinito dentro del estudio de la Torá

De esta manera es posible ser permanente e infinito. Aquellos que tienen un mínimo atisbo de la profundidad de la *Torá HaKedosha*, podrán entender por qué el estudio de la Torá está conectado con el *Gan Edén*. El estudio de la Torá es tan profundo y rico que la persona puede dedicarse a estudiar una sola palabra durante toda su vida y ni siquiera habrá raspado la superficie. Ésta es la *ieshivá shel maalá*, la casa de estudios de arriba. Éste, dice Rabeinu *zal*, es el acto de HaShem que, debido a que Él es infinito, continúa haciendo cosas sin repetirse nunca.

Esto, por supuesto, es un mensaje para nosotros, para esforzarnos, para acercarnos más y más a comprender, a estudiar más sobre HaShem y Sus palabras. Y la persona que quiera acercarse sólo podrá tener éxito a través del *Tzadik emet*.

Sija # 55

¿Cuán bueno es el Olam HaBa?

Cierta vez el Rebe habló sobre la recompensa que una verdadera devoción permite que uno gane en el Mundo que Viene. Dijo que a esa recompensa la llamamos "buena" pues no existe ninguna otra palabra en el lenguaje humano que pueda llegar a describirla. Pero en realidad ella se encuentra tan por encima de cualquier concepto de bien, que esa palabra es totalmente inadecuada para describirla.

Lo máximo que podemos decir respecto al Mundo que Viene es que es bueno, pero en realidad "ningún ojo lo ha visto, más que HaShem" (Isaías 64:3).

(Sijot HaRan #55)

¿Qué es considerado "bueno"?

La gente habla sobre cuán maravilloso es el *Olam HaBa*, y cómo el hecho de servir a HaShem con verdad y lealtad le garantiza a la persona el *Gan Edén*, que es tan bueno. Rabeinu *zal* dice que la palabra "bueno" sólo se aplica al *Gan Edén* porque no encontramos otro término. ¿Qué otra cosa podríamos decir de él? Es bueno. Es muy bueno. Es extremadamente bueno. No hay nada más que tengamos en nuestro vocabulario para describir algo que es inusualmente grande.

En verdad, la palabra "bueno" no puede aplicarse a ello, en absoluto, pues "bueno" es un término demasiado pobre. Dice el *naví*, el profeta, "*Ain lo roasá*" ("ningún ojo lo ha visto"), el ojo humano nunca ha percibido algo que es tan hermoso, tan maravilloso, tan utópico e inconcebible como la grandeza y el placer del *Gan Edén*. Esto es algo que sólo puede ser visto o percibido más tarde, por aquellos que lo merecen.

Por lo tanto, si la persona tiene un mínimo de sabiduría sagrada, elegirá sabiamente. Cuando esté por cometer una transgresión, se refrenará, pues sabrá cuál será el resultado. Un severo castigo en el *Gueinom* es una cosa, pero también dará por resultado la potencial pérdida de ese maravilloso *Gan Edén, jas veshalom*. De seguro que el placer temporal de esa transgresión no lo vale.

Si se trata de una *mitzvá* y si es algo difícil el llevarla a cabo, piensa en ese *Gan Edén*, que es tan bueno que la palabra "bueno" no es suficientemente buena para ello. Sea cual fuere el sacrificio para llevar a cabo una cierta clase de *mitzvá*, ciertamente valdrá la pena para no perder su recompensa en el *Gan Edén*, bajo la garantía de esa *mitzvá*. Ésta es una promesa, una garantía de la Torá. Si piensas antes de actuar y comprendes lo que es el *Gan Edén*, de seguro que siempre cumplirás con tu tarea y realizarás las *mitzvot* de HaShem.

Sija # 56

Reparando tus Errores

Puedes pensar que te encuentras libre de una de las grandes tentaciones, como ser el deseo de riquezas. Pero en verdad, es posible que tú seas mucho peor que otra persona atrapada en ese deseo. Pues, es posible que te encuentres profundamente hundido en otro deseo que en sí, llegue a obscurecer por completo incluso el deseo de riquezas. Y tener un deseo que sobrepasa completamente a otro, de hecho, te hace mucho peor.

El deseo con el cual te hallas comprometido puede ser más débil que aquél que evitaste. Pero sigues siendo peor aún, pues has caído tan bajo en los deseos mundanos que te has olvidado de todos los otros deseos.

Un niño obstinado puede llegar a golpearse la cabeza contra cualquier cosa con tal de molestar a su madre. Existen personas que demuestran una obstinación similar y una similar falta de autocontrol. Abandonan todo tipo de placer debido a un avasallante y obstinado deseo.

(*Sijot HaRan* #56)

Transgresiones equiparables

Rabeinu *zal* revela un punto psicológico y de hecho algo real. Cada persona tiene una naturaleza diferente. Cada persona tiene un tipo diferente de *ietzer hará*. Algunas personas se sienten atraídas por una clase de transgresión, por alguna clase de deseo maligno, otras hacia una diferente. Pero en verdad tenemos una lista en la Torá sobre cuáles transgresiones son peores que otras. Sabemos que el asesinato es peor que el robo. Nadie puede negar esto, de modo que diríamos que un asesino es peor que un ladrón. Esto lo podríamos afirmar con total seguridad.

Rabeinu *zal* dice que hay gente que imagina que se encuentra muy lejos de las clases más graves de crímenes y de todos los malos deseos. Está lejos de ellos porque se ha perfeccionado. No se deja llevar por el *ietzer hará*. Sin embargo, esas personas están profundamente sumergidas en una transgresión que, comparativamente es pequeña, pero están tan abocadas a ello al punto en que, para ellas, los crímenes más importantes palidecen frente a ello. Pueden estar tan profundamente hundidas y apegadas a esa pequeña transgresión que son peores que otra persona que tiene una *taavá*, un deseo, por un tipo de crimen mucho peor.

Éste es el mismo ejemplo del niño malcriado. Está malcriado porque tiene una mala naturaleza o porque sus padres o su entorno lo malcriaron. Un niño puede estar tan malcriado que, para comportarse mezquinamente contra la orden de su madre, es capaz de yacer en el piso y golpear su cabeza para demostrar insubordinación. Va a negarse a cumplir con el deseo de su madre o insistirá en hacer lo que quiere.

¿Cuánto estás dispuesto a otorgar?

Lo mismo sucede con la persona que está dispuesta a dejar de lado todo en aras de un pequeño deseo. Renunciaría incluso al peor de los deseos. Para ella, es preferible esa pequeña cosa más que ir detrás de deseos mucho más grandes y pecados peores, simplemente porque está más esclavizada, es más adicta a esa clase de *taavá*, de pasión.

Para ilustrar esto, están aquellos que ni siquiera piensan en comer alimentos que no sean *kosher* ni cometer un robo y aun así dejan pasar sin problemas el *zeman*, el tiempo estipulado para el *Kriat Shemá*, el tiempo para la oración. La persona fácilmente se hace al hábito de dormir en demasía, de levantarse tarde y de orar entonces, con una frialdad como si no estuviera haciendo nada malo, *jas veshalom*. Ahora bien, aunque es algo pequeño comparado con un crimen mayor, el volverse adicta a ello es peor que el de cualquier otra persona que comete alguna vez un pecado mucho más grave, pues para ella, es mucho más difícil librarse de ese hábito que superar otro tipo de deseos.

Desvalorizando a las mitzvot

El resultado, por supuesto, es que desvaloriza la *tefilá*, *jas veshalom*. La *tefilá*, la oración, es tan importante... Es uno de los temas más elevados en el Cielo. Aquí, esta persona la menosprecia. Duerme demasiado y el tiempo se va. El valor que le otorga a la *tefilá* disminuye tremendamente y entonces la lleva a declinar mucho más pues decide que, en última instancia, ya es demasiado tarde para ir a la sinagoga. Termina orando sin un *minian*, lo que significa que no sólo pierde el *minian*, también pierde la posibilidad de responder "*Barjú*", de responder, "*Amén, ihí Shmei Rabá*"...

Por todas esas cosas que está perdiendo, dice el *Zohar HaKadosh*, es puesta en *jerem*, la peor clase de maldición del Cielo (ver *Pri Etz Jaim, Shaar HaAmidá*, capítulos 2 y 3). De modo que podemos ver que esta pequeña *taavá*, el solo dormir unos minutos más, puede llevar a un daño mucho mayor y a un gran perjuicio.

El crimen del juego de azar

Otro ejemplo es el de la persona que puede palidecer ante el pensamiento de robar dinero de otro, de cometer un robo, *jas veshalom*. Pero que aun así juega libremente, apuesta a las cartas o, peor aún, va a un lugar de juego, va abiertamente a las carreras, *jas veshalom*, y comete el crimen de jugar, del cual dice la Guemará que vuelve a la persona *pasul*, inapta. Ya no es un judío *kosher* que puede formar parte de un juicio. Su palabra no tiene peso alguno. No puede ser parte de un testimonio, en ningún lugar. No es alguien apto para ser testigo porque es un jugador (*Sanedrín* 24b).

Hay algunos que se vuelven adictos al juego. Moralmente, han quedado tan bajo que aunque no cometan lo que consideran crímenes graves, ello se debe únicamente a que ignoran esas otras clases de pecados porque están profundamente sumidos en el deseo maligno de jugar. El juego es tan destructor del alma de la persona que puede incluso ser más dañino que un pecado mayor, el cual la persona reconoce como pecado y del cual, por supuesto, haría *teshuvá*. Si la persona se vuelve adicta al juego, le será muy difícil salir. Es por ello que decimos que, en comparación, es un pequeño pecado, pero Rabeinu *zal* dice que es pequeño pero que sobrepasa incluso al más grande.

Hoy en día también encontramos gente que golpea su cabeza contra el suelo por no cortarse el pelo. Esta gente permite ser coronada con la vergüenza de un cabello largo, que va definitivamente en contra de todas las leyes de la Torá y en contra de las *mitzvot* que pertenecen a la cabeza. Por supuesto, esto afecta al cerebro. Ello es natural. Los cabellos son *dinim* (*Zohar Bahaaloteja* 151b). Los *dinim* significan severidades, que van en contra de la *kedushá*, de la santidad, de la mente de la persona.

Este cabello largo, que sería considerado por muchos como un tema menor, es un pequeño pecado. No puedes comparar el tener cabello largo con un trozo de carne no *kosher*. Al mismo tiempo, es raro un trozo de carne no *kosher*. Uno no come 24 horas al día. La persona va coronada constantemente con esa pelambre *tamé*, impura, día y noche, y por ello está dispuesta a sacrificarlo todo. Hay gente que dice que daría cualquier cosa, dejaría cualquier hábito, cualquier deseo pero no el cabello.

Lo que Rabeinu *zal* está indicando es que ello puede ser considerado pequeño, pero de hecho es muy, muy significativo. La persona debe ser honesta consigo misma. Mira profundamente dentro de ti, en tu propio corazón, encuentra tus faltas y trabaja para corregirlas. La persona realmente es capaz de servir a HaShem de manera perfecta.

Sija # 57

Transformando el Temor en Poder

Cierta vez nos contó el Rebe que durante su infancia sintió un gran temor a la muerte. Pero, justamente en los momentos en que ese temor se hacía más fuerte, Le pedía a HaShem que le permitiese morir por Su causa.

El Rebe no recordaba cuánto tiempo había durado esto, pero que al menos fue durante un año. A lo largo de todo ese tiempo no decía una plegaria sin pedirLe también a HaShem que le permitiese entregar la vida por Su Nombre. Constantemente incluía este ruego, pese al gran terror que sentía frente a la muerte.

Tan grande era el temor que sentía el Rebe ante la muerte, que estas mismas plegarias equivalían a entregar su vida.

De aquí aprendemos que para servir a HaShem es necesario superar precisamente aquello que más nos preocupa.

Está escrito (Deuteronomio 6:5): "Amarás al Señor, tu HaShem, con todo tu corazón, con toda tu alma y con todas tus fuerzas". Dice el Talmud que "Con toda tu alma" nos enseña que uno debe dar su vida por HaShem. "Con todas tus fuerzas" significa que uno debe estar dispuesto a entregar todos sus bienes por amor a HaShem (*Berajot* 54a).

Pregunta el Talmud entonces: dado que uno debe entregar su vida por HaShem, ¿por qué es necesario indicar que también debe entregar sus bienes? La respuesta es que hay algunas personas que valoran más sus riquezas que sus vidas (*Ibid.* 61b). Comprende esto.

(*Sijot HaRan* #57)

El temor a la muerte de Rabeinu zal

Rabeinu *zal* dice que cuando era niño temía el pensar en la muerte. De alguna manera, sentía un temor psicótico de pensar en la muerte. Estaba obsesionado con ese temor. Esto, por supuesto, es un complejo en mucha gente. Rabeinu *zal* tenía esto. El pensamiento de morir lo hacía temblar.

Tomó ese temor y decidió servir a HaShem con ésta así denominada falta, transformándola en una ventaja. Pese al gran temor que sentía, se adentraba en la *tefilá*, Le oraba a HaShem y decía, "HaShem, pido una cosa y es que no muera simplemente, sino que muera *al kidush HaShem*, es decir que tenga una horrible muerte, que muera en aras de mi religión".

Imagina a una persona que siente ese temor ante una muerte natural, simple y normal, cuánto más temería morir de manera violenta. Rabeinu *zal* curó ese temor rápidamente, orando y pidiendo morir *al kidush HaShem*, y al hacerlo enseñó una gran lección.

Si la persona tiene fallas en ciertas áreas de su vida, debe tomar esa desventaja, superarla y servir a HaShem con esa misma dificultad. Ello se transformará en un arma poderosa. Nada puede ser un mejor ejemplo que esto, pues uno de los más grandes temores posibles es el temor a la muerte.

Una diferente clase de temor a la muerte

¿Qué sucede con aquellos que no tienen fe y que no creen en la vida después de la muerte? Seguramente temen pensar en la muerte, pues para ellos, esto significa el final. No hay nada que esperar después. Temen el día en que deberán dejar este mundo sin continuación, o cuanto menos con una continuidad desconocida.

Para aquellos que sirven a HaShem, el pensar en la muerte no es tremendo. Por supuesto que no es un pensamiento alegre, pero no hay un verdadero temor del "después" pues saben que existe un "después". En el peor de los casos, si la persona sabe que ha cometido transgresiones, tratará de la mejor manera posible de hacer *teshuvá* por ello. Si su *teshuvá* no es tan perfecta, tendrá que pagar por esos pecados. Habrá un castigo, pero sabe que, en última instancia, tendrá una eternidad de *Gan Edén*.

Para aquellos que no tienen esa *emuná* en el *Olam HaBa*, la vida misma es vacía, pues siempre temen que ése sea su último día. ¿Qué sucederá entonces con todo aquello por lo cual han trabajado? La persona amasó una fortuna, pero ¿qué sucederá con ese gran depósito que tiene en Suiza cuando fallezca? ¿Cómo podrá llegar a gastarlo? Morirá antes de poder usarlo, no puede llevárselo con ella. Para esa persona, hay un verdadero temor a la muerte.

Transformando la desventaja en un arma

En el caso de Rabeinu *zal* cuando era un niño, se trataba de un temor de naturaleza diferente. Hay niños que están plenos de ese temor. La persona que tiene una desventaja, de la clase que fuera, debe transformarla a su favor y trabajar con todas sus fuerzas para utilizarla como un arma con la cual servir a HaShem. Saldrá victoriosa pues tendrá una recompensa mucho mayor por ello que otra persona.

Por ejemplo, toma a dos personas que tienen diferentes naturalezas. Una es tranquila, buena, compasiva y de voz suave. Es difícil siquiera herir a esta persona. Si la atacas, si la insultas, perdonará con facilidad. La naturaleza de la otra persona es irascible y nerviosa. No importa cuánto trate, el mínimo insulto la enfurece. Cada vez que algo está en contra de su voluntad, estalla de ira. Ahora bien, esa cólera es lo mismo que el *avodá zará*, que la idolatría. *Kaas*, la ira, es idolatría (*Shabat* 105b). ¿Es correcto comparar a ambas personas? Una fue bendecida. Nació con una buena naturaleza y la otra, con ira.

Rabeinu *zal* afirma aquí que si tienes esa naturaleza irascible, entonces ése será tu desafío. Se te dio ese desafío, la oportunidad de servir a HaShem, *con* tu temperamento. Toma este temperamento ardiente, dalo vueltas, ponte de pie con ese fuego y ora delante de HaShem con una poderosa *kavaná*. Vuelca el fuego de ese temperamento en tu *tefilá*. Pon el fuego en tu estudio de Torá, pero controla ese carácter. Haz todos los esfuerzos, pues no importa cuán fiero sea tu temperamento, tienes el poder del autocontrol.

Imagina la recompensa que obtienes por controlar tu temperamento a diferencia de la persona cuya naturaleza es tranquila. La persona que nace con una naturaleza tranquila no pierde su temperamento, pero no adquiere mucha recompensa por ello. Cuando la persona que nace con el temperamento ardiente es provocada y se las arregla para controlarse y retener su compostura y no pasar hacia esa idolatría de la ira... imagina cuánta recompensa habrá guardada para ella.

Esto es lo que hizo Rabeinu *zal*. Pese a temer tremendamente a la muerte y a vivir en constante terror, tomó ese temor y lo convirtió en un medio de servir a HaShem. Su *tefilá* siempre era, "HaShem, quiero morir, pero quiero morir *al kidush HaShem*. Quiero morir en aras de la religión, al igual que oró siempre el Rabí Akiva". Cuando decía el *Kriat Shemá*, sentía, experimentaba, el verdadero pensamiento del hecho de ser muerto por su religión.

Esto es algo que puede hacer toda persona. Sea cual fuere la desventaja que tengas, utilízala, conviértela en un poder que será grandemente recompensado. Si sirves a HaShem pese a esa dificultad, ello generará mucha más recompensa.

Sija # 58

Utiliza tu Cerebro para Encontrar la Verdad

Si deseas generar nuevas ideas en el estudio de la Torá, debes concentrarte en un tema en particular. Toma un versículo o un tema y repásalo muchas veces, golpeando a la puerta hasta que ella se abra para ti.

A veces un pensamiento relampaguea a través de tu mente para luego desaparecer. Debes ser un hombre valeroso y perseguirlo hasta volverlo a capturar.

(*Sijot HaRan* #58)

La bendición del cerebro

Rabeinu *zal* dice que la persona debe hacer el esfuerzo de comprender la bendición que HaShem le ha dado a cada ser humano. ¿Cuál es la diferencia entre un ser humano y un animal? La diferencia se encuentra principalmente en el cerebro. La persona tiene un cerebro con el cual puede comprender, con el cual puede profundizar en muchas facetas de la sabiduría y utilizar ese cerebro para una buena causa.

Cuando se trata de aprender... Si es un pasaje en la Guemará y no lo comprendes al comienzo, pero lo repasas una y otra vez, encontrarás que súbitamente hay una iluminación. Surge una luz y comienzas a comprender. Al repasarlo una y otra vez, tu cerebro comienza a funcionar con mayor fuerza y una profundidad más grande. Finalmente, comienzas a comprenderlo. Éste es el poder del cerebro.

Sabiduría infinita

La Torá es una sabiduría infinita. La persona que quiera componer un *sefer* sagrado comprenderá que al estudiar cualquier parte de la Torá, todo lo que verá será el comienzo. Es como un prefacio. Por ejemplo, Rabeinu *zal* escribió el *Likutey Moharán* y aun así dijo que cada pasaje era un prefacio a una completa y nueva vista, una completa y nueva profundidad de una declaración en la Torá.

Sobre este *sefer*, el Rabí Natán escribió ocho volúmenes del *Likutey Halajot* basados enteramente en las palabras de Rabeinu *zal*. Tomó un pasaje, lo elaboró y demostró cómo ese pasaje era una clave para un sinnúmero de nuevos *jidushim*, de nuevas ideas en la Torá. Rabeinu *zal* dice que toda persona puede hacer esto (Likutey Moharán I, 281). Si miras en la Torá, la repasas, piensas en ello y lo repites nuevamente una y otra vez, encontrarás que lo que ves después de numerosas veces es algo que no viste al comienzo. Cuantas más veces repases algo, más profundidad encontrarás. ¿Cómo es esto? Simplemente pues la Torá es la palabra de HaShem, que es infinita.

La palabra *Bereshit* es la primera palabra del *Jumash*. Es sólo una palabra y parece tener sólo un significado. Aun así esa palabra ha sido extensamente elaborada por los comentarios de diferentes generaciones, en especial por el Rabí Shimón bar Iojai en el *Zohar HaKadosh*. Hay setenta capítulos en el *Tikuney Zohar*, dedicados solamente a esa palabra, más incontables otros *sefarim* en diferentes niveles, que explican el término. Rabeinu *zal* dice que sería posible tener la misma cantidad de *sefarim* y de otros *Zohar HaKadosh* sobre la segunda palabra del *Jumash* y así en más, pues el *Jumash* es infinito: es la palabra de HaShem.

Control mental

Éste es el poder del cerebro de la persona, la *majshavá*, el pensamiento. Al mismo tiempo, es necesario el poder del control mental. ¿Por qué es esto así? A veces, la persona tiene un pensamiento maravilloso, pero al distraerse por un segundo, su mente divaga y olvida lo que acaba de pensar. Una idea maravillosa le ha llegado y simplemente se le ha escapado de la mente. Tiene que salir y buscarla. Se necesita una persona con una poderosa mente para salir y tratar de recuperar ese pensamiento que se extravió y que parece estar perdido. Muchas veces, piensas en algo y olvidas lo que has pensado y trabajas duramente para traer de vuelta ese pensamiento que se ha ido.

Cuando hablamos del poder sobre el pensamiento, el comportamiento moral aquí es algo muy vital. Hoy tenemos en la profesión médica hombres que son reconocidos y respetados como los líderes de esa profesión. Son conocidos como especialistas del cerebro o cirujanos del cerebro. Esos grandes médicos, profesores y líderes de su profesión, son quienes dicen conocer mucho más del cerebro que la persona común. Pero aquellos que se ocupan de la psiquiatría, afirman conocer más sobre la profundidad del cerebro que incluso los cirujanos.

Rabeinu *zal* hace notar que esos médicos, esos cirujanos, esos especialistas del cerebro, sólo saben sobre la masa del cerebro. Pueden tomar un bisturí y cortar la carne del cerebro pero nada más, sólo eso. No hay nada que puedan hacer sobre el pensamiento en el cerebro, pues ese pensamiento no es físico. No es la carne. Ese pensamiento es la *neshamá*, el alma.

¿Dónde se encuentra el asiento del alma? El alma está en cada órgano del cuerpo. No puedes mover ni un dedo si ese dedo no tiene la vida del alma en él. Para cada órgano del cuerpo, hay una correspondiente parte del alma, pero también el alma tiene diferentes niveles.

Así como el dedo de la persona es un órgano menor en comparación con el corazón, de la misma manera, el alma tiene partes menores y partes mayores. Las mayores partes del alma, las más importantes, son el *nefesh*, el *rúaj* y la *neshamá*, y la parte más elevada, la *neshamá*, se encuentra en el cerebro. Es por ello que el pensamiento es sagrado y la persona concibe con su mente aquello que no puede concebir con ningún otro órgano del cuerpo.

Cuán lejos alcanza el cerebro

Rabeinu *zal* demuestra cómo el órgano más bajo del cuerpo sólo puede alcanzar una distancia menor (ver *Sijot HaRan* 46). Es posible patear algo a una cierta distancia. Las manos están más arriba que las piernas: puedes arrojar algo o disparar una flecha mucho más lejos que al patear. Cuando hablas, tu voz puede viajar más lejos aún. Puedes arrojar la voz a una distancia mucho mayor que la que puedes arrojar con tu brazo. Con tus ojos es posible ver mucho más allá que lo que es posible alcanzar con la boca. Tus ojos pueden llegar hasta los cielos, pero el cerebro puede llegar mucho más lejos todavía. El cerebro puede profundizar cada vez más, en el Cielo mismo. El cerebro puede adquirir la sabiduría de la Torá. Puede incluso alcanzar los secretos de la Torá, la Kabalá, que es más elevada que el más elevado de los cielos.

Esta parte espiritual del cerebro es algo que no puede ser aferrado ni por el más listo de los cirujanos o médicos de la profesión. También ellos tienen cerebros de carne. La parte espiritual de sus cerebros ha sido tan contaminada que ahora les falta. Es por ello que la Guemará dice que no hay fe entre los médicos (cf. *Kidushin* 82a). Por supuesto que ellos tienen fe en ellos mismos. Eso es lo más alto a lo cual los puede llevar su *neshamá*.

Sirve a HaShem con tu cerebro

HaShem le ha dado al ser humano la oportunidad de ser más grande que un animal, pero debe utilizar esa bendición del cerebro y de la mente. La persona debe utilizarla en aras del *cavod*, del honor de HaShem. Sirve a HaShem con ese cerebro. Utiliza el cerebro para evaluar, valorar, comprender una y otra vez que cuando tienes algo que te enfrenta, cualquier tipo de acción, debes preguntarte, "¿Es ésta una *mitzvá* o es una transgresión? ¿Qué resultará de este acto? ¿Me estoy engañando?".

Si la persona dice que tiene la posibilidad de ganar dinero de una manera no *kosher* pero que luego dará ese dinero a una *ieshivá en* donde se podrá estudiar Torá, y así difundir el conocimiento de la Torá, ello es un pensamiento maravilloso. Pero el dinero que quiere ganar es dinero no *kosher*. Lo va a obtener jugando, *jas veshalom*.

Como se dijo anteriormente (ver *Sijá* 56), Rabeinu *zal* dice que el jugar parece ser considerado como una transgresión menor, pero que en un sentido es peor que el asesinato, porque es una *taavá* constante y no temporal. De acuerdo a ello, el crimen del juego puede ser considerado como el más grande de los pecados. La persona que enfrenta esta tentación puede pensar que va a satisfacer esa mala inclinación de manera temporal. Satisfacerá un deseo animal de tener el placer de jugar durante un período de tiempo, ¿pero cuál es el precio que deberá pagar más tarde?

Por un lado, está el pecado. Se ha alejado de una *mitzvá* de la Torá, de HaShem. Ha encontrado desaprobación a los ojos de HaShem. Habrá un castigo muy grave que deberá pagarse más tarde. Además, en el presente, puede a veces enojar tanto al Cielo al punto de perder incluso el placer físico. Imagina a una persona que sale a jugar, que comete un crimen horrendo y al mismo tiempo pierde su camisa. No siente ningún placer físico, aparte del hecho de que finalmente deberá pagar por esa tremenda transgresión.

No te engañes

Así es, dice Rabeinu *zal*, cómo la persona debería utilizar su cerebro: Evaluando, valorando tus acciones, comprendiendo que cada acto que llevas a cabo tiene un final específico, sin importar cuáles sean tus sentimientos. Es posible que sientas que ese acto es una *mitzvá* -"Voy a jugar y a utilizar el dinero para *tzedaka*, voy a ayudar a la persona pobre con comida en su mesa"- pero esa clase de *mitzvá* es la peor de las transgresiones. La persona pobre no necesita de tu dinero que fue ganado de manera ilegal. La *ieshivá* no puede existir con dinero que está manchado... HaShem proveerá para ellos sin tu acción. Se te da la oportunidad de ganar dinero de manera *kosher*, de llevar a cabo la *mitzvá* de la *tzedaka* de la manera correcta. Nunca te engañes diciendo que el obtener dinero no *kosher* es una *mitzvá* -"Debo proveer para mi familia, debo darles alimento a mis hijos y ésta es una buena manera de hacerlo"- cuando, en verdad, significa que estás sustentando a tu familia con algo que no es *kosher*.

Ésta es la ventaja, la bendición, que HaShem le ha dado a la persona, este cerebro que debe utilizar, unido a la verdad. Debe haber *majshavá* con *emet*, con verdad. Debes ser honesto contigo mismo. Nunca permitas que te engañe tu propio deseo.

Sija # 59

Educando a los Niños

Lo mejor para los niños es mantenerse alejados y no jugar muy a menudo con ellos. Es preferible no prestarles ninguna atención.

(*Sijot HaRan* #59)

Crianza apropiada

Cuando se trata el tema de la crianza de los hijos, hay algunos que sienten que se puede educar al niño malcriándolo. Piensan que si le das al niño todo lo que desea, éste te apreciará, te será leal y devoto por siempre jamás. Dice Rabeinu *zal*: Nada está más lejos de la verdad. El hecho es que, posiblemente, aquél que sea más estricto con un niño no sea apreciado por él al comienzo, pero a la larga ese niño demostrará un grado de respeto mucho mayor hacia los padres en los años posteriores, cuando ello sea importante, más que aquel que fue malcriado.

Esta generación, que es probablemente la más baja en toda la historia, es una generación de permisividad, con un gran abismo entre los padres y los hijos. Es por eso que hoy tienes jóvenes que se vuelven en contra de sus padres. Por supuesto, esto fue predicho en la Torá: en la época del Mashíaj, los hijos se volverán contra sus padres (*Sotá* 49b).

Rabeinu *zal* dice que la persona no debe ser permisiva, pues esto jugará en su contra. Uno debe ser muy bueno con sus hijos, pero también estricto al mismo tiempo. De esta manera, podrás construir una relación mucho más pura y respetuosa entre padres e hijos.

Rabeinu *zal* dice que es mejor no estar muy cerca de un niño. Por ejemplo, hay ciertas teorías propuestas por los psiquiatras y otras autoridades de la infancia que afirman que los padres deben estar muy cerca de los hijos y volverse sus compañeros. Esas teorías afirman que el padre debe llevar al hijo allí adonde vaya. Dicen que el padre debe demostrarle al hijo que es su amigo. De esta manera, el niño confiara en él.

Rabeinu *zal* dice que definitivamente es mejor ser bueno con un niño, pero que se lo debe mantener a una distancia respetuosa. El niño debe saber que el padre no es su igual, que el padre no es su amigo. Si esto es lo que se le enseña, el niño aprenderá no sólo a respetar a sus padres sino también a los mayores en general. El niño aprende así a respetar a los mayores que dictan la ley. Por lo tanto el niño conoce la ley, conoce el orden, sabe que el crimen está prohibido y conoce el significado de la palabra "respeto". Vemos por lo tanto que un padre debe demostrarle un cariño profundo a su hijo, pero al mismo tiempo debe estar un poco alejado de él.

Hajnasat orjim del Rabí Natán

En cuanto a disciplinar a un hijo, este tema es muy controversial considerando la propia afirmación de Rabeinu *zal*. Esto se debe a una historia que se relata sobre un incidente que tuvo lugar en el hogar del Rabí Natán. Todo lo que el Rabí Natán hacía, lo hacía de acuerdo con las enseñanzas de Rabeinu *zal*. La historia no está registrada por el mismo Rabí Natán, sino que se encuentra en el libro *Kojvey Or* (*Avenea Barzel*, p. 49, #4).

La historia es como sigue. El Rabí Natán conocía la importancia de la *mitzvá* de *hajnasat orjim*, cuán importante es recibir huéspedes y en especial para el Shabat. Cada Shabat solía llevar invitados a su hogar para dormir, o sólo para la cena. Era tan consciente de esta *mitzvá* que se ocupaba específicamente de llevar a aquellos huéspedes que no eran queridos por los demás.

En esos días, precisamente antes de cada Shabat, llegaban pobres que visitaban la ciudad. Solían quedarse en la sinagoga y esperar ser invitados a los hogares de la gente. Los residentes mismos eran pobres, pero pese a ello, *"Bnei Israel rajamanim hem"* (Iebamot 79a), "los judíos sienten piedad uno del otro" y cada uno solía llevar a un invitado a su casa.

Cada residente solía elegir a su invitado. Ahora bien, había toda clase de pobres. Algunos eran muy pobres, vestidos con harapos, pero al menos se mantenían prolijos y limpios. Otros eran muy desaseados. No les importaba su apariencia y sus harapos estaban mugrientos. Parecían muy repulsivos. Es difícil sentarse a la mesa del *Shabat Kodesh*, con el mantel blanco, con los cubiertos brillantes, con la copa de vino, y tener allí alguien mal vestido con esa clase de ropas. La gente no quería eso. Éstos eran llamados los *arji paji*, la clase más baja, el tipo más bajo de gente pobre.

El Rabí Natán era muy meticuloso en seleccionar sus huéspedes. Siempre solía llevar a esos *arji paji* a su hogar, para demostrar cuán valiosa era en verdad esa *mitzvá*. Aquel que realmente necesitaba un hogar, aquel que realmente necesitaba una comida del Shabat, ése es a quien él elegía.

Un día, llevó a un hombre que tenía un comportamiento particularmente sucio en verdad. Era la clase de persona que al comer, llenaba su boca y volvía a escupir en el plato, haciendo cosas que le producirían náuseas a una persona normal. El hijo del Rabí Natán estaba sentado a la mesa y no pudo tolerarlo. Le producía náuseas. Se levantó y se negó a volver a sentarse, algo que avergonzaba a la visita.

Ahora bien, el Rabí Natán era alguien que tenía mucha paciencia. Era muy humilde y nunca perdía la compostura. En este caso, sin embargo, abofeteó a su hijo. Su hijo comenzó a llorar y el Rabí Natán se sintió muy mal por ello. Dado que había sido un incidente desagradable, se lo contó a Rabeinu *zal* para ver qué era lo que se suponía que debía haber hecho. Rabeinu *zal* oyó su historia y dijo, "Es tiempo de que comiences a llevar huéspedes que sean *talmidei jajamim*, estudiosos de la Torá, que son respetuosos y respetables. Ya has tenido demasiado de estos *arji paji*. Por más que es una gran *mitzvá*, no significa que debas hacerlo siempre".

"A un niño, ¿se le pega?"

"En segundo lugar", dijo Rabeinu *zal* en un tono de pregunta, "a un niño, ¿se le pega?".

Esto fue lo que dijo y esto es lo que está escrito. A partir de esto solemos concluir que Rabeinu *zal* se oponía a la idea de golpear a un niño. Aunque el niño se porte mal, debes guiar al niño, dirigirlo, enseñarle, pero no golpearlo. Esto es lo que solemos concluir de las exactas palabras de esta historia.

La mayoría de los posteriores estudiantes de Breslov hasta este día son muy estrictos sobre este asunto. Debido a las palabras de esta historia, nunca golpean a sus hijos, no importa lo que hagan. Aquellos que han estado en la *ieshivá* en Jerusalén y que han visto a los hijos de los Breslovers en su mejor comportamiento, se han sentido absolutamente tentados a golpear a alguno de esos niños debido a su naturaleza de tipo destructiva y a su actitud muy irrespetuosa.

Aunque son Breslovers, aunque están en Jerusalén, aunque están en la *ieshivá*, uno puede llevarse una impresión negativa de esos niños. Para un visitante sus acciones pueden ser ofensivas e inferir que el padre no está educando a su hijo de la manera apropiada. Es posible preguntar, "¿Por qué le permite el padre tanta libertad a su hijo? Y, ¿por qué no se opone cuando ve que su hijo es irrespetuoso con una persona mayor?". La respuesta es: El padre dice, "Así está dicho, así está escrito. Rabeinu *zal* dijo que se supone que uno no debe golpear a un niño".

Es imposible para mí comentar de manera honesta sobre esto pues no me animo. Como dice la Guemará, sería como poner mi cabeza entre estas grandes y altas montañas (Iebamot 15b). Somos muy pequeños. Somos como polvo comparados con las montañas, con los grandes Tzadikim en Jerusalén. Si ellos sostienen esta teoría, que ésta es la actitud correcta hacia sus hijos y que ésta es la interpretación de la historia, no nos animamos a contradecirlos.

Al mismo tiempo, podemos ofrecer una posible opinión. Sólo lamento no haber tenido nunca la oportunidad de hablar sobre esto con el Rav Kojav Lev (Rabí Abraham Sternhartz [1862-1955], bisnieto del Rabí Natán y líder de la comunidad de Breslov en Eretz Israel después de la Segunda Guerra Mundial). Sólo puedo decir que espero ofrecer esta suposición que, conociendo a Rav Kojav Lev como yo lo conocí, esperaría que su opinión fuera parecida a la mía. No puedo estar seguro. No hay manera de decirlo ahora. Debo decir que existe un profundo sentimiento de desacuerdo sobre todo este asunto. Digo esto con el más profundo de los respetos a mis superiores. Todos ellos son mis superiores en Eretz Israel. Aun así, Rabeinu *zal* mismo dijo que se nos permite profundizar en sus palabras, que se nos permite estudiar sus palabras y que tenemos permiso para comentar sobre ellas.

Por lo tanto es mi humilde opinión que Rabeinu *zal* no contradiría ni se opondría a las palabras de *Shlomo HaMelej*, del Rey Salomón el Sabio, quien afirma claramente, "*Josej shivto sonei beno*" ('Quien detiene su vara odia a su hijo') (Proverbios 13:24). Éstas son las palabras de *Shlomo HaMelej* y son palabras escritas en la Torá, que significa *Torat emet*. Dice que el padre que no castiga a su hijo, así sea con un golpe fuerte como con uno suave -pero ciertamente significa castigar a un niño en aras de la disciplina- si el padre se abstiene o se refrena de golpear al hijo cuando es necesario, ese padre está criando mal a su hijo. Ese padre está demostrando una pobre actitud hacia el hijo. No ha demostrado verdadero amor al niño.

El padre que realmente ama a su hijo y que quiere criarlo de la manera apropiada, debe golpear al niño en ciertos momentos, cuando es necesario. No significa que debe quebrar sus huesos sino que, con sus manos, debe enseñarle al niño el respeto y no permitirle una completa libertad. Esa libertad tendería con seguridad a destruir todo último vestigio de respeto potencial en el niño por aquello que es importante, por aquello que es sagrado.

Cuando Rabeinu *zal* le dirigió esas palabras al Rabí Natán, dijo, "A un niño, ¿se le pega?", como una pregunta. No quiso decir que se supone que nunca debes golpear a un niño, sino que hay circunstancias atenuantes. En ese caso, debes contemplar el punto de vista del niño. Éste estaba sufriendo ante la vista de una persona que era tan repulsiva que no podía sentarse a la misma mesa. Por lo tanto, en ese caso solo, el niño debe ser reivindicado y no merece ser golpeado. Es posible que ésta haya sido la intención de las palabras de Rabeinu *zal*.

Es posible, digo, y este caso ciertamente no puede compararse con un niño que le habla de manera irrespetuosa y con arrogancia a un mayor, a un *talmid jajam*, a un rabino, y que trata a las cosas que son sagradas de manera irrespetuosa, tales como los *sefarim* en una sinagoga o a la gente en general en un momento de oración. Tal niño debe ser educado para ser respetuoso.

Nuevamente, ésta es una opinión que es presentada muy delicadamente. Es un tema muy sensible pues es una historia escrita sobre Rabeinu *zal*. Al mismo tiempo, otro punto a tomar en cuenta es el hecho de que la historia no fue escrita por el Rabí Natán mismo. Fue registrada por una generación posterior y por lo tanto no es incuestionable, sino que puede ser comentada.

De todas maneras, *halajá lemaasé*, decimos sólo que el

padre debe utilizar su discreción y saber que si al niño no se le enseña disciplina, ese niño se volverá en contra de sus propios padres. Al crecer, el niño se volverá cada vez más arrogante y será el padre quien sufra más tarde. Por lo tanto, Rabeinu *zal* dice: El padre no debe demostrarle demasiada familiaridad a su hijo, pues la familiaridad da nacimiento al desdén. El niño debe conocer el respeto por los padres y el respeto por una persona mayor. Que tu mano derecha acerque al niño pero con la izquierda empújalo (*Sanedrín* 107b), lo que significa acercarlo pero no demasiado. Ésta es una lección y esto es para bien del niño.

Una lección para todos los judíos

Ésta es una lección que debe conocer el judío. Pones todo tu corazón y tu alma en tratar de hacer *teshuvá*, en tratar de servir a HaShem. Vienes a clamar delante de HaShem con las palabras "*Karveinu Malkeinu laavodateja*", HaShem, acercarnos a Ti, permítenos servirTe de la manera apropiada, haznos retornar a Ti, haznos retornar a Tu Torá. Es posible que el judío diga estas plegarias con toda la *kavaná* que pueda, y aun así parecerle que sus palabras son ignoradas, que no encuentran respuesta del Cielo. Siente que "¿Es posible que, *jas veshalom*, HaShem, por así decirlo, no escuche mis plegarias?". La respuesta es: El judío debe saber que HaShem es nuestro Padre en el Cielo.

Si HaShem le muestra a la persona una falta de cercanía, no es porque no le guste el judío. No es porque no le gustes tú. Es posible que un padre rechace al hijo que quiere demostrarle devoción, pero al mismo tiempo, el padre sacrificará todo lo que tiene en aras de ese hijo. De la misma manera, el amor de HaShem por Su hijo amado es igualmente grande; para HaShem, el judío es más precioso que toda la creación, que todo lo que puedas ver, en el Cielo y en la tierra y más aún. Más que los ángeles en el Cielo, donde un solo ángel o el dedo del pie de un ángel es más grande y mayor que toda la tierra debajo, que todos los planetas debajo - todas esas vastas huestes de ángeles no son nada en comparación con un solo y pequeño judío, dado que él es el motivo principal de toda la creación.

HaShem quiere al judío que es un pecador. Incluso quiere a ese judío que se ha alejado de Él. HaShem quiere a ese judío de vuelta. Si al judío le da la sensación de que HaShem se está alejando de él y que no lo está oyendo, debe saber que éste es el acto de un verdadero Padre, de un Padre que siente verdadera *ahavá*, amor, por su hijo. Continúa buscando, continúa orando a HaShem, con todo tu corazón y finalmente verás que HaShem te acercará con una verdadera *ahavá*, como la que les demuestra a los Tzadikim.

El judío sólo podrá alcanzar la elevación más grande si sabe lo siguiente. Debe haber una *ieridá* antes de una *aliá*, un descenso antes del ascenso. Debe haber una *hitrajkut*, antes de una *hitkarvut*, un alejamiento antes de esa cercanía que busca.

Sija # 60

Protegiendo la Sabiduría Oculta

Cierta vez, en Breslov, una niña sufrió un accidente en una excavación donde estaban construyendo nuevas casas. Otras personas estuvieron también a punto de sufrir serios accidentes allí. El Rebe habló largamente con nosotros respecto a la construcción de viviendas. He aquí sus palabras:

Mucho he reflexionado sobre el concepto de la construcción y he visto que nadie que se dedique a ello sale libre de daños. Esto es verdad tanto para los judíos como para los no judíos.

La gente se dedica a la construcción pues ello es una necesidad del mundo. Por lo tanto la gente elige este trabajo.

Éste puede parecer un tema muy complejo, pero nadie dedicado a la construcción sale libre de daños.

Nos enseña el Talmud: "Todo aquél que se dedica a la construcción se empobrece" (*Iebamot* 63a; *Sotá* 11a).

El término que designa volverse pobre es *mit-maSKeN*, de la palabra *miSKeN*, un hombre pobre. También comparte la raíz de *SaKaNá*, peligro.

La persona dedicada a la construcción está sujeta a la pobreza y al peligro (*Likutey Moharán* 206; *Likutey Halajot, Mezuza* 3:4).

Está escrito (Éxodo 1:11): "Construyeron ciudades de depósito para el Faraón". La palabra para depósitos es *miSKeNot*, con la misma raíz que lo anterior.

Nos dice el Midrash que, de acuerdo a una opinión estas ciudades ponían en peligro (*meSaKNot*) la vida de sus habitantes y de acuerdo a otra opinión, los empobrecían (*memaSKeNot*). La construcción puede traer como consecuencia la pobreza y el peligro (*Shmot Rabah* 1:14).

Lo más importante es establecer las fundaciones.

Deben ser hechas en el lugar preciso y con el tipo correcto de madera. No todas las clases de madera pueden servir para unos verdaderos cimientos. Pero, ¿quién conoce esto?

Hay muchas clases de frutas que no crecen en nuestras tierras debido a que la gente carece del conocimiento necesario.

El mundo posee una piedra fundacional (*Ioma* 54b; *Likutey Moharán* 61:6). De esta piedra parten canales que llegan a todas las tierras.

Nos enseña el Midrash que el sabio Rey Salomón conocía los detalles de estos canales y era capaz, por lo tanto, de plantar toda clase de árboles (*Kohelet Rabah* 2:7).

Si la gente conociera la exacta ubicación de estos canales subterráneos, sería capaz de cultivar árboles frutales incluso en estas tierras. Podría cultivar muchas frutas que nunca han crecido aquí.

Cada canal tiene el poder de estimular una especie en particular. Aun si un determinado canal no pasa a través de nuestra tierra, todos ellos se hallan interconectados y fluyen de uno al otro. Si uno conoce el lugar exacto, puede plantar todo tipo de árboles.

Si uno conoce la ubicación de todos los canales, puede cavar un pozo y saber dónde plantar los árboles a su alrededor. Puede entonces hacer que crezca todo tipo de árboles.

La piedra fundacional del mundo sube y baja constantemente. Si uno conoce su ubicación, sabe entonces qué plantar en un momento determinado.

Todas estas cosas se hallan ocultas del mundo pues algunas cosas no deben ser reveladas.

La gente dice que el mundo está aumentando su conocimiento, pero en verdad fueron las primeras generaciones las que hicieron los descubrimientos más importantes y en este sentido son ellas las que se muestran como las más inteligentes.

Las generaciones posteriores realizaron descubrimientos sólo porque las primeras prepararon el camino. Una generación realiza los descubrimientos básicos y las generaciones posteriores los aplican. Pero la contribución de las últimas es realmente menor.

Dice el Talmud: "Si no hubieras sacado el trozo de arcilla, no habrías encontrado la joya debajo" (*Iebamot* 92b; *Baba Kama* 17b).

Es posible que las primeras generaciones no encontrasen la joya. Pero sacaron el trozo de arcilla. Descubrieron los principios básicos permitiendo que otros los aplicasen con un menor esfuerzo.

Hay cosas que no deben ser reveladas. Pues de serlo, las generaciones posteriores harían un ídolo de ello.

Hay un conocimiento que no debe ser revelado. Pues las generaciones posteriores pueden utilizar ese conocimiento básico y aumentarlo, a menudo irresponsablemente. Pueden entonces desarrollar conceptos que lleven a descubrimientos totalmente destructivos.

Si ciertas cosas se revelasen, cada generación subsiguiente les agregaría algo y así serían llevadas por una vía equivocada. Ello llevaría eventualmente a una gran destrucción y la gente llegaría a adorarlas como a un ídolo. Por lo tanto, no está permitido que el mundo sepa de estas cosas.

Está escrito (*Levítico* 19:23): "Cuando entres a tu tierra y plantes algún árbol... durante tres años sus frutos estarán prohibidos para ti". Enseña el *Zohar* (*Zohar* 2:224b; *Likutey Moharán* 82) que las fuerzas malignas de la *klipá* habitan en los árboles durante estos tres primeros años.

Las primeras generaciones se equivocaron sobre esto y pensaron que estaban obligadas a adorar al árbol durante los tres años en que se encuentra bajo la influencia de la *klipá*. De acuerdo a su error, era una necesidad lógica hacer de semejante árbol un objeto de adoración.

Por esta razón, muchas cosas no deben ser reveladas.

(*Sijot HaRan* #60)

Un accidente en Breslov

Ocurrió un incidente en la ciudad de Breslov en el sitio en donde estaban levantando una casa en la cual, al cavar para la construcción, se produjo un derrumbe. Una pequeña niña salió herida y muchas personas corrieron un grave peligro. Tuvieron que ser extraídas de entre los escombros. Cada vez que algo sucedía en la comunidad, Rabeinu *zal* hablaba al respecto.

En referencia a la construcción en general, Rabeinu *zal* afirmó que había estudiado el tema muy cuidadosamente. Cuando Rabeinu *zal* estudiaba algo cuidadosamente, iba al origen de la cosa. Rabeinu *zal* dice que todo aquel que participe en la construcción de casas en general u otra clase de edificios, todo aquel que tome parte en ello, saldrá herido. Llegará a dañarse de alguna manera. Podrá ser físicamente o financieramente. Existe un daño en la cuestión de la construcción. Por lo tanto parecería ser que la gente debiera evitar ese trabajo.

Pero hay cierta clase de gente que siente un fuerte deseo y algún tipo de atracción hacia esa área. Esto es simplemente porque el mundo no puede subsistir sin edificios. Parece también que hay una ganancia en ello. Tenemos edificios y por lo tanto esa gente es atraída hacia ello y finalmente sufrirá, pero no puede abstenerse de hacerlo. En cuanto a este tema mismo, Rabeinu *zal* dijo que lo encontramos en la Guemará, que los constructores que levantan esos altos edificios se verán ellos mismos en un peligro físico o financiero (*Sotá* 11a).

La cuestión es: ¿Es posible hacer esto de la manera apropiada sin correr peligro? Dice Rabeinu *zal*: Todo depende de los cimientos. Si los cimientos se hacen de la manera adecuada, entonces será un trabajo exitoso. Los cimientos significan la fundación de piedra, o de madera en aquellos lugares en donde se hace así. Es necesario tener el conocimiento de cómo colocar los cimientos y exactamente en qué momento hacerlo. Hay un cierto momento en el cual ello trae el éxito y hay otros momentos en los que no, y que pueden producir una catástrofe o una pérdida. ¿Cómo podemos saber sobre el secreto detrás de esto? La respuesta es que no lo sabemos, el hombre común no lo sabe.

Donde crece la vegetación

Esto, dice Rabeinu *zal*, es similar a otro caso, el caso de la vegetación, de ciertas clases de frutas, de vegetales y de cultivos. Suponemos que hay diferentes climas en diferentes tierras donde crecen ciertas clases de frutos que no pueden desarrollarse en un clima diferente o en una tierra diferente. Por ejemplo, el tabaco sólo crece en ciertos lugares. El cacao o los granos de café sólo crecen en ciertas tierras, y así en más. Tenemos exportación/importación pues parece que esta clase de frutos sólo puede crecer en un cierto clima y en un cierto lugar.

Rabeinu *zal* dice que esta suposición no es cierta. Es un hecho que los frutos pueden crecer en cualquier tierra. Por ejemplo, tomemos un fruto que es deseable, el *etrog*. Si pudiéramos hacer que creciese un *etrog* en Brooklyn... imaginen cuán beneficioso sería. Por supuesto, perderíamos la *mitzvá* de utilizar un fruto de Israel para el Iom Tov. Al mismo tiempo, sería beneficioso para aquellos que necesitan un *etrog kosher* y que se ven privados de la *mitzvá* por el hecho de que es muy caro pues proviene del exterior. Pero parece ser un hecho aceptado el que un *etrog* sólo puede crecer en Eretz Israel o en ciertas ciudades en el extranjero.

Orígenes de la Creación

¿De qué se trata? Dice Rabeinu *zal*: Les revelaré este asunto. El hecho es que la primera palabra de la Torá es

Bereshit. El término *Bereshit* (בראשית) está compuesto por dos palabras, *bará shit* (ברא שית), HaShem *creó shit*. *Shit* significa la Piedra Fundacional. La Guemará dice claramente que cuando HaShem creó este mundo, no dijo palabras especiales tales como "Que haya un mundo", y el mundo llegó a la existencia. HaShem creó una piedra, una roca central (*Ioma* 54b). Esa piedra se encuentra en el *Beit HaMikdash* (el Templo) en el cual descansa el *Mizbeaj* (el Altar). Esa roca fue expandida entonces en todas las direcciones para formar el resto del mundo. Pero esa roca es dura, tal cual una piedra. Primero fue lo suficientemente blanda como para extenderse o expandirse hasta cubrir el globo entero. La raíz, el centro de esa piedra, aún se encuentra allí en donde ella está.

Ahora bien, saliendo de esa piedra, hay verdaderas venas que son como canales. Por ejemplo, cuando se cava en las minas en busca de oro se encuentra una veta. Ello significa una extensión, una veta de metal o de tierra de un cierto calibre, de cierto tipo. Éstas son venas de cierta dimensión o extensión, pero las venas verdaderas se extienden bajo la tierra a lo largo de todo el globo.

Ahora bien, hay tierra por todas partes. Incluso en el océano: el fondo del océano es tierra. Ésta es una larga y extendida vena que se expande. Hay innumerables venas que surgen de esa roca y cada vena lleva una diferente capacidad, de modo que si algo se planta a lo largo de esa vena de tierra, crecerá cierta clase de alimento, de fruta o de vegetación.

La sabiduría de Shlomo HaMelej

De haber una persona que tenga ese conocimiento geológico, que conozca la capacidad de cada vena, sabría exactamente qué tipo de fruto hacer que crezca cerca de cada vena. Dado que esas venas se extienden por todas partes, la persona que las busque podrá entonces hacer que crezca toda clase de alimento, en el clima que sea, en cualquier tierra. Rabeinu *zal* dice que éste hecho era bien conocido por *Shlomo HaMelej*, el rey Salomón, quien conocía las venas o canales que surgían de esa Piedra Fundacional. Él sabía exactamente cómo plantar, cómo obtener todo lo que quería (Rashi sobre *Kohelet* 2:5).

El punto es conocer esas venas de manera individual y luego saber exactamente la distancia de cada vena, para hacer que crezca un cierto tipo de fruto. Éste debe encontrarse a una cierta distancia, en un espacio entre la vena y la semilla plantada. Por ejemplo, en Sudamérica el tabaco, *Rajmana litzlan*, que HaShem nos proteja, o el café crecen a una cierta distancia de la vena. Podrían crecer y ser adquiridos en la mayor parte del mundo si fueran plantados a la exacta y necesaria distancia de esa vena. Éstos son hechos absolutos.

La maestría de Rabeinu zal

Rabeinu *zal* dice que éste es un hecho sólo conocido por *Shlomo HaMelej*. No le fue revelado al resto del mundo. Hay ciertos temas de la sabiduría que no son saludables cuando se vuelven públicos. Ésta fue una de las cosas que se mantuvieron en secreto. Queremos hacer notar muy enfáticamente que en todas estas cosas reveladas por Rabeinu *zal*, Rabeinu *zal* también tenía ese conocimiento. De otra manera no podría haberlas revelado.

Este hecho no es revelado por nadie más. Rabeinu *zal* tenía un claro conocimiento de todas las *jojmot*, de los saberes del mundo. Tenía una clara maestría de todas las sabidurías de *Shlomo HaMelej* y de otras sabidurías pertenecientes a cualquier otro tema, incluyendo la Kabalá, los secretos del Cielo.

La sabiduría de las generaciones anteriores

Podemos percibir la infinita sabiduría de Rabeinu *zal*

en su insistencia sobre el hecho de que la gente tiene la falsa impresión de que hoy en día somos mucho más sabios y mucho más listos que nuestros predecesores. En los días de antaño, no tenían conocimiento alguno de la ciencia tal cual lo tenemos hoy. No tenían las invenciones modernas porque no eran tan inteligentes como lo somos hoy en día. No eran tan avanzados en la medicina como lo somos hoy. No podían curar a tanta gente con sus diferentes tipos de medicamentos como se hace hoy, pues en aquellos días la gente no estaba tan avanzada, no era tan lista, tan erudita.

Sin embargo, dice Rabeinu *zal*: Mentalmente, ellos eran muy superiores a cualquiera de hoy. Lo único que hacía falta era un poderoso esfuerzo para levantar una gran roca, bajo la cual yace un tesoro. Esos sabios del pasado podían levantar esa roca. Hay un número infinito de rocas. Ellos elegían la correcta, bajo la cual yace este tesoro.

Ellos prepararon los medios para nosotros, para los así llamados hombres sabios y científicos, para llegar a esas invenciones que sólo fueron descubiertas debido a que esa gran roca fue levantada, revelando los medios para acceder a esa nueva invención. Los científicos de hoy no son tan listos; ellos han recibido un camino pavimentado por aquellos de las generaciones previas. Si no fuera porque ellos levantaron la roca, no habría nuevas invenciones ni ideas modernas (*Bava Metzía* 17b).

La cuestión es, por supuesto, ¿por qué ahora? La respuesta es que ello constituye la voluntad de HaShem, para que esas cosas sean reveladas ahora. Por lo tanto HaShem puso esa idea en las mini-micro mentes de los científicos de hoy para salir con esas nuevas invenciones. Son como enanos comparados con la sabiduría infinitamente más grande poseída por los *jajamim* del pasado.

Por qué ciertas cosas permanecen ocultas

Rabeinu *zal* dice que hay ciertas cosas que es peligroso revelar y que, por lo tanto, son guardadas en la oscuridad. No comprendemos muy claramente por qué algunas cosas son mantenidas en secreto - por ejemplo, este vasto conocimiento sobre cómo hacer que crezcan las cosas en cualquier lugar del mundo. Un motivo para la falta de claridad en este tema puede ser el gran daño que le produciría al mundo si este conocimiento fuese revelado. El daño más grande posible es la pérdida de fe en HaShem. Si las personas se volvieran demasiado sabias, perderían fe en HaShem por completo y sólo tendrían fe en ellas mismas.

El *Zohar HaKadosh* dice que éste fue el problema con la Generación del Diluvio. Todos eran gigantes, hombres poderosos y sabios. Eran tan altos, tan poderosos y tan inteligentes que sintieron que no había motivo alguno para creer en nada más que no fuera en ellos mismos. Un caso de auto adoración. Abandonaron la fe en HaShem y trajeron la destrucción del mundo (Zohar I, 75a). Vemos por tanto que es peligroso el revelar ciertas clases de sabiduría.

Como un ejemplo, Rabeinu *zal* dice que hay una ley llamada *orlá*. Cada vez que se planta un árbol, los primeros tres años de ese árbol son llamados *orlá*. Los frutos que crecen en ese árbol no son *kosher*, no son aptos para comer. Esto es así al punto en que uno no puede llevar ese fruto al *Beit HaMikdash* como una ofrenda a HaShem ni dárselo a un kohen. Solamente en el quinto año es posible comer el fruto (Vaikrá 19:23-25). ¿Por qué?

Rabeinu *zal* explica que el *Zohar HaKadosh* dice que en los primeros tres años hay un espíritu maligno que sobrevuela en torno de ese árbol, nutriéndose del árbol mismo (Zohar II, 244b; cf. *Etz Jaim, Shaar HaNesirá* 3; *Likutey Moharán* I, 82). Esto es algo que no podemos ver, es algo que no podemos palpar y es algo que no podemos sentir. Pero en los días de antaño, la gente era tan grande y tan sabia que tenía este poder celestial. Las personas podían ver, sentir o palpar esos espíritus sobre el árbol y comenzar a servirlos. Se hizo tan peligroso que la gente se volcó a esa clase de idolatría.

Dice Rabeinu *zal*: Así como sucedió entonces, también puede suceder en cualquier momento. Los peligros inherentes en las nuevas invenciones y en las nuevas ideas podrían ser tan dañinos que es mejor no revelarlas. Hasta este día, hay muchas sabidurías que le son ocultadas a la raza humana, para su propia salvación.

Sija # 61

La Teshuvá del Tzadik

A menudo encontramos en el Talmud la frase *Hadri Bi* al referirse a un Sabio que reconsidera y se retracta de su opinión (*Eruvin* 52a, 64a; *Pesajim* 39a; *Baba Kama* 19a; *Baba Metzía* 65a). Sin embargo, esta expresión implica que en realidad lo que ha hecho es volverse él mismo antes que su opinión.

Cuando el Talmud dice *Hadri Bi*, "me he vuelto", está hablando del arrepentimiento. El Sabio ha interpretado la Torá de manera incorrecta y ahora se arrepiente de ello. Tan pronto como toma conciencia de su error, se da cuenta de que ello ha causado una "mancha" en la Torá y que debe arrepentirse por ello.

A veces puedes tener el potencial del arrepentimiento dentro de ti, pero no eres capaz de exteriorizarlo. Este potencial en sí mismo, puede llevarte a un nivel mucho más elevado que el de tu propia capacidad. Esto entonces te lleva a expresar tu potencial de arrepentimiento.

Dice por lo tanto el Talmud: *Hadri Bi*, literalmente "me he vuelto". Pues el arrepentimiento estaba en él, pero sólo de manera potencial. Es ahora que puede ser expresado.

[Pues su potencial de arrepentimiento le permitió llegar mucho más alto que sus posibilidades, llevándolo a cometer ese error. Cuando su compañero le hace ver el error, él entonces se arrepiente inmediatamente. Y de esta manera se expresa su potencial].

(*Sijot HaRan* #61)

El lenguaje de la Teshuvá

Los Sabios en la Guemará eran tan grandes que cada uno de ellos era suficientemente santo como para realizar los milagros de Eliahu *HaNavi*. Cada Sabio de la Guemará tenía el poder de *tejiat hametim* (devolver la vida a los muertos) *(Avodá Zará* 10b). Podía visitar el Cielo a voluntad *(Jaguigá* 14b), al igual que el Arizal y el Baal Shem Tov, que solían visitar regularmente el Cielo. Sus palabras en la Guemará son palabras de Torá, sus declaraciones son palabras de HaShem.

Pero encontramos en la Guemará que a veces un Sabio hacía una afirmación y que luego otro la cuestionaba y atacaba lo que había dicho. Su respuesta era, "*Hadri bi*" - "Retracto mis palabras, las tomo de vuelta". Significando, "Estaba equivocado, tomo de vuelta mi declaración" *(Eruvin* 52a, et al.).

Rabeinu *zal* dice que la palabra *hadri* es un lenguaje de *teshuvá*. El Sabio está diciendo básicamente, "Estoy haciendo *teshuvá*, me arrepiento de lo que dije". *Bi* significa "dentro de mí". "Yo hago *teshuvá* dentro de mí. Al atacarme, has despertado en mí un sentimiento de *teshuvá*. Quiero arrepentirme por lo que dije". El *bi* significa "Había *teshuvá* en mí. Es posible que haya emitido esa declaración para evocar la *teshuvá* que estaba yaciendo sin uso, inactiva, dentro de mí". Esta declaración y el subsecuente ataque evocaron la *teshuvá* que estaba en él.

Rabeinu *zal* dice que incluso el Sabio más grande de todos hace *teshuvá*. Es una clase diferente de *teshuvá*, pero termina volviendo y retornando a HaShem en una medida mayor que antes.

Él hace *teshuvá* por el hecho de que hasta ahora, aunque era el Tzadik más grande del mundo, todavía se encontraba por debajo del nivel que podría haber alcanzado. Al hacer *teshuvá*, se eleva a un nivel superior. Cuando llega al nivel superior, hace *teshuvá* por el hecho de que anteriormente no estaba en ese nivel más elevado. Continúa entonces hacia un nivel más grande todavía y nuevamente hace *teshuvá*. Es un ciclo continuo que hace que el Tzadik se eleve más y más, pero siempre lo mantiene en un estado de *teshuvá* (ver Likutey Moharán I, 6:3).

La vida en el Gan Edén

Dice Rabeinu *zal*: Ésta es en verdad la vida en el *Olam HaBa*. La vida en el *Gan Edén* se encuentra siempre en este constante ciclo, pues al hacer *teshuvá* de esa manera, siempre hay nuevas clases de conocimiento, de sabiduría y de santidad que entran allí en la mente de la persona. Pero hay un punto adicional que debemos aprender de estas palabras, un punto vital. Aunque Rabeinu *zal* está hablando sobre los Sabios de la Guemará, esto hace referencia a todo líder, a todo *talmid jajam*, y a cada Tzadik de cada generación que hace *teshuvá* ante sus dichos.

Rabeinu *zal* afirma en otra instancia que si el Tzadik hace una afirmación equivocada o incluso si lleva a cabo algo cuestionable y entonces se retracta en la forma de *teshuvá*, debes saber que el Tzadik no tendrá nada registrado en su contra.

Luego de la *teshuvá*, continúa siendo el mismo Tzadik puro, tal como era antes del equívoco cometido. No importa lo que haya hecho, inmediatamente después hace *teshuvá* y el error queda completamente borrado. No hay nada en su contra en el Cielo y, con seguridad, tampoco habrá nada contra él en la tierra.

Dos declaraciones teóricas

De modo que hay dos lecciones vitales que el mismo Rabeinu *zal* enseña. Cierta vez lo dijo teóricamente sobre él mismo, pero no de hecho. Teóricamente, dijo Rabeinu *zal*, es posible que un Tzadik cometa un pecado. Incluso un Tzadik puede a veces cometer un pecado o un crimen. Esto es algo que puede suceder. Segundo, es más importante el hecho de saber que cuando el Tzadik hace *teshuvá*, el Tzadik retorna a su anterior estado. Es posible que el Tzadik haga algo malo y, al mismo tiempo, no caiga de su elevado nivel debido a ese error. Puede corregirlo mediante la simple acción de una sincera declaración de *teshuvá*.

Por lo tanto la Guemará afirma muy claramente que aunque la persona más baja de la tierra llegue a ver a la persona más elevada cometiendo alguna vez un pecado, no se le permite sospechar ni tener malos sentimientos hacia el Tzadik que cometió ese acto. Dice la Guemará: Debes saber que de seguro ese Tzadik sabe que hizo mal, se arrepintió de ello inmediatamente y dijo entonces, "*Hadri bi*", "dentro de mí está el poder de la *teshuvá*, al igual que dentro de ustedes y de cada uno" (Berajot 19a). Por lo tanto el Tzadik hace inmediatamente *teshuvá* y no permite que ese pecado permanezca en su registro. Debe ser visto inmediatamente como la misma pura y santa luz que era hasta ese entonces.

La teshuvá de Moshé Rabeinu y de David HaMelej

Éste fue el caso de Moshé *Rabeinu*. Él Le oró a HaShem, pidiendo que le permitiese entrar en Eretz Israel. "Aunque haya cometido algo malo, por lo cual estoy siendo castigado al no permitirme entrar en Eretz Israel, de seguro que se me permite esa regla de la *teshuvá*. Puedo arrepentirme igual que cualquier otro judío. Por lo tanto, si he cometido algo malo, no importa lo que sea, aquí mismo me arrepiento y hago *teshuvá*. Ello será borrado. Si es así, ¿por qué no puedo entrar en Eretz Israel?".

La respuesta de HaShem, por supuesto, fue que ello se debía a un motivo totalmente diferente, no tenía nada que ver con una mala acción (ver *Rashi* sobre Devarim 3:26).

El punto es que el *"Hadri bi"* nos enseña sobre la *teshuvá* para la persona más grande al igual que para la más pequeña. Como dijo David *HaMelej*, "si la persona más grande, el rey de los judíos, puede hacer *teshuvá*, entonces de seguro la persona más pequeña nunca deberá perder la esperanza" (*Avodá Zará* 4b). Todos pueden retornar a HaShem. Es necesario mantener siempre esa esperanza. Siempre mantener ese fuerte deseo de retornar a HaShem y de esa manera estarás siempre cerca de HaShem.

Sija # 62

El Poder de Concentración

¡Debes saber! El pensamiento humano tiene un enorme poder.

El pensamiento puede hacer que sucedan muchas cosas, incluso la inflación.

Al concentrar con intensidad el pensamiento, éste puede ejercer una gran influencia. Es necesario para ello concentrar cada facultad de la mente, tanto consciente como inconsciente, hasta lo más profundo, sin distracción alguna. Cuando mucha gente hace esto, sus pensamientos pueden forzar a que suceda alguna cosa.

Para lograrlo, el pensamiento concentrado debe describir con todo detalle cada paso del resultado deseado.

Un pensamiento general difuso se encuentra en la categoría de "recipiente incompleto" (*Keilim* 12:6; *Julin* 25a). Tales recipientes mentales incompletos pueden inducir al error. Esto es lo que le sucedió a Nevat, quien vio fuego saliendo de su miembro y pensó que sería rey.

También puedes hacer uso de esto en tus estudios. Es posible concentrarse en algo con tanta fuerza que ello llega a realizarse. Y esto, además del beneficio que tal concentración tiene sobre tu comprensión.

Por ejemplo, puedes concentrarte en el hecho de que quieres completar el estudio de las cuatro secciones del *Shuljan Aruj*. Puedes calcular que si estudias cinco páginas por día, lo terminarías en un solo año.

Imagina esto en tu mente, exactamente cómo piensas que completarías este ciclo de estudio. Concéntrate con fuerza hasta que llegues a estar literalmente obsesionado con el pensamiento. Si tu deseo es fuerte y tu concentración lo suficientemente intensa, tus planes se realizarán.

El mismo concepto puede aplicarse a otros estudios, tales como la Biblia o el Talmud con sus comentarios más importantes, el *Rif* y el *Rosh*, al igual que los *Arba Turim*.

Dijo el Rebe que a esto alude el Talmud cuando dice que el pensamiento ayuda, aún para el estudio de la Torá (*Sanedrín* 26b).

Es posible que Rashi interprete este pasaje Talmúdico de manera diferente, pero la explicación del Rebe es también ciertamente verdadera. El Rebe no elaboró más el tema, pero ambas son las palabras del Dios Vivo (*Guitin* 6b).

(*Sijot HaRan* #62)

Proezas físicas y mentales

Rabeinu *zal* comienza con la palabra "*Da*", "Debes saber". Cuando utiliza esta palabra, está compartiendo algo increíblemente importante. "Debes saber" significa que estás siendo notificado del hecho de que éste es un cablegrama directo con un mensaje desde el *Olam HaAtzilut* (desde el Mundo de *Atzilut*). No proviene del Cielo en donde están los ángeles (*Ietzirá*) ni del cielo en donde está el Trono de HaShem (*Beriá*), sino de mucho más arriba. De los Cielos por sobre *Atzilut*, el más elevado de los cielos. Este mensaje proviene de allí.

Dice Rabeinu *zal*: *Da*, debes saber, que el ser humano es la más baja de todas las creaciones pues este mundo en el cual nos encontramos ahora, el *Olam HaAsiá*, es de lejos el mundo más bajo. ¿Acaso puedes comparar a un ser humano con un ángel? Los ángeles son mucho más grandes que este universo terrestre completo. Pero el propósito de la Creación no fue precisamente en aras de los ángeles, ni en aras de los cielos, ni en aras de los planetas, sino en aras de este pequeño, central e integral punto de la Creación, de este planeta tierra. Tampoco la tierra fue creada en aras de la multitud de animales, tanto de cuatro como de dos patas, sino en aras de la nación judía. Y sí, somos la nación más pequeña de la tierra y sí somos los elegidos por HaShem.

HaShem les ha dado a los seres humanos poderes tales que los humanos mismos difícilmente son conscientes de lo que poseen. Esto es verdad con respecto a los poderes físicos y mentales del ser humano, al igual que con los poderes espirituales, con respecto a las Diez *Sefirot*.

Las Diez *Sefirot* incluyen las tres superiores, *Jojmá, Biná* y *Daat* y las siete *sefirot* inferiores comenzando con *Jesed* hasta *Maljut*. Sea lo que fuere que signifiquen, son entes espirituales muy por encima de nosotros. Pero, correspondiente a ello, la fisiología del ser humano también está dividida en dos partes: la sección superior, la parte mental, en la cual el cerebro tiene tres secciones -*jojmá, biná* y *daat*, tres clases de sabiduría- y luego la parte física por debajo, los órganos que llevan a cabo las acciones.

En otras palabras, el ser humano tiene el poder del pensamiento, el poder de planificar las cosas y también el poder de llevar a la práctica el pensamiento. Rabeinu *zal* dice que al igual que en las *sefirot*, donde el pensamiento es mucho más elevado que la acción, de la misma manera, la mentalidad de la persona, aunque parece ser tan inoperante, es mucho mayor que los órganos físicos, incluso en un sentido físico.

Por ejemplo, una persona débil no tiene manera de levantar un peso muerto de 100 kilos. Es imposible para ella. Pero si tiene un cerebro, pensará maneras de hacerlo. En su mente imaginará un plan para utilizar palancas y otros métodos mediante los cuales levantar esa carga.

Vemos, por ejemplo, el asombroso tamaño y peso de

las piedras de la ciudad vieja de Jerusalén, en especial en el Kotel. ¿Cómo fueron levantadas? No fueron máquinas, los seres humanos las levantaron. Ello se debió a la sabiduría, al planeamiento, que fue superior al que poseen los seres humanos de hoy. Con los cerebros más listos de los científicos más obtusos de hoy en día, nadie puede comprender cómo fueron levantadas hasta semejante altura por sobre el suelo.

Concentración profunda

Rabeinu *zal* dice que el ser humano no conoce el poder de su mente. HaShem creó la mente humana con poderes ocultos de tal calibre que la persona puede llevar a cabo lo que podríamos considerar actos milagrosos. Por ejemplo, Si la persona se concentra profundamente en algo que está completamente lejos y en absoluto relacionado con ella, le será posible igualmente efectuar un cambio. Tomemos la Bolsa de Valores. A la persona le gustaría que una acción aumentara en su precio y ganar así en el mercado. ¿Cómo podría hacerlo sin contactar a un agente, sin llevar a cabo alguna acción física, en absoluto?

Comienza a concentrarse entonces, profundamente, centrando totalmente su mente en el pensamiento de que el precio de esa acción debería subir. Esto lo hace con una concentración que no es perturbada por ninguna fuerza exterior. Si la concentración es perfecta, es posible que la persona incluso logre que el precio del mercado suba. Éste es un caso inusual; sin embargo, hay casos mucho más simples que podemos mencionar.

¿Cómo es posible emplear la telepatía sobre algo que no está vivo? Imagina que estás de pie frente a un pelotón de fusilamiento. Rabeinu *zal* dice que la persona puede mirar a un rifle y éste no disparar *(Jaiei Moharán 438)*. Esto suena ficticio, *jas veshalom*, pero no lo es: es un hecho absoluto.

Rabeinu *zal* dice que el ser humano de hecho posee tales poderes mentales y que podría usarlos. Si al menos la persona practicara y ejercitara su mente con la mayor de sus capacidades de concentración... Ésta debe ser una concentración pura. De hecho podría ordenarle a un arma que no hiciera fuego. Es posible hacer esto en muchos otros campos debido a los poderes mentales del ser humano.

Dice Rabeinu *zal*: Esto suena simple y fácil y, como resultado, alguien puede sentir que controla el mundo con su mente. Lo que olvida es que la suya no es la única mente. Muchas mentes están trabajando en diferentes direcciones y chocan entre sí. Segundo, si la mente de la persona es tan débil que no puede concentrarse plenamente, entonces seguro que no es efectiva, en absoluto.

Concentrarse completamente significa que no se tiene ningún pensamiento externo en algo como en la Bolsa de Valores. ¿Qué tal el concentrarse en algo mucho más importante, como el hablarLe a HaShem? ¿Podrías concentrarte durante tres o cuatro minutos, o tanto como lleva el recitar las *Shmone Esere*? Cuando estés orando *Shajarit, Minjá* o *Maariv*, concéntrate durante esos pocos minutos sin permitir que pensamiento alguno penetre en tu mente durante el tiempo en que estés hablándoLe a HaShem. La persona honesta consigo misma admitirá que no puede recordar ni una sola *tefilá* en la que honestamente no haya tenido algún pensamiento externo, aunque más no sea en un breve instante.

Un viaje al circo

Un *Rosh Ieshivá*, el jefe de la academia, se puso de pie un día delante de sus alumnos y les dijo, "Hoy les voy a enseñar una lección. Saldremos de la *ieshivá*". Ellos preguntaron, "¿Adónde?". Él dijo, "Vamos a ir al circo". "¿Al circo? ¿Acaso no es eso *bitul* Torá, abandonar la Torá por algo nimio? ¿La *ieshivá* debe dejar de estudiar para ir al circo?".

Dijo el *Rosh Ieshivá*, "Estamos yendo al circo para ver un solo acto, un acto muy importante". Al llegar al circo vieron al artista de la cuerda floja caminando allí arriba, a una decena de metros del piso, sin ninguna red debajo. Por supuesto que ello es algo muy peligroso. Sería fatal la mínima equivocación. Se les dijo a los discípulos que debían observar y quedaron maravillados por lo que veían. Era algo fascinante de ver. Pero no era tan fascinante como estudiar, *leavdil*, una *kashia*, una dificultad en la Guemará.

La cuestión era: ¿Por qué motivo dejaron sus estudios para ir a ver aquello? No es precisamente algo apto para los alumnos de la *ieshivá*. Pero dado que el *Rosh Ieshivá* dijo que debían observar, ellos lo hicieron.

Tan pronto como terminó, él les dijo, "Ahora nos vamos". Fue una visita muy corta al circo. Cuando volvieron, les dijo, "Ahora tendrán un *shiur,* una clase. ¿Qué aprendieron del acto en la cuerda floja?". Ellos pensaron al respecto. No podían tomar de allí ninguna lección moral. Les dijo entonces, "No entendieron el asunto, el punto esencial de esta lección.

"Esa persona que vieron no estaba loca. Por el contrario, ella es mucho mejor que ustedes pues un error de una fracción de segundo puede costarle la vida. Por lo tanto lo que necesita es una absoluta concentración durante los tres minutos en los cuales camina por la cuerda floja, sin permitir que su mente divague ni un momento.

"Han sido testigos de un caso en donde es posible que la persona pase tres minutos en una intensa concentración, sin distraerse. Ahora traten y hagan lo mismo. Lleven a cabo ese mismo acto de caminar en la cuerda floja delante de HaShem, lo que es mucho más peligroso pues Le están hablando a HaShem. ¿Cómo pueden distraerse de HaShem siquiera por un momento y dejar que sus mentes anden vagando? ¿Dónde está el respeto? Ustedes se encuentran delante del Rey de reyes.

Imaginen cuán peligroso es. Es mucho más que la vida, es peligro para el alma. Pero es posible concentrarse... Ustedes han visto una prueba de ello en ese equilibrista".

Vemos por lo tanto que existe esa posibilidad, pero ¿cuánta gente realmente lleva a cabo ese acto de verdadera concentración? Dice Rabeinu *zal*: Éste es el poder que está en potencia en la capacidad mental de la persona, pero raramente es utilizado.

La falta de concentración de Nevat

Dice Rabeinu *zal* que la persona que trata de concentrarse en algo pero que no lo logra puede a veces perder mucho. El primer rey de los judíos [de las Diez Tribus] fue Iarobam ben Nevat. Iarobam ben Nevat era un *joté umajit*, un pecador que hacía pecar a los otros. Él mismo cometió horribles pecados. Adoraba ídolos y arrastró a las Diez Tribus a adorarlos también. Por lo tanto la Guemará dice que fue el peor pecador de todos y que fue al *Gueinom* para siempre (Rosh HaShaná 17a).

¿Cómo era su padre? La Guemará dice que el nombre de su padre era Nevat. ¿Era Nevat realmente su nombre o era un apodo? La Guemará dice que *nevat* significa "chispa". Este Nevat cometió un grave error pues aunque se concentró, su concentración no fue una completamente clara. Vio que algo totalmente inusual salía de él. Dijo que comprendió a partir de ello que iba a ser rey. Una chispa de fuego - ello es un milagro. Ello debe presagiar el hecho de que sería rey de los judíos (Sanedrín 101b).

Por lo tanto Nevat, cuyo verdadero nombre era Sheva, fue y se rebeló contra el rey David, lo que produjo esencialmente su propia caída. Su error fue el que no se concentró lo suficiente como para ver que ese mensaje decía, "De él saldrá un rey". Su hijo sería rey, no él mismo. Se destruyó debido a un error de interpretación en lo que había visto. Ello se debió al hecho de que no hubo una total concentración. No utilizó apropiadamente sus poderes mentales.

Profundizando en los secretos de la Torá

Dice Rabeinu *zal*: Los poderes mentales de la persona son muy grandes y muy beneficiosos. Si puedes utilizarlos para hacer que suban los precios del mercado de valores, muy bien. Si no puedes hacer eso, hay otras cosas mucho más importantes que cada persona debería hacer. Una, dice Rabeinu *zal*, es el estudio de la Torá. La persona puede utilizar sus poderes de concentración primero para el estudio de la Torá misma, para estudiar la Torá en profundidad, para indagar profundamente en los secretos más hondos de la Torá.

Con una profunda concentración, la persona puede tomar la decisión de llevar a cabo una cantidad determinada de estudios. Digamos, el cubrir las cuatro secciones del *Shuljan Aruj* en un año. Ordinariamente, consideraría que eso es algo imposible, que no es posible cubrir tanto en un período tan corto de tiempo. Hay 1700 capítulos en el *Shuljan Aruj*. ¿Cómo es posible estudiarlos a todos en un año?

La respuesta es mediante una absoluta concentración. Absoluta concentración significa la decisión en la mente, una decisión absoluta, con todo el poder de las capacidades mentales, la decisión de que se va a cubrir esa cantidad en este año. Lo mismo se aplica para todo lo demás - para *Shas*, para los *Rishonim*, para *Navi*, para estudios incluso más profundos, Kabalá y demás. La persona con una profunda concentración será capaz de lograr todo esto.

Esto está aludido en la Guemará que dice, "*Majshavá moelet afilu ledivrei Torá*" (Sanedrín 26b), "el pensamiento ayuda incluso a las palabras de la Torá". La Guemará dice que el pensamiento, la planificación, ayuda incluso para el estudio de la Torá. Rabeinu *zal* dice que esto significa que si la persona se concentra con todo su poder, sobre el hecho de que estudiará tanto y tanto, ello la ayudará a lograrlo.

Sin embargo, encontramos en una nota que *Rashi HaKadosh* sobre la Guemará interpreta y traduce las palabras de manera diferente. *Rashi HaKadosh* dice que el significado de esas palabras es que *majshavá* ayuda a anular, en un sentido negativo, que hace daño. La persona que dice, "Hoy voy a estudiar diez páginas de la Guemará", verá que no podrá tener éxito. Se supone que uno debe decir, "Voy a estudiar lo máximo posible. Haré todo para cubrir tanto como pueda". Pero si uno dice, "Voy a estudiar diez páginas", invariablemente fracasará en llevar a cabo su plan de estudios. Él lo planeó y sus planes se estropearon. "*Rabot majshavot belev ish*" (Proverbios 19:21), "muchos son los pensamientos en el corazón del hombre".

Vemos que existe una directa contradicción con lo que dijo Rabeinu *zal*. Sin embargo, no hay *kashia* pues ambas interpretaciones son correctas. "*Eilu veeilu divrei Elokim jaim*" (Eruvin 13b), ambas son palabras de HaShem. *Rashi HaKadosh* habla con el *rúaj hakodesh*, que es una interpretación celestial. Las palabras de Rabeinu *zal* son todas celestiales. De modo que, ¿es posible que ambas sean correctas?

Rashi HaKadosh dice que cuando la persona planea estudiar una cierta cantidad, no está segura de sí misma. Planea hacerlo, pero por supuesto el *satán* se presentará y se reirá de ella: "Tú haces estos planes, no sabes cuán bueno eres. Yo te detendré, yo pondré obstáculos delante de ti y te impediré estudiar". Si no hubiera desafiado al *satán* con esto, habría sido capaz de cubrir esa cantidad.

Rabeinu *zal* no habla de esto como un plan, sino como una concentración, como un esfuerzo concentrado. Si se concentra así, su concentración será tan fuerte y tan potente que podrá vencer incluso al *satán*. El judío puede sobreponerse incluso a un ángel, como vemos en el caso de Iaacov cuando obtuvo su nombre, Israel (Bereshit 32:25-29). De modo que si su concentración es así de pura y así de profunda, se elevará hacia la *sefirá* de *Jojmá*. Con esa sabiduría, podrá incluso sobreponerse a todos los obstáculos presentados por el *satán*, por el *ietzer hará*, y tendrá éxito. No hay contradicción alguna entre esas dos interpretaciones.

Sija # 63

Eligiendo un Sendero

En cada país se respetan cosas diferentes. Un concepto aceptado comienza a la vez con el bien y el mal. El bien puede ser mínimo pero siempre contrabalancea al mal. Así, es imposible determinar si una cosa es buena o mala, de manera que se la sigue tomando en cuenta para siempre.

En nuestras tierras, por ejemplo, los hacedores de milagros gozan de mucha estima. Muchos de estos hacedores de milagros fueron verdaderos Tzadikim, pero también existen muchos charlatanes.

Cuando algo es respetado, aun un charlatán puede tener éxito. Es posible que sea totalmente incompetente pero triunfará en la medida que tenga deseos y autoconfianza.

Todo depende de dónde se comience. Supongamos que quieres jugar el papel de hacedor de milagros. Si comienzas en un lugar en donde la gente simple cree en esas cosas, de hecho triunfarás. Una vez que logres la reputación entre los crédulos, aun los sofisticados te seguirán.

Pero si comienzas en un lugar en donde se burlen de ti, no tendrás ninguna posibilidad. Por ejemplo, en lugares como Alemania, donde no se acepta a los hacedores de milagros. Pero si comienzas en cambio en un lugar en donde eres respetado, una vez que triunfes aún los escépticos te seguirán.

Lo mismo es verdad respecto a las costumbres y prácticas de los Tzadikim en estas tierras. Existen otros lugares en donde son ignorados. En los países musulmanes, por ejemplo, los líderes religiosos llevan el título de *Jajam* y no tienen ninguna práctica que pueda asemejarse a las de nuestros países.

En esta región, ciertas costumbres son aceptadas como propias de los Tzadikim. Cualquiera puede adoptar esas maneras y ser aceptado como un Tzadik. HaShem revelará la verdad pronto y en nuestros días, amén.

El mismo hecho de que los milagros sean aceptados en un determinado lugar puede de hecho permitir que ellos ocurran. Pero no siempre es así.

(*Sijot HaRan* #63)

El carácter único de cada país

Dice Rabeinu *zal*: En cada país o en cada zona hay algo que es considerado especial. Tan pronto como esa cosa se revela, hay bien en ella y hay mal en ella. En todo, la persona debe tener mucho cuidado si se ocupa de ello. Si quiere participar de esa cosa, debe ser muy cuidadosa al elegir.

Por ejemplo, los Estados Unidos se volvieron muy famosos y populares en el campo de la computación. Hace algunos años, esto era prácticamente desconocido. La persona que quería tener éxito en los negocios o en el empleo debía buscar un campo diferente. De pronto esto se volvió muy valioso y popular. Casi todos aquellos que entren en ese campo tendrán éxito, pues ese campo está bendecido con el éxito.

Apégate a los que tienen suerte

De modo que la persona debe saber cómo elegir el ítem que tiene *hatzlajá*, éxito. Hay algo de ello en cada tierra y con ello tendrá muchas más posibilidades de ser *matzliaj*, exitosa. La Guemará dice que si quieres tener éxito en los negocios, debes asociarte con alguien que tenga *mazal*, suerte

(*Pesajim* 112a). Acércate a la persona que tenga mucho éxito en los negocios. No es necesario el cerebro, es más suerte que cerebro - suerte significa, por supuesto, bendiciones del Cielo. Apégate a la persona que tenga esa bendición y también tú podrás tomar de su *mazal*. Hazte socio de aquel que tiene suerte, como aquellos que estaban unidos a Job y que también se volvieron ricos.

Dice Rabeinu *zal*: Esto es un *Baal Shem*. *Baal Shem* significa alguien que es considerado un Tzadik verdaderamente grande o un rebe jasídico, la cabeza de una dinastía de jasidim. Hoy en día es muy popular el ser un rebe jasídico, como lo fue entonces. La persona que se vuelve un rebe jasídico vive generalmente una buena vida pues tiene seguidores que hacen su voluntad. Es mejor que ser empleado por alguien y tener que obedecer la voluntad de su empleador.

Rabeinu *zal* dice que en muchos países existe este ítem. La cuestión es: ¿Cómo se vuelve uno un *Baal Shem*? ¿Cómo se obtiene este título? ¿Cómo se adquiere esa popularidad? ¿Cómo se hace para que la gente crea en ti?

Formando una camarilla

El secreto es primero formar una camarilla. Buscar a aquellos con una mentalidad inferior, aquellos a quienes uno puede persuadir con facilidad e influenciar fácilmente. Influenciarlos mentalmente para que crean en ti.

Una vez que tengas ese núcleo, los otros seguirán automáticamente. La gente verá que hay tantos que creen en ese rebe que algo debe haber en él. Incluso aquellos que son sabios también lo seguirán. Éste es el consejo para algo como esto.

Dice Rabeinu *zal*: Esto no es nada bueno, pues significa que la persona puede estar yendo en un sendero completamente equivocado. Rabeinu *zal* termina esta *sija* con las palabras: "*HaShem Itbaraj igalé haemet bimera beiameinu amén*", HaShem revelará la verdad pronto y en nuestros días, amén.

¿Por qué agregó esas palabras? Porque en la mayoría de los casos, esos líderes espirituales no son sinceros. No se trata de que sean fraudulentos, pero el hecho es que su motivo no es sincero. Ellos buscan *cavod*, ellos buscan la gloria y son ellos mismos los primeros en saber que no son verdaderos líderes.

No poseen esos poderes espirituales puros. Extravían al público haciendo que lo sigan al cubrirse con ese manto, con la capa de grandeza de un *talmid jajam*, de un rebe, de un Tzadik. La tragedia más grande es que finalmente comienzan ellos mismos a creerlo, que son así de grandes. Ése es el paso más autodestructivo posible. Ése es el paso antes de la caída y del golpe.

Elige un campo sabiamente

Es por ello que la persona debe tener mucho cuidado al elegir un campo. Tú ves que hay un campo muy lucrativo, como el volverse un Tzadik, en actuar con sabiduría y en buscar la verdad. ¿Eres apto para ese campo o no? En el caso de la computación, por ejemplo, incluso una persona simple puede entrar y tener éxito. Además, no hay peligro de autoengaño.

Éste es el paso más importante de todos: buscar la verdad y saber entonces que aquello que es popular posee un cierto *mazal*. La persona podrá ganarse la vida mucho más fácilmente o tener éxito allí que yendo a un campo que no es popular en absoluto. Esto, por supuesto, necesita una mayor elaboración, pero la persona que piense profundamente en ello comprenderá más.

Sija # 64

El Mérito de los Ancestros

La fama y el prestigio no prueban nada.
El estatus no está relacionado con el mérito.
Una buena acción puede dar como resultado una distinción que no se pierde nunca más.

Un buen ejemplo de esto lo proporcionan los reyes de Israel que debido a un acto meritorio de su parte, fueron dignos de conservar el trono durante cuatro generaciones. HaShem le dijo a Iehu que en recompensa por haber destruido los ídolos (Reyes 2, 10:30): "Hasta la cuarta generación, tus hijos se sentarán en el trono de Israel" (Reyes 2, 15:12).

Esto es algo difícil de comprender. Pues luego de la cuarta generación, su grandeza se acaba, sin importar ya lo que hagan. Aunque intenten hacer exactamente lo mismo que les hizo merecer el reino e incluso tener un mérito aun mayor que el de su antepasado de nada les servirá. El decreto ha sido sellado y luego de la cuarta generación deberán dejar el trono. El decreto contra sus padres determina su destino y no hay apelación posible.

Aunque su ancestro ganó el trono debido a una cierta acción, aquellos que ya lo poseen no pueden apelar a un mérito similar para mantenerlo. Pueden realizar exactamente las mismas acciones que su antepasado, pero no tendrán resultado alguno. Ya fue decretado que su generación perderá el trono y eso no puede cambiarse. Ello es un gran misterio. Comprende bien.

Esto nos enseña que los caminos de HaShem son inescrutables. Puede haberse decretado que cierta persona deba perder su distinción y que sea cual fuere su mérito, no la podrá mantener. Otra en cambio puede ganar fama durante cuatro generaciones mediante la realización de una única acción valedera. Comprende esto.

(Sijot HaRan #64)

La gente en altos puestos

Dice Rabeinu *zal*: Tú ves a alguien que se encuentra en una elevada posición, digamos a nivel político. La persona es un intendente, un gobernador o un primer ministro del estado judío. La persona es un rey, el rey de los judíos. No pienses que esa persona tiene que ser grande pues de lo contrario no estaría en esa posición. Ello no prueba nada.

Es posible que sea grande, pero al mismo tiempo también es posible que no haya alcanzado esa posición debido a su grandeza sino a una acción por parte de sus antepasados, de su padre, de su abuelo o de su bisabuelo, quienes fueron muy grandes e hicieron semejante buena acción. Ese antepasado llevó a cabo una buena acción tal que por ella mereció el reinado o ese liderazgo para sí y para sus descendientes.

En verdad no es posible decir si ese líder alcanzó su posición por sí mismo o si la heredó a través de una *mitzvá* o una buena acción de su ancestro.

Cuatro generaciones

Al mismo tiempo, si ves que alguien pierde su posición, que fue rey y de pronto es destronado... ¿se debe acaso a sus propias fallas? ¿O es posible que fuera mucho mejor y más apto para esa posición que su padre o que su abuelo, y que aun así fuera bendecido debido al hecho de que su bisabuelo llevó a cabo una acción tan pura? Fue bendecido para retener el reino durante cuatro generaciones - para él, para su hijo, para su nieto y para su bisnieto. Cuatro generaciones debían retener el reino, pero hasta allí llegaba su *mitzvá*. Después de la cuarta generación la *mitzvá* se detuvo y el reino dejó de estar en manos de su familia. De modo que aunque la persona sea adecuada y una buena persona, lo esencial es el tiempo. Ello ya fue decretado anteriormente, que el reino debía perdurar sólo durante cuatro generaciones. Él perdería el reino aunque lo mereciese más que su predecesor.

Éstos son asuntos difíciles de calcular. Es por ello que Rabeinu *zal* dice simplemente: Es un hecho, pero no hay manera de probar que aquella persona que se encuentra en una posición exaltada realmente lo merece. Es posible que se deba a las buenas acciones de otra persona y es posible que el hecho de perder esa posición no se deba a sus malas acciones ni a sus faltas, sino a algo que fue hecho previamente.

Sija # 65

Simja como una Cura para el Sufrimiento

> La alegría puede proteger a tus hijos de la muerte (*Shearit Israel* #114).
> La fuerza maligna que destruye a los niños es llamada *Lilit* (*Zohar* 1:14b). La alegría es la antítesis de *Lilit*.
>
> (*Sijot HaRan* #65)

Tragedias

Rabeinu *zal* dice que hay gente que sufre tragedias en sus vidas, *jas veshalom*, aunque prácticamente todos deben pasar por alguna tragedia. Cuando fallece un padre, ese período de duelo es muy triste. Hay mucho llorar, sollozar y lamentar el fallecimiento de alguien tan cercano. Tristemente y hasta cierto grado, aquel que fallece es olvidado y la vida continúa.

Existen tragedias peores. La Guemará dice que cuando, *jas veshalom*, fallece la esposa, todo el mundo se vuelve oscuro para el esposo (*Sanedrín* 22a). Cuando fallece uno de los padres, la persona sigue ocupada con su propia vida, en especial si está casada. Tiene su propia familia y no puede pensar constantemente en la pérdida de su ser querido. Fue difícil sufrir en ese momento, pero pasó. Por supuesto, intermitentemente, hay recuerdos que surgen. La persona realmente no olvida completamente. Pero al perder a la esposa, el mundo se vuelve oscuro.

Hay una tragedia aún peor. Perder a un hijo, *jas veshalom*, es una de las tragedias más grandes posibles. La mujer que pierde a un hijo es llamada una *isha meshakela*, una mujer que entierra a sus hijos, *jas veshalom*. Ésta es una tragedia indescriptible e incluso peor que cuando el mundo se oscurece. ¿Qué produce esta tragedia? ¿Realmente el niño fallece por el pecado de sus padres? ¿Acaso no hay una regla, dice la Guemará, de que el niño no pagará por el pecado de sus padres pues el niño tiene su propia vida que vivir? Tampoco los padres pagarán por el pecado de los hijos, dependiendo de si los hijos continúan o no llevando a cabo los pecados de los padres (*Berajot* 7a).

Incluso así, al hablar de un niño pequeño, de seguro que ello no puede deberse a sus propios pecados, menos aún a los pecados de los padres. De modo que, ¿qué produce la muerte del niño? El *Baal Shem HaKadosh* lo explica de acuerdo al *Zohar HaKadosh* con una respuesta muy simple.

¿Por qué sufren los niños?

El niño que fallece a la edad de dos años debido a una enfermedad no tiene realmente dos años de edad. Ese niño puede tener varios cientos de años y cuanto menos podría tener 72 años de edad. Ese niño acaba de retornar; ese niño estaba vivo hace poco y falleció a la edad de 70 años. Ese niño fue a la Corte Celestial, enfrentó el juicio y se lo encontró carente de algunas *mitzvot*. Fue necesario que ese niño completara una cierta cantidad de *mitzvot,* una cierta cantidad de tiempo adicional en esta tierra (ver *Shaar HaKavanot, Hakdamá Ajat Ketaná*, p. 1).

Era tan poco que se consideró suficiente el que esa persona volviera al mundo, a través del nacimiento, a través del *brit*, a través del sufrimiento como niño, hasta la edad de dos años. Entonces con ello, su *neshamá* completó las faltas para suplementar lo que necesitaba y así poder ir al *Gan Edén*. Hay tantas y diferentes posibilidades en esta ley del *guilgul*.

¿Por qué los padres deben pasar por esto?

Sin embargo, incluso con esto, la pregunta es: ¿Qué sucede con los padres? Podemos comprender que el niño era un *guilgul*, pero ¿qué sucede con los pobres padres que están tan acongojados? ¿Por qué tienen que sufrir el fallecimiento de un hijo? Más aún, ¿hay acaso una acción directa que produce esa muerte y acaso una defensa directa en contra de ello? Rabeinu *zal* revela este punto.

Ahora bien, antes siquiera de decirlo, debemos aclarar muchas veces que, cuando tenemos estos asuntos revelados, la persona podría decir que ahora posee un medio infalible o el poder para evitar ciertas clases de tragedias, o que tiene el poder de concentración para realizar milagros. Ello es verdad, pero no todos pueden emplear estos medios. Pero en definitiva ello ayuda.

La klipá venenosa

En este caso, Rabeinu *zal* dice que la muerte de los niños pequeños es causada por una cierta *klipá*, un espíritu maligno cuyo nombre no es mencionable. Su nombre es muy famoso; en español lo mencionan muy seguido, como tontos que no saben lo que dice el Arizal con respecto a que no se permite mencionar este nombre (*Sefer Taamei Mitzvot, parashat Mishpatim*, sobre la mitzvá "*Veshem elohim ajerim lo tazkiru*"). El nombre comienza con L-I-L [Lilit - está prohibido pronunciarlo]. Es un demonio maligno femenino que ataca a los niños. Hace muchos años, la mortalidad infantil era muy grande, en proporción, y prácticamente no había medio de detenerla. Esto lo atribuían a ciertos tipos de enfermedades infantiles y demás. Eso, por supuesto, es una falacia pues no es la enfermedad la que mata. No es la enfermedad misma la que mata a no ser que ésta haya sido enviada desde el Cielo por HaShem para llevarse la vida del niño.

No son los médicos quienes finalmente descubren la cura para esto; ello se debe, como dice la Guemará, a que la enfermedad es retirada por el Cielo (Avodá Zará 55a). Por lo tanto la polio, *Rajmana litzlan*, fue enviada a la tierra durante un cierto período. Cuando ese periodo terminó, fue llamada de vuelta. Para hacer que parezca normal, HaShem envió a la mente de un científico alguna clase de vacuna que prevenía esa enfermedad y la gente ciegamente siguió tras la teoría de que los científicos son tan listos, tan eruditos y tan avanzados, que la ciencia es tan grande, que ni siquiera nosotros conocemos el poder y la grandeza de esos médicos o científicos, *Rajmana litzlan*.

Pero el hecho es que, como dice la Guemará, no son los científicos ni su sabiduría. Es la Voluntad de HaShem de que esa enfermedad deje de funcionar. Hubo una época en que la mortalidad infantil, *Rajmana litzlan*, era mucho más grande de lo que es hoy en día. También hoy existe en pequeña proporción, pero aún existe.

Simja es la cura

Dice Rabeinu *zal*: ¿Cómo es posible evitar esta muerte, al menos hasta cierto punto, al menos disminuirla, para tener una mayor posibilidad de salvar la vida del niño? Esta *klipá* tiene las mismas letras que la palabra *lailah*, la noche, y *LaILaH* (לילה) tiene las mismas letras que *IeLaLáH* (יללה), gemir y sollozar.

Gemir y sollozar es el opuesto exacto de *simja*. *Simja*, la alegría, significa que no hay sollozos - que hay júbilo. La persona que quiera vencer ese espíritu maligno, que corresponde a un estado mórbido de la mente, deberá llenarse de un tremendo grado de *simja*. Con esto podrá expulsar y eliminar a ese espíritu. Podrá liberar a su casa de esto, salvando así la vida de sus hijos. Éste es el poder de *simja*.

También podemos ver esto en el cuento de "Los siete

mendigos" en el *Sipurey Maasiot*. En la historia relatada por el sexto mendigo, la princesa, que corresponde a la *Shejiná*, que corresponde a la *neshamá* de un judío, fue herida por diez diferentes flechas emponzoñadas. Esas flechas penetraron en la princesa, envenenándola y poniendo en peligro su vida. Una persona, un *Tzadik emet* que conocía el secreto de la cura para esas diez clases diferentes de venenos, dijo, "Yo la curaré".

¿Cuál era la cura? La cura consistía en los diez capítulos de los *Tehilim*, el *Tikún HaKlalí*. ¿Por qué son tan grandes ésos diez capítulos? Pues son llamados las diez clases de *neguina*, las diez clases de canciones, que corresponden a *simja*. Es el poder de *simja* lo que hace que esos diez capítulos de los Salmos sean tan grandes. De modo que el *Tikún HaKlalí* es tan grande y tan efectivo que tú lees el *Tikún HaKlalí* pues contiene esas diez diferentes formas de *neguina*, de canciones, que corresponden a los *taamim* de la Torá, a los mundos celestiales más elevados y todo debido a la *simja* que hay en ellos. Esto es dicho *besimja*.

La palabra *BeSiMJa* (בשמחה) tiene las mismas letras que *MaJShaVá* (מחשבה), el pensamiento o *jojmá*. *Jojmá* es la más elevada de las *sefirot*, representando el *Olam HaAtzilut*, de donde provienen esos diez capítulos esas diez clases de *neguina*. Éste es el motivo por el cual la princesa, la *emuná*, que es el fundamento de las *sefirot*, puede ser curada a través de esa *simja*.

Rabeinu *zal* dice que en todos los casos, la persona puede estar segura de que a través de *simja* podrá destruir o al menos expulsar a esa *klipá* femenina que daña o que incluso mata a los niños pequeños.

Kidush Levaná

Esto también está aludido en el momento de la Creación. La Torá nos dice que el sol y la luna fueron cambiados inmediatamente después de ser creados. La luna perdió su brillo; se volvió deficiente en luz, deficiente en forma (Bereshit 1:16. Ver *Julín* 60b). La deficiencia de la luna es denominada *pegam*. No es completamente redonda. Tiene que crecer. Por supuesto, físicamente está allí, pero no la puedes ver. La luz la muestra como deforme o deficiente. Aumenta en tamaño y luego comienza otra vez a decrecer.

La Guemará dice que esta *peguimat halevaná*, esta deficiencia en la luna, es causa de la enfermedad en los niños (*Mesejta Sofrim* 17:5). Esta *peguimat halevaná* puede ser cambiada a través de la *mitzvá* del *Kidush Levaná*. Hay una ley especial relacionada con el *Kidush Levaná*. La ley más importante de todas es que cuando uno sale para decir *Kidush Levaná*, debe hacerlo con *simja*. Dices esta *berajá* del *Kidush Levaná* con *simja* pues mediante esa *simja*, produces un *tikún*, una corrección, para la luna.

La luna es *Maljut*, la princesa, la *Shejiná*, la *neshamá* del judío. La deficiencia en la *neshamá* se corrige a través de esta *tefilá*, que es a través de *simja*. Por lo tanto el niño que es dañado por esta deficiencia se cura a través de la misma cura que ayuda a la princesa, que es *simja*.

Rabeinu *zal* dice que *simja* es el opuesto exacto de esta clase de *klipá*. *Simja* es la cura que trae vida. La mejor manera para alcanzar la vida es a través de *simja*. *Simja* es lo que Rabeinu *zal* enseñó constantemente: La persona debe andar siempre con *simja*. *Simja* es la verdadera forma y significado de la *emuná*.

Sija # 66

Poniendo el Poder en la Plegaria

El Rebe nos hablaba constantemente sobre el orar con devoción, aconsejándonos poner toda nuestra energía en las palabras de nuestras plegarias (*Likutey Moharán* I, 48, II 84).

Muchas veces nos dijo que debíamos forzarnos a orar.

Hay personas que dicen que la plegaria debe surgir por sí misma, sin forzarla. El Rebe afirmaba que eso era un error y que uno debe hacer lo posible para forzarse a ello.

Otra vez el Rebe habló respecto a la plegaria y dijo que la verdadera devoción consiste en unificar el pensamiento con la palabra.

Si escuchas tus propias palabras, entonces la fuerza entrará por sí misma en tus plegarias.

Toda tu energía espera el momento en que será llevada hacia las palabras de santidad. Cuando concentras tu mente en las plegarias, esta energía corre para entrar en las palabras.

Simplemente concéntrate en las palabras y la fuerza entrará en tus plegarias sin que debas forzarte a ello.

(*Sijot HaRan* #66)

Ponte en la plegaria

Rabeinu *zal* acentuó mucho y muchas veces que la persona debe hablarLe a HaShem en la plegaria. Tú te comunicas directamente cuando Le hablas a HaShem. No hay un intermediario, tú Le hablas directamente a HaShem y HaShem oye con mucha atención, *kiviajol*. Ciertamente no sería apropiado que la persona hable con HaShem con una actitud abúlica, que se relaje, que se recueste y que musite sus palabras o que hable mientras su mente está en algo diferente.

No sólo debe concentrarse en las palabras que dice sino que debe poner energía en la oración. No ores sólo con tu boca, con tu lengua, con tus labios, sino que debes incluir todo el poder físico de cada órgano del cuerpo. Se supone que debes traer el poder desde tus pies, desde tus manos, desde tu corazón, desde tu hígado, desde tus órganos internos, desde tus órganos externos - cada gramo de fuerza que tengas debe ser inyectado en las palabras de la *tefilá*. Como dice el versículo, "*Kol atzmotai tomarna*" (Salmos 35:10), cada uno de mis huesos, cada parte de mí mismo, Le habla a HaShem y se une en este hablarLe a HaShem.

Esto significa que la persona debe poner su *koaj*, su fuerza y su poder, en las palabras de la *tefilá*. Esto requiere de un consejo. Dice Rabeinu *zal*: ¿Cómo puedes traer el poder de tu cuerpo a la oración? La respuesta es: Todo depende de cuánto te escuches. Inclina con atención tu oído a las palabras que dices, oye lo que estás diciendo. Encontrarás que al escuchar cuidadosamente, cada parte de tu ser será llevada hacia las palabras de la oración. ¿Por qué es así?

Uno con la plegaria

El hecho es que no hay parte de la persona que no tenga vida a no ser que una correspondiente parte de su alma se encuentre en esa zona del cuerpo. Digamos que si el alma se separa de una articulación del cuerpo, esa articulación se vuelve inmóvil e inútil. Por lo tanto cada parte del cuerpo tiene una correspondiente parte del alma. Hay 248 órganos en el cuerpo y 248 órganos en el alma. Hay 365 tendones en el cuerpo, arterias [y venas] y 365 secciones del alma también - totalizando 613. En correspondencia con ellos y demostrando su sacralidad, la Torá misma está compuesta de 613 partes, 613 *mitzvot*, divididas en dos secciones: 248 *mitzvot* positivas y 365 *mitzvot* negativas.

De modo que podemos ver que de hecho hay partes del cuerpo y del alma que tienen un paralelo en la Torá. En un sentido espiritual, la Torá misma es la pareja de la *tefilá*. Ésta es una pareja, una pareja sagrada. La Torá y la *tefilá* están en pareja, van juntas; de modo que adonde vaya una, la otra la seguirá. Por lo tanto, por naturaleza, por la creación misma, cuando hay *tefilá*, cuando hay oración, cada parte del cuerpo siente un profundo deseo, un gran anhelo de entrar en esas palabras de la *tefilá*, porque ella es su vida, ése es su alimento.

Así, cada parte del cuerpo desea formar parte de esa *tefilá*, lo anhela. Necesita la cooperación de la persona misma, del dueño de todas esas partes. Si la persona pone su concentración en las palabras que dice, fluirá hacia esa concentración toda la energía y el poder que tiene en el cuerpo. De esta manera, la persona puede realmente orarLe a HaShem con una profunda sinceridad. Esto requiere comprensión. Es algo muy profundo, pero es un hecho.

Utiliza tu fuerza

Rashi explica el versículo, "*Kaved et HaShem mejoneja*" (Proverbios 3:9), "honra a HaShem con tu riqueza". HaShem te ha bendecido con riqueza; honra a HaShem con esa riqueza. HaShem te ha dado riqueza; dale parte de esas riquezas a HaShem. ¿Cómo? Dando *tzedaka*, para aquellos que estudian la Torá, para los pobres, para las causas que lo necesitan. Si HaShem te ha dado una inusual cantidad de sabiduría, usa ese genio, esa sabiduría, ese conocimiento en aras del estudio de la Torá, en aras del estudio de aquello que es importante y sagrado, en lugar de malgastarlo en cosas que son inútiles o impuras.

La persona que tiene la mente de un genio y que utiliza esa mente para estudiar filosofía y oponerse a la Torá, *jas veshalom*, está desacralizando una bendición que HaShem le ha dado. Si la persona es bendecida con una inusual fortaleza, o tiene una extraordinaria salud, poder, coraje o fuerza, debe utilizar esa fuerza en aras de la *kedushá*, en aras de la santidad. Debe utilizarla para defender los principios judíos, para defender a un judío más débil; usarla en la batalla en aras de la fe.

Ahora bien, dice *Rashi*, ¿qué sucede si HaShem te ha bendecido con una buena voz, con una voz poderosa, con una voz melodiosa? Si te la guardas para ti, eso es ser egoísta, eso es no devolverLe a HaShem parte de esa bendición. Cuando se invita a la persona a subir al *amud*, a la tarima, para actuar como un *sheliaj tzibur*, como guía de la plegaria, no tiene derecho a negarse. Si es invitada, ello significa que su voz es respetada. La gente que la invita siente que su voz es superior a la de los demás. Por lo tanto no debe negarse a esa invitación. Es un tema de *cavod hatzibur*, de honrar los deseos del *minian* presente. Debe subir al *amud* y actuar como su líder durante la plegaria.

Una falsa humildad

Ahora bien, a veces la persona puede ser muy humilde y decir, "Mi voz no es tan buena, hay mejores aquí". Es lo mismo que la persona que tiene mucho dinero y dice, "No puedo dar *tzedaka*, hay otros que tienen mucho más que yo. ¿Quién soy yo para dar *tzedaka*? Mejor que den aquellos que tienen mucho más".

En este caso, la persona debe juzgarse a sí misma bajo la opinión de la mayoría. Si la mayoría le dice a la persona, "Tú tienes una buena voz", entonces, "muy bien, yo tengo una buena voz". Si la mayoría le dice a la persona, "No tienes buen semblante", debe aceptarlo como tal e irse a la cama.

¿Qué quiere decir una buena voz? ¿Acaso significa que la persona puede emitir un do de pecho a voluntad? ¿Qué significa ser un *sheliaj tzibur*? No estamos hablando de una persona con una voz operística. Estamos hablando de alguien que es capaz de orar o, usando el término que debe ser utilizado, que es un *baal tefilá*. Un *baal tefilá* es un experto en la *tefilá*, alguien que puede guiar a la congregación en la plegaria. Un verdadero *baal tefilá* es aquel que tiene ciertas cualidades de liderazgo. Puede liderar a los demás en la plegaria pues todas las *tefilot* necesitan de un líder que las pueda elevar hacia el Cielo. ¿Es aquel que tiene la voz más dulce...? ¿O cuál es la cualidad necesaria?

Cuando Rabeinu zal eligió un sheliaj tzibur

Tenemos una respuesta definitiva a esta pregunta en un caso que incluye al mismo Rabeinu *zal*. En época de Rabeinu *zal* había un *baal tefilá* que solía guiar la oración. Reb Naftalí era el *baal tefilá* en ese tiempo. Cierta vez Reb Naftalí estuvo de viaje y fue necesario elegir un reemplazo. Todos temblaron ante el pensamiento de que podían llamarlos a ser *baal tefilá* en presencia de Rabeinu *zal* mismo. Traten de comprender lo que ello significaba. Rabeinu *zal*, el *Tzadik emet* - el temor, el miedo ante su presencia era tan grande que ¿quién podía ser tan osado como para demostrar y exhibir su voz enfrente de Rabeinu *zal*?

Rabeinu *zal* eligió a una persona que no era precisamente conocida por tener una voz dulce. Esta persona no podía entonar muy bien, pero se le ordenó, "Sube al *amud* y ora". Este hombre subió al *amud* y comenzó a orar con sentimiento, en voz alta. Puso todas sus fuerzas en la *tefilá*, con una voz muy fuerte y un corazón quebrantado, con una voz quebrantada, al punto de que durante toda la oración difícilmente se pudo comprender las palabras que estaba diciendo. Todo lo que oyeron fue una voz llorando, gimiendo las palabras y eso duró toda la *tefilá*. La gente sintió que esto podría ser embarazoso pues quizás había incurrido en el desagrado de Rabeinu *zal*.

Después de terminar la plegaria, Rabeinu *zal* se acercó a ese hombre y le dijo, "*Iasher koaj*, tu oración fue un placer". Ello significa que había penetrado a través de los cielos superiores. Esto es lo que se llama un *baal tefilá*. No se trata de cuán dulce es una melodía, ni de cuán bien se entona, ni cómo se le inyectan notas musicales. Lo que cuenta es el sentimiento que se pone en la plegaria.

Por lo tanto, si la persona es llamada al *amud*, debe ir y poner sentimiento en ello, poner toda su energía en ello. No te quedes allí, de pie, orando en voz muy baja y que los otros te lleven a ti. Se supone que un *jazán* debe elevar la voz y se supone que se debe entregar cuando es llamado. Si eres llamado a ser un *baal tefilá*, no lo dudes. Por supuesto que es cortés el esperar un momento. No corras, no te pongas demasiado ansioso, pero no te hagas rogar demasiado (Berajot 34a).

Nuevamente, Rabeinu *zal* dijo que cada persona debe trabajar sobre sí misma para mejorar su plegaria, para poner *koaj* en la *tefilá*. Ello significa poner tu energía y tu poder en ello y también el no ser perezoso. El entregarse, el orar en voz alta, excepto por supuesto en las *Shmone Esere*, que es la plegaria silenciosa. En ese momento, debe orar en un completo silencio, al punto en que ni siquiera le es posible oír su propia voz, ni siquiera en un murmullo (Zohar Valgash 209b). Al orar con *koaj*, la persona puede estar absolutamente segura de que su *tefilá* será aceptada.

Sija # 67

El Consejo del Tzadik

Ignorar a los sabios puede producir locura.

Una persona actúa de manera demente sólo porque no toma en cuenta el consejo de los demás. Si tuviera en cuenta el consejo racional, podría actuar normalmente. Su estado mental puede justificar su necesidad de cometer actos tales como rasgar sus vestiduras y rodar por la basura. Pero un hombre más inteligente que él puede decirle que no lo haga. Si dejase de lado su voluntad, para seguir al sabio, sus acciones se volverían completamente racionales.

La locura sobreviene cuando se ignora al sabio. Comprende bien esto.

(Sijot HaRan #67)

Recibir y aceptar el consejo

Rabeinu *zal* dice que uno de los temas más importantes en la vida es la bendición de ser capaces de recibir un consejo. Si la persona tiene a alguien que la aconseje sabiamente, ello eliminará todas las dudas que pueda albergar en su mente. Si la persona no sabe qué paso debe dar y recibe el consejo de un *talmid jajam*, el camino se le hará claro. Es muy importante tener un buen consejero. Al mismo tiempo, es igualmente importante que la persona acepte ese consejo. ¿De qué sirve tener a un *talmid jajam* o a un Tzadik que te aconseje si te niegas a aceptar ese consejo y decides seguir tras tus propias decisiones en lugar del consejo de *talmid jajam*?

Rabeinu *zal* afirma que la persona que no sigue el

consejo del sabio puede llegar, de hecho, a un cierto grado de locura y hay una razón lógica para ello. En general, ¿qué es la locura? ¿Cómo detectamos que una persona está demente? Por sus acciones inapropiadas. Por ejemplo, la persona que siente que es correcto el andar con vestimentas andrajosas y rodar en el barro y en las cenizas está haciendo lo que hace una persona demente.

Si esta persona, demente como está, tiene algún consejero que la pueda forzar físicamente o la pueda persuadir a seguir su consejo, entonces ya no será más vista como demente pues estará actuando de una manera normal. ¿Qué es lo que hace que la persona esté loca? El hecho de que no sigue el consejo ni las instrucciones de un líder sabio. Esto es lo que significa en un sentido físico.

Por lo mismo, en un sentido espiritual, la persona puede tener a un *talmid jajam* o a un Tzadik que la guíe por ciertas líneas. Es guiada en cuanto a qué *mitzvot* debe realizar, cómo llevarlas a cabo, de qué cosas debe alejarse, cómo evitar las trampas, la inclinación al mal, los malos deseos. Si la persona se niega a aceptar ese consejo, definitivamente será clasificada como demente - una demencia mucho peor que la de aquella persona que está psíquicamente loca. Es una demencia espiritual, pues tiene la oportunidad de seguir el buen consejo que la lleve por el sendero correcto, tiene la posibilidad de llevar su alma hacia un lugar en donde pueda ganar para sí la vida eterna y la rechaza. Ésa persona ha llegado a la locura.

Si la persona siente que está haciendo cosas que están mal, la solución es, naturalmente, ir a ver a los ancianos sabios, a los eruditos, para recibir su consejo y seguirlo. Cuando lo haga, no importará entonces lo que suceda más tarde, pues sabrá que incluso si siente que puede estar haciendo algo equivocado, de seguro está haciendo lo que es correcto. Será clasificada en el Cielo como una persona que es sabia, pues está haciendo lo que las personas sabias le dicen que debe hacer, que es lo que ellas mismas hacen.

De modo que aunque la persona pueda no estar avanzada en el conocimiento ni en las buenas acciones, al emular y seguir a aquellos que son sabios, ella misma puede ser clasificada como un *jajam*, una persona sabia y como un Tzadik.

El agregado del Rabí Natán

Aquí el Rabí Natán agrega palabras que raramente son agregadas. Dice el Rabí Natán, "*Vehavin heitev*", comprende bien esto, muy profundamente.

Esto hace referencia a todo individuo que piensa que no es un erudito, de modo que ¿quién es él para ser capaz de seguir el consejo de un Tzadik tan grande? Dice el Rabí Natán: Comprende bien que todas las personas están incluidas en esto. Cuando la persona más simple sigue el consejo de esos Tzadikim con sinceridad y simpleza, está mucho mejor. Es mucho más normal y mucho más sana que aquellos grandes y así llamados sabios filósofos que rechazan el consejo de esos Tzadikim y continúan andando en sus propios y errados senderos. Éstos son aquellos espiritualmente dementes que finalmente tendrán que pagar por sus acciones.

Entiende bien que hay una solución muy simple para cada cosa. Acepta las palabras de los Tzadikim con una fe simple, de la misma manera en que, con una fe simple, aceptamos lo que dice la Torá. Aunque es posible que veas que hay profesores muy eruditos en las universidades que critican a la Torá, nosotros aceptamos las palabras de la Torá con fe. Éstas son las palabras de HaShem. No las cuestionaremos, las seguiremos implícitamente.

La persona que siga este consejo, *ashrei lo*, feliz de ella, pues toda su vida será una secuencia pura de actos, pues sabe que finalmente alcanzará la cima en pureza, en *kedushá*.

Sija # 68

Tefilá, Tehilim, Hitbodedut

Muy seguido nos hablaba el Rebe respecto a conversar con HaShem.

Habla con HaShem y comprende el objetivo de tu vida.

Ten piedad de ti y pídeLe a HaShem que te ayude a encontrarLo. Utiliza el idioma que mejor comprendas y argumenta con HaShem de todas las maneras posibles.

Todos estos conceptos se hallan tratados en las obras publicadas del Rebe, pero además de ello, el Rebe solía hablar con nosotros sobre la importante necesidad de dialogar con HaShem (*Likutey Moharán* 108, 156, 259, II 25, 93, 95-101).

Hazte de un tiempo para conversar con HaShem, todos los días y de seguro que merecerás encontrarLo.

Puede suceder que lo intentes durante días o años, sin alcanzar resultado aparente alguno, pero es necesario fortalecerse y perseverar pues al final alcanzarás tu objetivo.

Dijo el Rebe que ésta fue la manera en que el Rey David compuso el Libro de los Salmos (*Likutey Moharán* 156).

Y dijo que así era, especialmente durante la noche, cuando el Rey David se encontraba cubierto por las mantas y se aislaba con HaShem. Ocultq de la vista de los demás, derramaba su corazón delante de HaShem. Éste es el significado del versículo (Salmos 6:7): "Todas las noches, sobre mi cama, derramo mi corazón y mis lágrimas inundan mi lecho".

Feliz de aquél que sigue esta práctica pues ella se encuentra por sobre todo.

> Observa cuidadosamente y estudia el *Likutey Moharán* II, 95-100. Sigue con todo tu corazón aquello que allí está escrito, acostúmbrate a llevar a la práctica estos consejos y tendrás el mérito de poder expresar pensamientos delante de HaShem con sinceridad, cada vez que abras tus labios.
>
> (*Sijot HaRan* #68)

El poder del hitbodedut

Nuevamente, Rabeinu *zal* vuelve a insistir en el tema de la *tefilá*, pero esta vez habla sobre la *tefilá* en la forma de *hitbodedut*. El *hitbodedut* es mencionado muchas veces y, así como es mencionado tantas veces, nunca es demasiado, pues Rabeinu *zal* dice que este acto de *hitbodedut* constituye el paso más elevado que pueda dar la persona en la vida, el hablarLe a HaShem en absoluta privacidad (*Likutey Moharán* II, 25). La persona debe recluirse en una habitación o salir a los campos para estar sola y allí estar en contacto con HaShem.

Esto debe hacerse preferiblemente durante la noche, en un lugar solitario y apartado (*Likutey Moharán* I, 52). Allí debe clamar y llorar ante HaShem, derramando su corazón. Sean cuales fueren los problemas que tenga, tanto físicos como espirituales, debe abrir su corazón ante HaShem y pedirLe que lo ayude y lo asista y, por sobre todas las cosas, que lo acerque a Él.

La persona debe ir a ese lugar recluido y comenzar a hablar. Desde el momento en que comienza a hablar, HaShem oye y HaShem escucha con mucha atención. No hay palabra, no hay ni siquiera una sílaba que no sea oída por HaShem - cada palabra es escuchada. La persona tiene por lo tanto la posibilidad de hablarLe a HaShem y, a la vez, de pensar las cosas.

En el momento de hablar, debe preguntarse, "¿Qué estoy diciendo? ¿Qué estoy haciendo aquí, en este mundo, en esta vida? ¿Me estoy comportando de la manera apropiada, estoy utilizando mi tiempo de la manera correcta o estoy malgastando mi vida? ¿Para qué vine al mundo? ¿Para qué fui creado? HaShem me trajo al mundo por un motivo y, dentro de poco, HaShem me retirará de este mundo. ¿Estoy cumpliendo con mi misión?".

Al hacer esta clase de preguntas, la persona verá que, así sea indiferente o de buen corazón, tiene en verdad sentimientos. Siente piedad de la persona que sufre y comprenderá que quien realmente está sufriendo es ella misma. "Sí, me estoy haciendo daño al malgastar mi vida. Cuánta piedad siento de mí". Comienza a sentir piedad de sí misma, comienza a clamar a HaShem y dice, "Ven y ayúdame pues quiero acercarme a Ti, pero debo tener Tu ayuda".

En tus propias palabras

Rabeinu *zal* dice que es posible que creas que es necesario un *sidur*, un libro de plegarias, para hablarLe a HaShem. Ello es verdad sólo para aquellas plegarias que se encuentran en el *sidur*. Sin embargo, cuando la persona Le habla a HaShem de manera privada, es mucho mejor utilizar las propias palabras y no repetir las palabras del *sidur*. Utiliza tus propias palabras, expresa tus propios pensamientos en tu propio idioma.

No utilices el hebreo si no es tu lengua materna. Debes hablar con una profunda sinceridad sin tener que traducir las palabras en tu mente. Habla el idioma que te sea más familiar. El judío cuyo idioma materno es el *idish* deberá expresarse en el *hitbodedut* en *idish* y no en hebreo. Si su idioma es el español, el español será el idioma de su *tefilá*. La persona debe orar en ese idioma pues todas las lenguas son comprendidas en el Cielo. El idioma en el cual mejor puedas expresarte será el idioma de tu *hitbodedut*.

Al mencionar el concepto del *lashón kodesh*, que significa la lengua sagrada, se acepta en general que es el hebreo. Rabeinu *zal* dice que *lashón kodesh* no es hebreo. *Lashón kodesh* significa palabras que son sagradas. Si la persona que habla hebreo se dedica al *lashón hará*, a la calumnia, eso no es *lashón kodesh*, es impureza. La persona que dice palabras de *kedushá*, de *tefilá*, de Torá, en sueco o en chino, está hablando esencialmente *lashón kodesh*. Si hablas de Torá en español, eso es *lashón kodesh* (ver Likutey Moharán I, 19). De modo que cuando decimos que el *hitbodedut* debe ser expresado en *lashón kodesh*, significa que debe ser dicho en tu propio idioma, haciendo que esas palabras sean santas.

Regularidad

Ahora bien, la persona que hace esto y simplemente viene delante de HaShem un día y dice, "HaShem, Te ruego, ayúdame, debo tener Tu ayuda. Te pido que tengas piedad de mí y me salves de ser atacado por mi propio *ietzer hará*, que me aleja de Ti. Ayúdame a superar a este *satán*, a este *ietzer hará*". Se siente bien pues ha invocado las bendiciones de HaShem, ha atraído sobre sí la ayuda de HaShem.

Al día siguiente, se siente muy segura. Desafiará al *satán* a un duelo y matará a ese maligno dragón... Pero llega el día siguiente y, sin desafiar siquiera al *satán*, el *satán* la derriba de un golpe. Pensó que era muy fuerte, pero se equivocó. Volvió a caer, peor que antes. Se abandonó, sucumbió a sus propios malos deseos. Se siente muy avergonzada.

Esa noche, viene delante de HaShem y dice, "HaShem, ayer Te pedí que me ayudaras y, por supuesto, comprendí que yo debía ayudarme a mí mismo. Pensé que sería fuerte. Me siento avergonzado de hablar sobre esto, que Tú conoces, pues Tú estabas allí. En lugar de mejorar, cometí un acto peor que el que había hecho antes. Sin embargo, no perderé la esperanza y volveré a pedirTe que me ayudes".

Nuevamente trata al día siguiente y, por supuesto, vuelve a fallar. Retorna una vez más a la noche siguiente.

Vuelve a HaShem otra vez en *hitbodedut*, otra vez a orar y a rogar a HaShem, "Ayúdame otra vez. He fallado una tercera vez y una cuarta", y así en más. Ésta es la lección principal: *hitjazkut*, fortalecerse y no *ieush*, no abandonar la esperanza.

Ninguna plegaria se pierde

¿Qué sucede si la persona hace esto diariamente, si realmente derrama lágrimas durante la plegaria, pero de alguna manera no siente elevación alguna? No ha mejorado. Pensó que llegaría a ser un gran Tzadik, que su alma volaría por los cielos. Pensó que estaría en los más elevados elementos, como los grandes Tzadikim. Pensó que vería ángeles, que tendría visiones, pero aquí está todavía, siendo la misma clase baja de persona, con los mismos deseos materiales, el mismo mal. Comienza a pensar, "¿Es posible que en todos estos meses que he estado orando ante HaShem mis plegarias no hayan sido escuchadas? ¿Es posible que todo esto haya sido en vano y mis *tefilot* se hayan perdido?".

Dice Rabeinu *zal*: No seas insensato. Esto es lo peor que puedes decir. Debes mantenerte fuerte, porque verás que ello es igual al hecho de agregarle pólvora a un explosivo, alcanza un punto en el cual se produce una tremenda explosión. Sea lo que fuere que quieras hacer, sea cual fuere la montaña que quieras mover, este explosivo lo hará. A veces la persona puede continuar durante semanas, durante meses, durante años, sin sentir que algo haya cambiado. Pero ninguna de esas palabras de la *tefilá* que ha dicho se pierde, jamás. Todo está allí, sumándose una y otra vez, construyendo un tremendo poder. Cuando llegue el momento, todas esas palabras se unirán y estallarán a través de los portales del Cielo. Cuando la persona no pierde la esperanza, se ve libre de las cadenas del *satán*.

Imagina el amargo caso de aquel que está tan cerca, que literalmente ha llegado a los portales del Cielo, y que entonces siente que no hay más esperanzas. Se siente deprimido, se siente triste y se detiene precisamente allí. Abandona su *tefilá* y su *hitbodedut*. Abandona la esperanza precisamente ante las puertas por las cuales podría haber pasado con sólo un pequeño empujón más. Por lo tanto dice Rabeinu *zal*: Debes saber. Debes saber que es un hecho el que, no importa lo que pienses, no importa lo que sientas, ni una palabra de tus *tefilot* se pierde, jamás. Cada una de esas palabras permanece y finalmente vendrá en tu ayuda. Sólo mantente firme, *jazak veematz*.

El mundo de David HaMelej

Debes saber también que no eres el único que hace esto. ¿Cómo es que los grandes Tzadikim se volvieron grandes Tzadikim? David *HaMelej*, quien fue tan grande y tan puro, escribió el *Sefer Tehilim*. Las palabras de los Salmos son todas muy santas y todas poseen un profundo sentimiento. La persona puede realmente derramar su corazón en oración al decir los Salmos. Muchos de esos capítulos son parte de nuestra plegaria regular. ¿Qué fueron esos capítulos de los *Tehilim*?

Vemos que David *HaMelej* vivió una vida de guerras y batallas. Tuvo que luchar contra muchas y diferentes naciones y ejércitos. Nunca tuvo un período de paz en toda su vida. Los *Tehilim* consisten de plegarias en contra de sus enemigos. ¿Acaso esas plegarias son en verdad en contra de las naciones con las cuales luchó o contra sus enemigos personales? Rabeinu *zal* dice que en esas *tefilot* en las cuales habla de los enemigos que han salido para destruirlo, en las cuales pide la ayuda Celestial para que HaShem lo ayude a luchar en contra de ellos, está hablando de un *satán*, de un enemigo espiritual, del *ietzer hará* en su corazón.

Éste es el objetivo de sus *tefilot*. Dice en sus plegarias, "*asjé bejol laila mitati bedimati arsi amsé*" (Salmos 6:7), "cada noche inundo mi cama con mis propias lágrimas", bajo las mantas, cuando estoy solo con HaShem, inundo mi lecho con lágrimas. Clamo a HaShem para que me ayude a ser más puro en servirLo. Así es como David *HaMelej* se volvió tan grande. Fue el primer rey, el rey más importante, el padre del Mashíaj, el eterno rey de los judíos. El Arizal dice que fue el único que cumplió totalmente con la misión de su vida (*Sefer HaLikutim, Melajim* 1:1). Muchos grandes Tzadikim también lo hicieron, pero él cumplió con su misión de manera completa. Originalmente, su alma no tenía vida en absoluto. Tuvo que recibir sus 70 años de vida de *Adam HaRishón*, quien contribuyó con 70 años de su propia vida. Se suponía que Adam debía vivir 1000 años, pero le entregó 70 a David y sólo vivió 930 años, pues el alma de David *HaMelej* era parte de *Adam HaRishón* (*Zohar Vaishlaj* 168a).

Dice el *Zohar HaKodesh*: Las letras de *ADaM* (אדם) corresponden a las iniciales de *Adam* (אדם), *David* (דוד) y *Mashiaj* (משיח) (ver *Sefer HaLikutim, Ajarei Mot* 16). De hecho son series de una sola alma, pero David *HaMelej* fue esa parte del alma que en vida completó su misión tan plenamente que nunca tuvo que volver como un *guilgul*, que nunca volvió a reencarnar. Todos los otros Tzadikim tuvieron que volver nuevamente para suplementar las *mitzvot* que habían cumplido en la tierra, pues había algo que todavía faltaba, se requería más. David *HaMelej* lo cumplió plenamente.

Es por ello que fue él quien compiló el *Sefer Tehilim* que es tan santo... que es aceptado como el *sefer tefilá* universal entre los judíos de todas las generaciones. Los diez capítulos del *Tikún HaKlalí* están tomados del *Sefer Tehilim*. Todo el *Sefer Tehilim* consiste de los pedidos personales de David *HaMelej*, de sus *tefilot* privadas a HaShem, para que lo ayude a superar, a ganarle y a vencer al *satán* en esta batalla vital y absolutamente importante de la vida, en contra del mal.

Viviendo con los Tehilim

La persona debe tomar la costumbre de vivir con el *Sefer Tehilim*. Si es posible, debe recitar varios capítulos cada día, en especial en el Shabat. Es mejor leer todos los *Tehilim* en el Shabat. Si no se es capaz de completar todo el libro, debe al menos decir algunos de los capítulos más importantes, desde el capítulo 119 hasta el final. Ésos son los capítulos que tratan del día de Shabat mismo. Ése debería ser el requerimiento mínimo para cada judío.

La persona debe tratar de recitar los *Tehilim* también durante la semana, y no dejarse engañar por aquellos que dicen que si eres un *talmid jajam*, deberías pasar mejor tu tiempo estudiando Torá, estudiando Guemará, estudiando *mefarshim*, los comentaristas, pues los *Tehilim* han sido compuestos para la gente común que no sabe cómo estudiar.

Los *Tehilim* están compuestos para el *lamdam* más grande, para el Tzadik más grande, y el crédito por recitar los *Tehilim* es el mismo que por haber estudiado los pasajes más difíciles de la Guemará. David *HaMelej* mismo hace esto en su *tefilá*, cuando pide que HaShem registre para la posteridad el hecho de que la persona que recite los *Tehilim* reciba, aparte de la *mitzvá* de orar, la misma recompensa que aquél que estudia la Guemará más difícil en el *Shas* (Ialkut Shimoni, Tehilim 613).

De modo que, con la plegaria regular, con los *Tehilim* y con el *hitbodedut*, la persona debe saber que finalmente logrará acercarse a HaShem. Si, *jas veshalom*, no puede lograrlo durante su vida, tiene asegurado que encontrará todo ello a su favor en el Mundo que Viene. Ni una palabra de la *tefilá* se pierde, jamás. Se mantendrá por siempre para su beneficio.

Sija # 69

Venciendo a HaShem con la Plegaria

Dice el Talmud: "Canta en honor de Aquél que se alegra al ser conquistado" (*Pesajim* 119a).

Hay momentos en los que deberás incluso conquistar a HaShem. Puedes sentir que HaShem te rechaza debido a tus pecados. Puedes pensar que no cumples con Su voluntad. Pero mantente fuerte e inclínate delante de HaShem. Extiende tus manos hacia Él y ruégaLe que tenga piedad y te permita servirLe.

Puede parecer que HaShem te está rechazando, pero debes exclamar: "¡No importa! ¡Aún quiero ser judío!".

Ésta es la manera de conquistar a HaShem.

HaShem siente una gran alegría cuando Lo conquistas de esta manera.

(*Sijot HaRan* #69)

Un pedido de cambio

Pregunta Rabeinu *zal*: Cuando se trata de la plegaria, ¿qué es lo que la persona Le está pidiendo esencialmente a HaShem? Si lo estudiamos cuidadosamente, encontraremos que la persona Le está pidiendo a HaShem que cambie la situación, sea cual fuere. Si ahora la persona se encuentra en un nivel bajo, quiere que HaShem la eleve hacia un nivel más alto. Si ahora está siendo vencida por el *satán*, quiere que esto cambie a un caso en el cual saldrá vencedora. Quiere que se haga algo que ahora no existe.

Si somos justos, diríamos que todo lo que existe ahora es

un acto de HaShem. Esto es lo que HaShem Mismo está haciendo. Esta persona viene ahora a producir un cambio en el Cielo, que HaShem cambie lo que está haciendo transformándolo en lo que la persona misma quiere. "HaShem, me encuentro en un nivel muy bajo, pero quiero superar este bajo nivel y, *kiviajol*, vencerTe, en cierta medida".

Esto significa que, en un sentido muy delicado, hay una clase de debate o de batalla entre el judío y HaShem. El judío se presenta ante HaShem y dice, "Quiero que estas cosas cambien", y ello es cambiado, lo que significa que HaShem Se ha rendido. Él ha aceptado los deseos de ese judío.

Cuando la persona pierde una batalla, se siente muy deprimida y triste. Ésa es la naturaleza. En la batalla, o en cualquier disputa que sea, nadie quiere salir perdedor. Hay una excepción: HaShem. La Guemará cita el versículo, "*Lamenatzeaj mizmor leDavid*" (Pesajim 119a). Encontramos la palabra *Lamenatzeaj* en los *Tehilim*. *Lamenatzeaj* significa "vencer", ganar. *Mizmor* significa "canción". De modo que *Lamenatzeaj mizmor* significa una plegaria a Aquel que disfruta ser vencido, *kiviajol*. HaShem disfruta ser vencido. HaShem dice, "Vengan y derrótenme. Yo quiero eso. Yo disfruto de esto. Yo me deleito en esto. Vengan a Mí, ofrezcan sus plegarias y derrótenme. Esto es lo que Yo quiero".

Rabeinu *zal* dice que al hablarLe a HaShem, tú sabes cuán buenas son tus posibilidades, pues no tendrás una oposición poderosa. Tienes a HaShem de tu lado. Él quiere que ganes, Él quiere que Lo venzas. Al comienzo, es posible que parezca que estás siendo rechazado y que tus plegarias no son respondidas, pero en verdad hay un disfrute por parte de HaShem por el hecho de que has ido hacia Él. Hay una *simja* cuando tú Lo vences.

"Derrótenme"

Encontramos un debate en la Guemará entre el Rabí Eliezer *HaGadol* y los *Jajamim* (Bava Metzia 59a-b). Era un debate que trataba sobre cierta *halajá*. El Rabí Eliezer *HaGadol* invocó los poderes del Cielo para realizar milagros y probar que estaba en lo cierto, y los *Jajamim* rechazaron esos milagros. Fue un debate muy acalorado y todo en aras de las *mitzvot* de la Torá. La cuestión fue presentada por alguien que visitó el Cielo y preguntó, "¿Qué estaba haciendo HaShem durante el momento del debate?".

La respuesta fue que HaShem dijo, "*Nitzjuni banai*", Mis hijos Me vencieron, Me derrotaron, Me ganaron. ¿Qué tiene que ver esto con el debate aquí abajo? ¿"Me ganaron"? En ese debate, el Rabí Eliezer *HaGadol* dijo, "Para probar que estoy en lo cierto, que descienda una voz del Cielo y ratifique que yo estoy en lo cierto" - lo que en verdad sucedió. La voz del Cielo surgió y dijo que el Rabí Eliezer estaba en lo cierto. Entonces los *Jajamim* dijeron, "Nos negamos a aceptar esa voz del Cielo pues la Torá misma afirma que es la mayoría la que decreta, lo que significa que hasta una voz del Cielo es inválida contra este decreto de la Torá". De modo que HaShem dijo, con un dejo de *simja*, "Mis hijos Me vencieron". La lección es que es posible perder y salir ganador, que es posible ganar y ser un perdedor. Cuando HaShem dijo, "Me ganaron", significó, "Eso es lo que Yo quiero pues ello significa una victoria para ambos".

Tomemos el caso de Moshé *Rabeinu*. Cuando se trató del Becerro de Oro, el decreto del Cielo habría destruido a todos los judíos. ¿Acaso HaShem hubiera ganado con ese decreto? Habría perdido a toda la nación judía. Eso no es ganar. De modo que... ¿que sucedió en verdad?

Moshé *Rabeinu* Le oró a HaShem y Lo persuadió de que revocara la decisión celestial. En cierto sentido, triunfó sobre HaShem. ¿Acaso HaShem, *kiviajol*, perdió? No. Ganó. Ganó toda una nación. Tuvo después toda una nación de judios para que continuara sirviéndoLo, para que fuera a Eretz Israel. Los judíos que tenemos hoy en día, todos los subsecuentes Tzadikim, vivieron debido a que en ese momento HaShem, *kiviajol*, perdió pero ganó.

En el caso en que HaShem ganó sobre la Generación del Diluvio, Él ganó. ¿Qué clase de victoria vacía fue ésa en la que el mundo entero quedó destruido? Lo mismo se aplica con respecto a los debates en el estudio de la Torá. Tomemos a una persona que es muy sabia en el estudio de la Torá. Disputa sobre cierto punto y gana. ¿Qué es lo que ha ganado? No ha ganado nada. Estaba en lo cierto antes y está en lo cierto ahora y ni una pizca se ha agregado a su sabiduría.

Cuando uno discute algo con un erudito y se le demuestra que su opinión no es correcta, ¿realmente ha perdido la discusión? Por el contrario, ha ganado tremendamente, pues ahora ha obtenido un nuevo conocimiento, conocimiento del cual carecía anteriormente. De aquí vemos que una pérdida puede ser una ganancia o una victoria.

Esto es lo que HaShem quiere. HaShem dice, "Ven y elévame una plegaria, y derrótame. Yo quiero eso, Yo disfruto de ello, pues si tú Me vences, tendré a alguien que ha sido elevado hacia una nueva posición". HaShem no creó el mundo en aras de los animales, ni en aras de los otros pueblos, ni en aras de los pecadores, sino en aras de los verdaderos Tzadikim. Cada vez que una persona se agrega a esta lista de Tzadikim, ello significa una victoria para HaShem.

Continúa batallando

De modo que venimos delante de HaShem y Le oramos a HaShem, derramando nuestros corazones en la *tefilá*. Oramos diariamente y aunque vemos que las cosas se han puesto oscuras, no perdemos la esperanza. Continuamos insistiendo.

Volvemos una y otra vez; aunque pensemos que estamos siendo rechazados, retornamos a la batalla. Se nos da un golpe. Se nos arroja al suelo. Nos caemos de espaldas, nos volvemos a levantar, retornamos a esa batalla con un renovado vigor, con una nueva energía. Este vigor y energía significa una renovada fe sabiendo que esto es lo que HaShem quiere. "Retorna a Mí; no te dejes engañar".

Si ves que estás siendo rechazado, esto es ciertamente para probar tu fe y ver cuán fuerte eres, pero que no existe tal cosa como un rechazo por parte de HaShem. La persona continúa en esta batalla, volviendo una y otra vez. Agrega palabras a esas palabras, derrama su corazón constantemente. Finalmente, definitivamente, su *tefilá* será aceptada. Verá que finalmente la oscuridad desaparece, que la tristeza se ha ido. Que una luz celestial brilla para ella, que los portales están abiertos y que uno está mucho más cerca de HaShem. Ésta es una victoria para uno mismo y una victoria para HaShem.

Rabeinu *zal* nos enseña que HaShem desea esta victoria de parte del judío, pues entonces el judío se acerca más aún a HaShem y a los Tzadikim. Ésta es una batalla eterna, una lucha de toda la vida que depende puramente de la fe y de la cercanía del judío al *Tzadik emet* y de aceptar su consejo.

Sija # 70

El Hitbodedut del Hombre Simple

Cierta vez se decretó una ley muy dañina para los judíos. Dijo el Rebe entonces: "¿Cómo permitimos que HaShem traiga el mal al mundo?".

Debemos llamar la atención de HaShem de sobre todas sus otras ocupaciones. Debemos disuadirLo de enviar malos decretos al mundo. Debemos decirLe que deje todo de lado y que nos escuche, pues queremos pedirLe que nos acerque a Él.

Pues cuando un judío desea hablar con HaShem, Él deja de lado todo lo demás. Hasta los malos decretos son dejados de lado en ese momento. HaShem deja de lado todo y sólo escucha al hombre que busca Su presencia.

(*Sijot HaRan* #70)

La plegaria que quiere HaShem

En referencia a las *guezerot*, a los severos decretos antisemíticos emitidos por ciertos países o por ciertos gobiernos: Esos decretos no se presentan a no ser que hayan sido primero establecidos por el Cielo. Dice Rabeinu *zal* en referencia a esto: Volvamos al tema del *hitbodedut*, a la persona orando de manera privada y personal delante de HaShem. Cuando uno ora de esta manera delante de HaShem, se le presta mucha atención a lo que está diciendo. En el Cielo se le presta una inmediata atención y se lo escucha atentamente todo el tiempo en que está orando.

Ahora bien, cuando alguien ora delante de HaShem, si

es una persona común o alguien que siente que está lejos de la pureza, puede pensar, "¿De qué vale mi *tefilá*? ¿Qué valor tiene mi plegaria cuando HaShem tiene en el mundo Tzadikim tan grandes comparados conmigo, quienes Le están orando a HaShem? De seguro HaShem va a escuchar mucho más las *tefilot* de esos grandes Tzadikim antes que la mía. ¿Cómo puedes comparar a todas mis *tefilot* con una sola palabra de pureza y de *kedushá* que surja de los labios de un Tzadik? Mi *tefilá* vale relativamente muy poco".

Dice Rabeinu *zal*: El exacto opuesto es la verdad. HaShem tiene Tzadikim a cuyas *tefilot* les presta cuidadosa atención. Los escucha y desea sus *tefilot* (Iebamot 64a). Sin embargo, hay un interés y un placer muy especial que HaShem recibe de la *tefilá* de aquel que está muy abajo, muy lejos y separado de HaShem. Incluso cuando una persona malvada que ha abandonado a HaShem de pronto desea hacer *teshuvá* y retornar, esta clase de *tefilá* es un deleite más grande para HaShem que la *tefilá* del Tzadik más grande.

Es verdad que la *tefilá* del más grande de los Tzadikim posee un enorme valor, pero hay una especial alegría, *kiviajol*, de parte de HaShem al ver a alguien que ha retornado de un profundo descenso en la impureza. Esto es lo que HaShem realmente desea. Es por ello que dice el *Zohar HaKadosh*: *Ashrei*, feliz de la persona que se ocupa de la *mitzvá* de acercar a la gente a la religión, pues esto es lo que HaShem más desea (Zohar Terumá 129a). El placer más grande del Cielo se da cuando la persona que está muy lejos retorna a HaShem.

En aras de otros judíos

Por lo tanto, la persona debería decirse, "Me estoy incriminando al decir que soy el peor de los pecadores, aunque esto sea verdad y aunque sea un hecho, pero mi *tefilá* es muy valiosa. Mi *tefilá* es quizás la más valiosa del mundo entero, pues es mi *tefilá* la que HaShem más desea. Si voy a orar ahora, HaShem oirá con mucho cuidado. Por lo tanto puedo lograr algo que beneficie a todo el pueblo judío".

Existe un decreto severo y los judíos están en peligro. Hay un riesgo. Hay una amenaza de las Naciones Unidas. Hay una amenaza de un maníaco que tiene un cierto gobierno, que quiere expulsar a los judíos de ese gobierno o que quiere cometer crímenes homicidas en contra de ellos, *jas veshalom*, o diferentes clases de actos antisemitas, que bien sabemos han ocurrido a lo largo de la historia. Esta persona no debería decir, "¿De qué sirve mi *tefilá*?", cuando en verdad, si realmente es tan mala, su *tefilá* será escuchada muy atentamente por HaShem. Por lo tanto, cada persona debe saber que su *tefilá* es muy importante, no sólo para su propio beneficio, sino para beneficio de todo el pueblo judío.

Agrega Rabeinu *zal*: Dado que el decreto proviene del Cielo, ello significa que ese decreto es algo con lo cual está ocupado HaShem. HaShem está ocupado llevando a cabo ese trágico decreto en contra de los judíos. Rabeinu *zal* dice que dado que es un punto muy delicado, es necesario que comprendas bien este asunto. Se supone que la persona debe usar este truco. Todos los judíos, de todas partes, deben presentarse ante HaShem en *hitbodedut*, y todos deben concentrarse en esa plegaria especial a HaShem. Los Tzadikim, los mejores, cuya *tefilá* anhela HaShem; y también los del medio e incluso los peores, aquellos que piensan que son los peores *reshaim*, los peores malvados, cuya *tefilá* de seguro quiere HaShem. HaShem desea que aquellos que están muy lejos retornen a Él.

Ahora bien, si todos ellos, en conjunto, se abocaran al *hitbodedut*, ¿cuál sería su propósito? Un truco, *kiviajol*, es una palabra muy delicada, un truco a HaShem. HaShem está muy ocupado ahora, escribiendo una orden para un *pogrom* que debe ser decretado en contra de los judíos, de modo que todos nos reunimos en *hitbodedut* y, por así decirlo, Lo alejamos del trabajo en ese decreto y Lo ocupamos haciendo que escuche nuestras *tefilot*, nuestro *hitbodedut*. Dice Rabeinu *zal*: Es un crimen de parte de la gente que podría hacer esto pero que se refrena de hacerlo. Podrían persuadir a HaShem a que los escuchase y hacer que HaShem dejara de lado los decretos activos: "Olvida eso. Ven a nosotros, pues tenemos *tefilot* especiales para enviarTe".

Es posible que una persona pueda hacer esto aunque, por supuesto, sabemos que HaShem cubre todo. HaShem ve simultáneamente todo lo que sucede en el mundo entero. Él alimenta a todos, desde los seres más grandes hasta los más pequeños, hasta el insecto más minúsculo. HaShem supervisa todo lo que ocurre en todas partes - en este planeta, en los otros planetas y en todos los cielos. Pero, pese a ello, aún es posible que un judío con su *tefilá* aleje a HaShem de lo que está haciendo y así salve a los judíos de toda clase de decretos severos como éstos.

Una fe distorsionada

Aquí estamos hablando de *emuná*. Tenemos fe en HaShem, en que HaShem oirá nuestra *tefilá*. Una cierta clase de bondad, de piedad, de compasión será despertada en el Cielo por HaShem, para Su pueblo, para anular ese decreto.

Dice Rabeinu *zal*: Hay cierta gente que está cometiendo un pecado muy grave con su fe. Su fe es muy fuerte pero está muy equivocada. Hay algunos judíos que dicen, "¿Por qué debemos orarLe a HaShem? Hay una amenaza, pero ¿por qué preocuparnos por ello? Después de todo, HaShem es *Rajum veJanun*, Él es bueno y misericordioso con Su pueblo. HaShem es *Erej Apaim*, es paciente. En verdad, Su bondad y Su compasión no dejarán que esto suceda. Simplemente debemos sentarnos y relajarnos, sin preocuparnos por ello. Ningún daño puede sucederles a los judíos. Ellos son, después de todo, los hijos de HaShem y Él no permitirá que estas cosas sucedan".

Éste es el crimen más grande que pueda cometer una persona y ésta es la distorsión más grande posible de la fe. Es lo mismo que la persona que dice, *jas veshalom*, "¿Qué hay de malo en cometer pecados, en quebrar el Shabat, en comer *treif*, en hacer todo lo que está mal? Cuando nos presentemos delante de HaShem en el juicio, diremos, 'HaShem, somos Tus hijos. ¿Acaso le harías daño a Tu propio hijo? Por supuesto que no. Tú eres piadoso y bondadoso, de modo que podemos hacer lo que queramos'", *jas veshalom*.

La Guemará dice que esto es de hecho *kefirá*, una herejía, pues HaShem es HaShem de bondad, HaShem es HaShem de venganza, HaShem es HaShem de *din*. Hay bondad y hay *din*, las cualidades de la misericordia y las cualidades del juicio que existen en HaShem. Los Nombres de HaShem contienen ambas. La persona nunca debe decir que HaShem, en Su bondad, no castigará pues de esa manera está cometiendo un acto ateo en contra del Nombre de HaShem, que es el juicio (ver *Bava Kama* 50a).

Anulando los decretos celestiales

Cuando hay una amenaza de este juicio descendiendo del Cielo, existe algo que puede anular esa amenaza de dureza. Algo que puede elevarse por sobre la amenaza, por sobre ese poder celestial: la *tefilá*.

El *Zohar HaKadosh* habla sobre esto, que es posible que la persona se eleve, *kiviajol*, por sobre HaShem. "*Vatitpalel al HaShem*" (Samuel I, 1:10. Ver *Zohar* II, 274b). Jana "oró por *sobre* HaShem". Si tienes el mérito de tener hijos, éstos no dependen del mérito de una simple plegaria, ni del *zejut avot*, del mérito de los ancestros (*Zohar Ajarei Mot* 79b). Jana tuvo que pasar por sobre ese nivel, por sobre HaShem, que significa hasta *Keter*, que es la más elevada de las *sefirot*. Ella se elevó por sobre los poderes del Cielo, pues la *tefilá* es tan grande que puede elevarse por sobre todo lo demás. HaShem inyectó en la *tefilá* un poder tan fuerte que puede anular los decretos celestiales. Si la persona ora con la suficiente intensidad, puede de hecho anular un decreto de HaShem.

Esto es inusual, pero en el caso del Tzadik, ello es normal. La Guemará dice que cuando existe un decreto en el Cielo, es normal que el Tzadik lo anule (Moed Katán 16b). Que lo vuelva completamente inválido e inexistente. Cuando los judíos se reúnen, pueden orar con tal intensidad que, aunque de hecho exista un decreto firmado y sellado en el Cielo sobre alguna clase de tragedia o de fatalidad para los judíos, *jas veshalom*, sus *tefilot* pueden borrar por completo ese decreto.

Por lo tanto, vuelve a decir Rabeinu *zal*: Atención sobre los poderes del *hitbodedut*. Si se trata de las *tefilot* regulares, ¿por qué no es posible hacer esto con las *Shmone Esere*? En las *Shmone Esere*, decimos "*Shemá koleinu HaShem Elokeinu*", "*Velamalshinim al tehi tikva*" (HaShem escucha nuestra voz... que no haya esperanza para los delatores) tenemos toda clase de *tefilot* en las *Shmone Esere* que claman a HaShem para que destruya el mal: HaShem, ayúdanos, rescátanos, otorgarnos la salvación, sálvanos de toda clase de sufrimiento. ¿Qué hay de malo en esas poderosas palabras que tenemos en las *Shmone Esere* a lo largo de la plegaria?

Un nuevo sendero

Uno de los *talmidim* del Rabí Natán estaba en su lecho de muerte (su nombre era Reb Leibel Konstantiner). La *jevra kadisha* (la sociedad funeraria) le dijo -honestamente, en los últimos minutos de la vida de la persona, deben decirle lo siguiente- "No podemos ocultarte el hecho de que estás por fallecer. ¿Por qué engañarte? Lleva a cabo la última *mitzvá* de tu vida, confiesa tus pecados y podrás ir limpio al mundo futuro.

Límpiate diciendo el *vidui*, la confesión, esto no tiene precio".

Este *talmid* le respondió a esa *jevra kadisha*, quienes eran *mitnagdim*, opositores al jasidismo, "Confiésense ustedes. ¿Yo debo confesarme? No tengo nada para confesar". Ellos le dijeron, "Ninguna persona es perfecta". Él les respondió, "Por supuesto que no. Yo soy la persona menos perfecta en este mundo, pero he pasado mi último día en *hitbodedut*. He hecho más confesiones hoy en el *hitbodedut* que lo que ustedes pueden haber hecho en toda su vida. Cada día he tenido este *vidui*, he tenido esta confesión en medio de mi *hitbodedut*. Por lo tanto no tengo temor alguno de morir".

Otra historia es que cuando uno de los *talmidim* del Rabí Natán estaba por ser inhumado, uno de los líderes más importantes lo miró antes del entierro y dijo, "Puedo testificar al ver a la *kedushá* sobrevolar por sobre este cuerpo que de seguro nunca pasó un día sin *hitbodedut*". Así es como es posible detectarlo. Esa persona nunca pasó un día sin *hitbodedut*, en toda su vida.

Por lo tanto, éste es el testamento, la voluntad de Rabeinu *zal*, que cada uno de los seguidores del Rebe se ocupe durante toda su vida de esta *mitzvá* fundamental, la *mitzvá* del *hitbodedut* (ver *Sijot HaRan* 185).

Sija # 71

La Teshuvá Corrige Todo

Afirma el *Zohar* que el arrepentimiento no ayuda a aquél que ha derramado su semen en vano (*Zohar* I:l88a, 219b).

Dijo el Rebe que esto no es verdad, pues el arrepentimiento ayuda ante todos los pecados.

Dijo también que él era la única persona que comprendía verdaderamente la afirmación del *Zohar*. Pues el arrepentimiento ayuda en verdad, sin importar cuánto haya uno pecado.

Tal como se halla tratado en las obras del Rebe, el verdadero arrepentimiento implica no volver a repetir jamás el mismo pecado.

Debes ir al mismo lugar en donde pecaste y enfrentarte a la misma situación, permitiendo que la tentación se presente delante de tus ojos. Cuando puedas hacer esto y no repetir el pecado habrás quebrado entonces la mala inclinación y te habrás arrepentido verdaderamente.

(*Sijot HaRan* #71)

El Tikún HaKlalí

El siguiente tema del cual habla Rabeinu *zal* es el *Tikún HaKlalí*, que fue conformado para el *tikún habrit*. La Torá habla de diferentes niveles de transgresiones. El no recitar la *tefilá* con *kavaná* parece ser una transgresión pequeña frente al hecho de ir a un restorán y comer alimento *treif*, no *kosher*, *jas veshalom*. Peor que eso sería la persona que llega a cometer un asesinato. Violar la *kedushá* del *Shabat Kodesh* es peor aún que el asesinato. Conlleva una pena más grande todavía.

Éstas son *mitzvot* que están muy claramente registradas en la Torá. Todos las conocen y cada persona sabe que son grandes transgresiones - excepto, por supuesto, aquellos "superhombres" de este mundo que se encuentran por encima y más allá de estos temas mundanos y tienen un nuevo testamento en hebreo que les permite violar todas esas leyes, *Rajmana litzlan*, exiliándose de la comunidad judía.

Los simples *baalei emuná*, las personas de fe, están familiarizados con esas *mitzvot* en la Torá y saben cuán grave es quebrar incluso uno solo de esos *dinim*. Hay un ítem que se presenta como peor que todos éstos y que, aun así, no está claramente mencionado en la Torá. Es mencionado en la forma de una historia, pero no claramente expresado entre las *mitzvot*.

La Torá relata sobre los dos hijos de Iehudá que cometieron un pecado violento, por el cual se los hizo morir. El pecado fue el *jilul habrit*, la emisión en vano de simiente, y por ello, HaShem los hizo morir de inmediato (Bereshit 38:7-10). La Guemará dice que esto prueba que HaShem tiene paciencia ante todas las otras transgresiones, pero que no es paciente cuando se trata del pecado del *jilul habrit* (ver Rashi sobre Bereshit 6:13).

La Guemará dice que si la persona fallece llevándose este pecado, nunca podrá ver la *Shejiná* (Nidá 13b). Deberá descender hasta los abismos del *Gueinom* para pagar por un pecado que es tan grave y tan imperdonable. Rabeinu *zal* trae el *Zohar HaKadosh* que dice que, aunque la *mitzvá* de la *teshuvá* es tan grande que puede borrar todos los pecados, hay un pecado que es tan grande que ni siquiera la *teshuvá* puede ayudar. Éste es el pecado del *jilul habrit* (Zohar Vaieji, 219b).

¿La teshuvá ayuda para todo o no?

Ésta no es una simple declaración. El *makor*, la fuente, está en el *Zohar HaKadosh*. Rabeinu *zal* afirma enfáticamente: Que esta proclama sea conocida - el hecho es que... no es así. La *teshuvá* ayuda para borrar todos los pecados inclusive el *jilul habrit*. En verdad, esto se encuentra expresado antes en el *Zohar HaKadosh*, hacia el final del primer *jelek* (Zohar Vaieji 219b; ver también Zohar Noaj 62a). Al comienzo, hay una afirmación hecha por el Rabí Shimón bar Iojai mismo. El Rabí Shimón bar Iojai dice que la *teshuvá* ayuda para todo, incluso para el *jilul habrit*. Esta declaración que dice que la *teshuvá* no ayuda es hecha por uno de los discípulos posteriores del Rabí Shimón bar Iojai.

Rabeinu *zal* y el Rabí Shimón ben Iojai son considerados muchas veces como uno y el mismo. La *Guematria* de *Rabí Shimón ben Iojai* (רבי שמעון בן יוחאי = 765) es la misma que la de *Rabí Najmán ben Simja* (רבי נחמן בן שמחה = 765), de modo que existe una unidad de la *neshamá* entre ambos, y la similitud de sus afirmaciones (Sijot veSipurim, p. 166).

Si bien el *Ierushalmi* habla del hecho de que la *teshuvá* ayuda, el Rabí Shimón bar Iojai enfatiza el hecho de que nada en absoluto puede quedar en el camino de la *teshuvá* (Zohar Mishpatim 106a). Esto lo comprendemos cuando miramos en el *Zohar HaKadosh*. Rabeinu *zal* hace notar que si bien otros dicen que la *teshuvá* ayuda para todo, con una excepción, el Rabí Shimón bar Iojai dice que no hay excepciones. La *teshuvá* puede borrar incluso al peor de los pecados. Rabeinu *zal* dice que los comentaristas hacen notar esta diferencia en las palabras y que parecería ser que hay un aparente debate en el *Zohar HaKadosh*. Rabeinu *zal* dice que no existe tal debate. La segunda afirmación, que dice que la *teshuvá* no ayuda, no debe ser tomada de manera literal, pues nadie realmente comprende las palabras allí, aparte de Rabeinu *zal*.

Por supuesto, esto puede ser tomado de muchas maneras. La interpretación más simple sería la manera en la cual explicamos el caso de Ajer en los *Sifrei Kabalá*. Ajer, el maestro del Rabí Meir, se volcó al ateísmo. Oyó una voz del Cielo que decía, "Todos pueden hacer *teshuvá* - excepto Ajer" (*Jaguigá* 15a). ¿Qué significaba esa voz? Quería decir, "Tú, Ajer, te has vuelto hacia el mal. Has cometido el peor de los crímenes. La *teshuvá* no te ayudará. Ahora depende de ti el luchar en contra de esta declaración". Si Ajer se hubiera mantenido firme y hubiera dicho, "Desafío a esta voz del Cielo. Pese a esta voz del Cielo, la *teshuvá* ayuda incluso a alguien como yo", de esa manera habría ganado.

De hecho, la cuestión es si realmente más tarde hizo *teshuvá*, pese a esa declaración. El Rabí Meir dice, "Yo estuve allí y puedo testificar que él hizo *teshuvá*". Ésta es una de las explicaciones de las cuales habla Rabeinu *zal* cuando dice que aunque se dice en el *Zohar HaKadosh* que la *teshuvá* no ayuda para esta clase de pecado, ello no puede ser tomado de manera literal pues la *teshuvá* ayuda para todo, incluso para el pecado del *jilul habrit*.

Leemos que dos de los discípulos del Rabí Shimón bar Iojai se encontraron con el *Saba Kadisha*, el anciano santo, quien descendió del Cielo después de su *histalkut*, de su fallecimiento y les enseñó ciertos secretos del Cielo. Durante el curso de esa conversación también hizo esta declaración, de que la *teshuvá* es tan grande que de hecho puede destruir los candados colocados en los portales celestiales.

Hay portales celestiales que están cerrados, que se niegan a permitir que pasen ciertas *tefilot*. Nada puede quebrar esos candados excepto la *teshuvá*. La *teshuvá* es tan poderosa que de hecho puede retirar los candados de los portales, aunque hubiera en ellos, *kiviajol*, un voto celestial. Si el Cielo juró que esa persona no sería aceptada y tomó ese voto utilizándolo como un candado para el portal celestial, la *teshuvá* puede quebrar ese voto celestial.

Esto es lo que dice el *Saba Kadisha* para demostrar que no hay nada que pueda enfrentar el poder de la *teshuvá*. La pregunta es: ¿Qué es la *teshuvá*? ¿Acaso el arrepentimiento significa que la persona dice de manera solemne, "Me arrepiento, pido perdón" y por lo tanto ello es suficiente? Éste no es el significado de *teshuvá*. *Teshuvá* significa que la persona no repetirá ese pecado nunca más. La decisión de esa persona es fuerte y honestamente no repetirá ese pecado otra vez.

La real teshuvá

Sin embargo, la sola decisión no es de hecho suficiente. Rabeinu *zal* dice que aunque ello es considerado *teshuvá*, es sólo una forma de *teshuvá*. ¿Cómo es que la persona puede hacer *teshuvá* por un pecado tan grave?

Dice Rabeinu *zal*: La real *teshuvá* tiene lugar cuando la persona pasa por una prueba. Debe encontrarse en el mismo lugar, en las mismas circunstancias, con la misma tentación, con la misma persona que lo está tentando y enfrentar entonces esa tentación, para probarse que la ha superado. Debe ser la misma persona original que lo tentó, debe ser el mismo lugar. El mismo lugar significa el mismo cuerpo. No es lo mismo si debe volver a este mundo otra vez, para ser reencarnado y hacer *teshuvá* por los pasados *guilgulim*. Si tiene éxito y pasa esta prueba, entonces el pecado original es borrado.

La real *teshuvá* ocurre cuando la persona que cometió pecados en este *guilgul* y de los cuales es consciente, hace *teshuvá* por esos pecados mientras aún está con vida. No debe posponer esto para más tarde, para tener que atravesar el sufrimiento del *Gueinom, jas veshalom*, o mucho peor, volver a renacer y pasar por la vida otra vez para ser probado en la próxima vida, *jas veshalom*. El tiempo para hacer *teshuvá* y el tiempo para recibir el crédito de la *teshuvá* es el mismo cuerpo, lo que significa el mismo *guilgul*, el mismo lugar y la misma persona.

Ahora bien, esto parece indicar que la persona debe buscar a la misma persona, retornar al mismo lugar y arriesgarse a pasar por el mismo tipo de tentación. Debido al hecho de que anteriormente cayó víctima de ello sin poder controlarse, puede caer víctima otra vez y cometer el mismo pecado una segunda vez, lo que sería peor que la primera. Por lo tanto Le oramos cada día a HaShem, "Rescátanos de una prueba. *Lo lidei nisaion*, no nos lleves a una prueba, pues puede que no seamos lo suficientemente fuertes como para superarla".

Dijo David *HaMelej*, "*Bejaneni HaShem venaseni*" (Salmos 26:2), "Pruébame, HaShem, mira que soy puro". Él fue aprobado. La supuesta historia dice que él no pudo pasar la prueba, pero nosotros sabemos que él era puro. Fue escrita así para demostrar que hasta la persona más fuerte puede también caer víctima. Se preparó de la mejor manera posible para superar la tentación pero, por más que trató, perdió igualmente en esa batalla, pues la tentación fue demasiado grande.

Por lo tanto, la persona nunca debe desafiar a un duelo a su *ietzer hará*, pues es demasiado peligroso. La Guemará dice que nadie puede superar el *ietzer hará* a no ser que HaShem intervenga para ayudarlo. Sin la ayuda de HaShem, la persona puede fracasar totalmente (Kidushin 30b). Nunca intentes esta prueba. Si se presenta y tienes tu oportunidad, lucha con todas tus fuerzas. Entrégate a esa batalla, arrójate a ella con todo el poder que tengas. Clama a HaShem, llora ante HaShem para que Él te ayude en esa batalla, para vencer la mala inclinación, y con ello ganarás.

Lo mejor es evitar esta prueba y simplemente orarLe a HaShem en un verdadero *hitbodedut*, con una verdadera *tefilá* y con un sincero sentimiento de *teshuvá*, en donde el sentimiento de arrepentimiento sea tan puro que Aquel que sabe, que Aquel que puede leer tu mente y tu corazón, HaShem

Mismo, testificará sobre el hecho de que tu *teshuvá* es sincera. Ésa clase de *teshuvá* es aceptada y borra todos los pecados - incluso el peor de ellos, el pecado del *jilul habrit*. De esa manera la persona será digna de un recordatorio puro y del *tikún habrit*.

Sija # 72

Sobre las Distracciones

Es posible que cuando estés orando te veas distraído por cantidad de pensamientos externos. Ignóralos por completo.

Haz tu parte y recita todas las plegarias en su orden, ignorando todos los pensamientos perturbadores. Dijo también el Rebe que estos pensamientos perturbadores son de hecho beneficiosos para nuestras plegarias.

Existen tremendos poderes que denuncian nuestras plegarias. Sin los pensamientos perturbadores, nos sería imposible orar. Los pensamientos externos disfrazan nuestras plegarias de manera que éstas son ignoradas por las Fuerzas Externas y por lo tanto no las denuncian. De esta manera, se les permite a nuestras plegarias entrar en lo Alto.

HaShem conoce nuestros pensamientos más profundos. Podemos distraernos, pero profundamente, dentro de nuestros corazones, nuestros pensamientos son sólo para HaShem. HaShem sabe esto.

Cuando recitas las plegarias, tus pensamientos más profundos se encuentran siempre dirigidos hacia HaShem. HaShem sabe qué es lo que hay en tu corazón y contempla este deseo más profundo. Él ve a través del disfraz y acepta la plegaria con amor.

Está escrito (Proverbios 19:21): "Muchos pensamientos hay en el corazón del hombre, pero es el propósito de HaShem el que permanece".

"Muchos pensamientos hay en el corazón del hombre" cuando recita la plegaria. Entonces es distraído por muchos pensamientos externos.

Pero "es el propósito de HaShem el que permanece".
Existe un punto en lo más profundo de tu corazón. Aquí tus pensamientos sólo están dirigidos hacia HaShem. Este punto en lo más profundo es denominado "el propósito de HaShem". Dentro de este punto, tu voluntad es sólo hacia HaShem. Esto nunca falla.

"Es el propósito de HaShem el que permanece". Despreocúpate entonces de todas las distracciones y recita tus plegarias como debes.

(Sijot HaRan #72)

Las distracciones durante la plegaria

En general, la persona siente que su *tefilá* no es pura. No importa cuánto trate de concentrarse en las palabras que está diciendo, pensamientos extraños le llegan a la mente. Diferentes temas la atraviesan con rapidez; algunos de ellos se asientan allí y algunos abruman su mente. Durante toda la *tefilá*, su mente está ocupada con algo diferente a aquello que está diciendo. Algunos en mayor medida que otros.

Muchas veces, la persona se siente muy mal por ello y trata de luchar en contra de esos malos pensamientos. Peor aún, a veces encuentra pensamientos *tamé*, pensamientos impuros, en especial en un momento de tal santidad como en la oración. Esto la hiere profundamente y comienza a sacudir la cabeza de un lado a otro para librar su mente de esos pensamientos. Pero cuanto más trata de eliminarlos, éstos se vuelven más fuertes y luchan en contra.

Confrontando las distracciones

Dice Rabeinu *zal*: Éste no es el método para utilizar en la batalla en contra de esos malos pensamientos (*Likutey Moharán* I, 72). Lo que se debe hacer es mantenerse calmo e ignorarlos. Cuando esto sucede, uno debe decirle al *satán*, "No me importa si estás inyectando estos pensamientos en mi mente". Luego ignóralos por completo y continúa con lo que estás haciendo, sin demostrar preocupación alguna por ellos, no importa cuán malos sean. Si la persona hace esto, si simplemente los ignora, éstos se irán por sí mismos. Naturalmente, el *satán* simplemente se retirará y ellos se irán, pues su verdadera *kavaná* es servir a HaShem con la *tefilá*.

Esto es lo que quiere decir el versículo "*Rabot majshavot belev ish*" (Proverbios 19:21), "muchos son los pensamientos en el corazón de la persona". ¿Cuándo es así? Durante la *tefilá*. Estos pensamientos pueden ser muy malos, pueden ser los pensamientos más malignos. "*Veetzat HaShem hi takum*" (ibid.), "Pero el consejo de HaShem es el que permanecerá". El *etzat HaShem*, que significa el punto puro que es celestial, *hi takum*, eso permanecerá, pues HaShem lo ayudará si su *kavaná* es pura.

En lugar de librar una batalla inútil en contra de esos pensamientos, la persona debe tranquilizarse y decir, "HaShem, te entrego a Ti la batalla. Tómala por mí y yo te serviré con simpleza". La plegaria es la manera más simple de servir a HaShem y, por lo tanto, se deben ignorar los malos pensamientos. *Veetzat HaShem hi takum*, la parte verdadera permanecerá y el mal desaparecerá. El resto de la *tefilá* será aceptado con la buena voluntad de HaShem.

Ésta es la clave para orar en pureza y así es como la persona debe guiarse en ella. Por supuesto y al mismo tiempo, la persona debe ocuparse de utilizar toda su fuerza, como hemos dicho, en su *tefilá*, manteniéndola pura y clamando constantemente a HaShem para que Él la ayude. Para lograr acercarse más y más a HaShem.

Esto, por supuesto se hace cuando la persona se une al

Tzadik emet antes de comenzar a orar. Al unirse con el *Tzadik emet* en una verdadera *hitkashrut*, con un verdadero lazo, tiene asegurado que su *tefilá* tendrá muchas más posibilidades de ser aceptada en el Cielo (*Likutey Moharán* I, 2).

Sija # 73

Estudiando los Secretos de la Torá

Hay Tzadikim que de inmediato revelan aquello que ven.

Estos Tzadikim se hallan en la categoría de *MNTzPJ*. Dice la Guemará:

"*MNTzPJ Tzofim omrum*" (Meguilá 3a; Shabat 104a).

"*MNTzPJ* fue instaurado por los videntes - los profetas".

Lo que también puede ser interpretado como:

"Aquéllos que se encuentran en la categoría de *MNTzPJ* deben manifestar lo que ven".

MNTzPJ es una categoría que corresponde a la restricción y aquéllos que pertenecen a ella son incapaces de contener su visión.

Otros Tzadikim poseen almas de un nivel superior. Ellos provienen de un ámbito espacioso y tienen lugar para mantener su visión con ellos.

(*Sijot HaRan* #73)

Los judíos y el alef-bet

Dice Rabeinu *zal*: Es un hecho sabido que hay un definitivo paralelo entre la Torá y los judíos. Cada judío es como un *Sefer Torá*. La Torá tiene 613 mitzvot y cada judío tiene 613 partes. Tiene 248 órganos y 365 tendones, totalizando 613. Esto es igual al número de *mitzvot* en la Torá.

Igualmente, los judíos como un todo se equiparan a la Torá, pues en la Torá hay 600.000 letras, que es el mismo número que la cantidad básica de almas judías (*Zohar Nasó* 145a). Éstas se expanden mucho más, pero básicamente hay 600.000

almas correspondientes a las 600.000 letras en la Torá.

Dice Rabeinu *zal*: Dado que cada judío corresponde a una letra en la Torá, hay diferentes letras. Hay 22 letras en el *alef-bet* y, de ellas, hay cinco letras que son llamadas *sofiot*, letras finales. Esas letras son *MNTzPJ*, las letras finales *Mem, Nun, Tzadi, Pé* y *Jaf* (ך, ף, ץ, ן, ם). Con esas cinco letras finales hay un total de 27 letras en el *alef-bet*. Cada judío tiene una letra que representa en la Torá.

Hay una diferencia entre aquel que representa una letra final y aquel que representa una letra regular, que puede estar ubicada al principio o a la mitad de la palabra. La Guemará explica esta diferencia diciendo, *"MNTzPJ Tzofim omrum"*, "*MNTzPJ*, las letras dobles, fueron instauradas por los profetas". Éstas son llamadas dobles pues pueden encontrarse también en mitad de la palabra.

Rabeinu *zal* explica que la Guemará dice *omrum* pues ellos hablan - lo que significa que los Tzadikim que representan a esas letras son aquellos que hablan. Ellos hablan más que los Tzadikim que representan a las letras en el medio de una palabra. ¿Qué significa esta declaración?

Las letras finales son llamadas *tzimtzum* (ver *Shaar HaKavanot, Drushei Tefilat HaMinjá* 2, p. 335), lo que significa una constricción, un confinamiento. Hay un límite al final de la palabra. Hay un límite allí que comprime la letra. No hay más movimiento posible, lo que significa que no hay mucho más lugar. No pueden contener ningún espacio más y por lo tanto la naturaleza de esos Tzadikim es el entregar todo lo que tienen. No pueden contener su información y así trasnsmiten su conocimiento (cf. *Likutey Moharán* II, 118).

Éstos son Tzadikim que son gente muy sabia, pero que deben hablar y transmitir su conocimiento. Aquellos Tzadikim, que representan las letras en medio de la palabra, son quienes pueden contener una cantidad infinita dentro de sí sin tener que entregarla. Pueden recibir más información y contenerla.

Guardando secretos

Ahora bien, ¿por qué debería uno retener la información? Si la persona tiene una información, de seguro debería impartírsela a los demás. La *mitzvá* no es solamente estudiar Torá. La *mitzvá* es que aquel que ha estudiado mucha Torá, quien tiene ese conocimiento, debe trasmitirles ese conocimiento a los demás. La enseñanza es más importante que el aprendizaje. Es un nivel mucho más elevado de *mitzvá* (*Meguilá* 3b). ¿Por qué no debería un Tzadik o un *talmid jajam* transmitir ese conocimiento?

La respuesta es: Hay diferentes clases de conocimientos en la Torá. Está el conocimiento regular, las declaraciones simples de la Torá conocidas como *pshat*. Luego hay un poco más de profundidad, que es *remez*, las alusiones en esas palabras. Después viene *drush*, los Midrashim, los comentarios, y finalmente está la parte denominada *sod*. *Sod* significa "secreto"; también es conocido como Kabalá. La Kabalá consiste en los secretos de la Torá. Si son llamados secretos, significa que deben ser mantenidos como secretos. Aquel que los conozca no debe revelarlos.

Por lo tanto, esos Tzadikim que provienen de las letras finales, *MNTzPJ Tzofim omrum*, no pueden contener esos secretos y los revelan. No pueden retenerlos. No son tan grandes, pero un Tzadik que es mucho más grande puede recibir esos secretos y guardarlos para sí.

¿Quién puede estudiar Kabalá?

¿Qué significa secretos? ¿Qué significa Kabalá? Si es un secreto, ¿cómo podemos hablar de ello? ¿Cómo podemos decir aquí que es un secreto? ¿Cómo sabemos lo que es? ¿Qué podemos decir de esos secretos?

Esto es algo que requiere iluminación y que puede ser

aclarado, pese al hecho de que es un secreto. Encontramos un debate sobre este tema en general. ¿Es la Kabalá un tema legal? ¿Se permite que un judío estudie los secretos celestiales que se encuentran en la Torá y que supuestamente están ocultos, o son algo prohibido? ¿Acaso sólo pueden ser estudiados por un grupo selecto de ancianos sabios que tienen la capacidad de profundizar en esos secretos y que deben guardarlos para sí, sin permitir que lleguen al hombre común? En otras palabras, ¿está prohibido estudiar esos secretos?

Existen ciertos comentarios importantes que dicen que es mejor guardar esos secretos lejos del hombre común. Otros insisten en que esos secretos deben ser estudiados, deben ser enseñados a todo aquel que busque ese conocimiento. ¿Cual es la verdadera respuesta? Por supuesto, la clave para esa respuesta la encontramos en la *Hakdamá*, en la Introducción al *Sefer Kabalá* más importante, el *Zohar HaKadosh*. El *Zohar HaKadosh* fue escrito por el Rabí Shimón bar Iojai en coordinación con Moshé *Rabeinu* y Eliahu *HaNaví*, además de los discípulos del Rabí Shimón bar Iojai.

Éste es el primer *sefer* abierto, que revela la geografía del Cielo. Revela ciertas cosas que están completamente ocultas para el curso regular del estudio de la Torá. El *Ramadal* (Rabí Moshé de León, kabalista español del siglo XIII quien difundió por primera vez el *Zohar HaKadosh*) trae una cuestión sobre ese *sefer* presentada por aquellos que se oponían a la idea de revelar los secretos de la Torá. La prueba de los oponentes es un versículo que nos dice, "*Holej rajil megalé sod*" (Proverbios 11:13), "el chismoso revela secretos". Aquel que revela secretos es una clase muy baja de persona. Si los secretos comunes deben ser guardados, seguramente lo serán los secretos de la Torá.

Tres clases de desechos

Segundo, el mismo *Zohar HaKadosh* dice que hay tres

clases de cosas que no pueden ser desechadas, siendo una un pecado mayor que la otra (Zohar Pinjas 244b). Primero, tenemos las migas de pan, que parecen ser algo poco importante. Es algo que tiene un valor tan pequeño, ¿que daño puede hacer el descartarlas? Pero la Guemará dice que para aquel que demuestra falta de respeto por las migas de pan y que, al limpiar la mesa, permite que éstas caigan al suelo, donde son pisoteadas, la pena será muy severa. La pena por no tomar en cuenta esas migas es la pobreza (Julín 105b). La persona puede, *jas veshalom*, perder toda su riqueza debido al hecho de que mostró una falta de respeto por el alimento más importante, por el pan.

Se debe limpiar la mesa cuidadosamente para que las migas no caigan al suelo y se debe tomar especial cuidado de nunca pisar esas migas. Por supuesto, aquellos que comen también deben hacerlo de la manera apropiada. Ésta es la primera declaración de la Guemará, y que el *Zohar HaKadosh* subraya, en donde afirma que esta simple cosa, estas pequeñas migas, pueden causar tanto daño al punto en que la persona puede perder toda su riqueza.

La segunda cosa, que es mucho más grave, *jas veshalom*, es el *jilul habrit*, la emisión en vano de simiente. Esto, dice la Guemará, es un pecado que merece la pena de muerte (Nidá 13a). Encontramos en el mismo *Jumash* la historia de los dos hijos de Iehudá, Er y Onán, quienes emitieron en vano su simiente y fueron muertos por HaShem de inmediato (Bereshit 38:7-10).

Éste es uno de los pecados más graves posibles, donde la persona se disocia del espíritu de HaShem y de la Torá. Aquel que procura mantenerse puro en este respecto, tanto en la acción como en el pensamiento, es llamado un verdadero Tzadik. La palabra Tzadik se aplica a aquel que tiene el *tikún habrit* (Zohar Vaierá 23a). Ésta es la segunda cosa de algo que no debe ser desechado.

Entrando en el Pardes

El *Zohar HaKadosh* agrega una tercera cosa que es mucho más grave todavía que las dos anteriores y que es el revelar los secretos celestiales que deben mantenerse guardados de aquellos que no son aptos para oírlos ni para estudiarlos. En ese caso, ese sabio que atacó la idea de difundir el conocimiento de la Kabalá dijo: Tenemos una clara afirmación de que la Kabalá no debe ser estudiada. Encontramos también que las iniciales de las palabras utilizadas para esos cuatro diferentes niveles de conocimiento -*Pshat* (פשט, traducción simple), *Remez* (רמז, alusión), *Drush* (דרוש, interpretación homilética) y *Sod* (סוד, secreto)- conforman la palabra *PaRDeS* (פרדס), un jardín o huerto. Éste es el jardín celestial que sólo puede puede ser visitado por los Sabios.

La Guemará dice que cuatro de los más grandes Sabios de la Guemará entraron en ese jardín: el Rabí Akiva, Ben Asai, Ben Zoma y Elisha ben Avuia *(Jaguigá* 14b). Esos cuatro entraron a ese jardín, significando que llegaron hasta los secretos del Cielo. Tres de ellos fracasaron en esta prueba; sólo el Rabí Akiva salió en paz. Uno de ellos enloqueció, otro falleció y el tercero perdió su fe. El Rabí Akiva entró y salió en paz, lo que indica que si esas grandes luminarias no pudieron soportar la presión de esos secretos celestiales, ¿cómo podría hacerlo la gente común de hoy? Esto parece ser otra prueba más de que es algo que no debe ser estudiado.

Escuchemos a la más grande autoridad en la Kabalá, al Arizal, quien iluminará este tema para nosotros. Ahora bien, cuando el *Zohar HaKadosh* dice que esos secretos no deben ser estudiados, de seguro que no hace referencia a la Kabalá que es estudiada hoy en día. Ello hace referencia puramente a *"Bemufla mimja al tidrosh"* *(Jaguigá* 13a), "no te ocupes de aquello que es demasiado maravilloso para ti", como dice la Guemará. *Mufla* hace referencia a *pele*, a lo maravilloso, que es *Kéter*.

¿Qué es *Kéter*？

La Kabalá habla de diez niveles diferentes de santidad, las Diez *Sefirot*, y en la cima de esas diez, está *Kéter*, la Corona. Éste es el punto más alto de la sabiduría, que ninguna persona debería penetrar, excepto muy pocos. El T*zadik emet* mismo, algunos de los Sabios de la Guemará y el Arizal podían entrar allí. Pero acerca de todo lo que se encuentra por debajo no sólo está permitido estudiar sino que ello es una *mitzvá*. ¿Por qué entonces se hacen tan diferentes afirmaciones en la misma Guemará sobre el abstenerse o refrenarse de estudiar Kabalá? ¿Por qué se han hecho esas declaraciones?

La división de los años

La Guemará nos dice que el mundo fue creado para perdurar 6000 años (*Sanedrín* 97a). Los primeros 2000 años son llamados *tohu*, desolación, que significa que fueron 2000 años en los cuales el mundo fue como un vacío. No había difusión de la Torá. El estudio de la Torá era algo desconocido, excepto para unos pocos elegidos y por lo tanto el mundo mismo no tenía valor.

Los siguientes 2000 años son llamados *beit alafim shel Torá*, 2000 años en que la Torá se difundió. Ello comenzó con Abraham *Avinu*, quien fue el primero en difundir el conocimiento de HaShem. Luego estuvo la Entrega de la Torá en el *Har Sinai*, seguida por la Torá de los judíos en Eretz Israel. En el *Beit HaMikdah* teníamos el *lishkat HaGazit* - el Sanedrín, la Corte Suprema, las *ieshivot*- que difundían la Torá. En esos 2000 años plenos de Torá, la luz de la Torá se difundió hasta los rincones más lejanos del mundo.

Los últimos 2000 años son llamados *Iemot HaMashíaj*, la época en que vendrá el Mashíaj. En algún momento de esos 2000 años, el quinto y el sexto milenio, llegará Mashíaj. La Guemará dice que los años del quinto milenio, cuando él podría haber llegado, se perdieron debido a los pecados cometidos. Esos miles fueron erradicados. Él no podía llegar entonces, pero puede hacerlo dentro del sexto milenio que es este milenio en el cual nos encontramos ahora. Nos estamos acercando a la posibilidad de su llegada, lo que significa que la fecha apropiada es precisamente ahora. Estamos esperando al Mashíaj en cualquier momento.

Los días del Mashíaj: la revelación de los secretos

¿Qué significa *Iemot HaMashíaj* después de los anteriores 2000 años de Torá? El Arizal dice que esto significa que habrá un avance (detallado en la *Hakdamá* al *Etz Jaim* por el Rabí Jaim Vital). Hasta ahora, esos 2000 años de Torá fueron años en los que la Torá misma fue estudiada, pero que los secretos de la Torá se mantuvieron ocultos y no revelados. Fue durante los últimos 2000 años que esos secretos se volvieron gradualmente revelados y permitidos.

El Ari zal dice que la prueba de esto es que, si su intención era el que permanecieran ocultos, entonces, ¿qué beneficio habría en que el Rabí Shimón bar Iojai escribiese el *Zohar HaKadosh*? ¿Por qué no guardárselo para él mismo? ¿Por qué no trasmitírselo sólo a algunos pocos elegidos? ¿Por qué ponerlo en un *sefer* que puede llegar al *hamon am*, que puede llegar a las multitudes?

Por lo tanto, dice el Arizal, no hay cuestión al respecto. La Guemará dice: *Iemot HaMashíaj* significa que ello fue estipulado bajo la condición de que al pasar el tiempo más y más de esos secretos serían revelados, hasta el tiempo en que llegaría el Mashíaj. En verdad, esta declaración se encuentra escrita en el mismo *Zohar HaKadosh*. Para cuando venga Mashíaj, tendremos a los niños pequeños estudiando los secretos de la Kabalá (*Zohar Vaierá* 117a). El tiempo está evidentemente maduro para que venga Mashíaj. De seguro esto es lo que quiso decir el

Arizal: El tiempo está listo y maduro para que venga Mashíaj.

En todo caso, algo es cierto. En nuestra época, el *Zohar HaKadosh* se ha vuelto revelado y el Arizal ha escrito revelaciones mucho más grandes explicando el *Zohar HaKadosh* y los detalles de la Kabalá. Dice Reb Jaim Vital: En las últimas generaciones, que corresponden a nuestra época, será una *mitzvá* el estudiar el *Zohar HaKadosh*. El Arizal dice que esto fue garantizado: Que una hora de estudio del *Zohar HaKadosh* es más grande que un mes del estudio regular de la Torá (Kisei Melej, Tikún 43, 4). La *mitzvá* misma es más grande y el ángel creado por esa *mitzvá* es mucho más grande que los ángeles creados por el estudio de la Torá, *pshat, remez* o *drush*.

Una fe simple

Sólo hay un requerimiento positivo de parte de la persona que estudia esto y ello es una fe simple. No demasiada sabiduría sino fe. Fe en la verdad, fe en la veracidad, fe en la santidad de las palabras del *Zohar HaKadosh*, fe en las palabras de esos grandes *Tzadikim amitim*. Si la persona tiene esa fe, es apta para estudiar la Kabalá. Es posible que la persona sea muy erudita, pero puede ser un *lamdam* en la categoría de *sheidin iehudain*, que significa que estudia con una falta de fe en el corazón (ver Likutey Moharán I, 28). Estudia para criticar a la Torá, para criticar, para disputar las palabras de la Torá, *jas veshalom*. Esa persona no es apta para el estudio de la Kabalá ni de la Torá misma, pues incluso el estudio regular de la Torá contiene en ello un *sam jaim*, una poción de vida y lo contrario (Ioma 72b). Esto puede traer la muerte espiritual de la persona que estudia la Torá sin fe.

Aquel que tiene *emuná* en que las palabras de la Torá son sagradas es absolutamente apto. Es una *mitzvá* para él estudiar esas palabras de Kabalá, del *Zohar HaKadosh*, sin el mínimo temor, con orgullo y con alegría.

Para volver al comienzo, Rabeinu *zal* dice que esos Tzadikim que provienen de las letras *MNTzPJ* son quienes deben revelar lo que tienen. Aquellos que provienen de otras letras son de una categoría más amplia y pueden contener más. Esto no significa que retendrán esa información, *jas veshalom*. Quiere decir que ellos pueden retener más con un grado más grande de sabiduría, un grado más grande de contención en ellos. Pero en cuanto a su capacidad de enseñar y la cantidad que enseñan, en ello son más grandes también que los otros.

Sija # 74

Encontrando Kavaná

A veces el hombre no siente ningún entusiasmo por su plegaria. En esos momentos es necesario forzar las emociones y hacer que el corazón se inflame con las palabras.

A veces uno simula la cólera y llega de hecho a enojarse. Como se dice en Idish: "El provocó su propio enojo" - *Er schnitz zij ein roiguez*.

Lo mismo debes hacer durante la plegaria. Debes ser como el hombre que simula la cólera. Simula entusiasmo e introduce esas emociones dentro de tus plegarias.

Es posible que en un principio ese entusiasmo sea forzado pero finalmente llegará a ser real. Tu corazón estallará en llamas con la alabanza a HaShem y serás digno de conocer la verdadera plegaria.

De la misma manera puedes inducirte a estar feliz.

Debes orar con gran alegría, aun si esta alegría es forzada. La felicidad es siempre una virtud y en especial durante la plegaria.

Si te sientes perturbado e infeliz, puedes al menos poner una buena cara. Es posible que en lo más profundo te sientas deprimido pero si actúas como si estuvieras feliz, al final serás digno de la verdadera alegría.

Éste es un precioso consejo que puede aplicarse a toda cosa santa. Si no sientes ningún entusiasmo, haz al menos que parezca como que lo sientes. Actúa de manera entusiasta y eventualmente ese sentimiento llegará a ser sincero. Comprende bien esto.

(*Sijot HaRan* #74)

Cuando simplemente no lo sientes

Orar requiere de la fe. Uno debe saber que está orando delante de HaShem. Si la persona comprendiera que Le está hablando a HaShem, no se dormiría en medio de esa conversación. Si estuviese hablando con un presidente o con un rey no dejaría que su mente vagara y menos aún si está hablando con HaShem Mismo, el Rey de reyes. Pero muchas veces la persona encuentra que por más que crea que quiere orar de la manera apropiada, no puede inspirarse.

Alguien tiene algo muy importante que pedirLe a HaShem. Algún familiar está enfermo o él mismo necesita una cura o su negocio está empeorando. Necesita *parnasá*, el sustento, o mucho más importante, siente que es espiritualmente muy débil. Siente que su fe tambalea. Siente que no está haciendo lo que debería en su misión en la vida, como judío. No está sirviendo a HaShem de la manera apropiada. De modo que quiere hablarLe a HaShem y derramar su corazón en plegaria, pero se siente muy frío y no puede inspirarse.

El poder de la imaginación

Rabeinu *zal* dice que hay un método simple, una solución para ese problema. Imagina que estás yaciendo en cama y pensando sobre el negocio de tu competidor. Él vende lo mismo que tú y a veces más barato, pero por supuesto que no tiene la intención de hacerte mal. Comienzas a imaginar en tu mente que esta persona quiere hacerte daño.

Entonces te dices, "Yo nunca le hice nada, siempre le hice favores y ¿ahora me quiere hacer daño? Está podrido. Debe haber algo que pueda hacer para herirlo". Esto continúa y continúa. La persona termina construyendo en su mente una enemistad y un odio hacia alguien que es completamente inocente, hasta que se siente tan furiosa y tan enojada que no puede seguir durmiendo. Siente una furia salvaje, deseos de destrozar a la otra persona. Pero esto lo ha construido en su propia mente. Ha creado un odio imaginario.

Si la persona puede crear eso en su mente, también puede crear en su mente una *kavaná* imaginaria, una emoción imaginaria. Simula que estás llorando. Finge que estás muy triste. Simula que estás llorando en tu mente y continúa pensando en ello hasta que de hecho llegues a llorar, a llorar delante de HaShem. Cuando finjas esto, encontrarás que se vuelve una realidad. Verás que de pronto, estarás orando con mucha más *kavaná*, que literalmente estás llorando, clamando a HaShem, "¡Ayúdame, me estoy hundiendo!".

Este fingir es una solución para muchos otros casos también. La persona quiere realizar *mitzvot*. Pero se siente muy perezosa y no es capaz de inspirarse. Si es así, comienza fingiendo que estás enojado contigo mismo y continúa con esto hasta el punto en que realmente estés enojado y literalmente te lleves con un tremendo ímpetu a cumplir con esa *mitzvá*. Ésta es una maravillosa solución, en especial para aquellos que son muy perezosos, muy apáticos y muy dormilones al tratarse de realizar buenas acciones. Tienen mucha energía cuando se trata de deseos físicos para el deporte o para divertirse. Pero cuando se trata de *mitzvot*, son muy aletargados. Al fingir, también pueden de hecho crear un nuevo sentimiento de emoción y de energía en el cumplimiento de esas *mitzvot*.

Sija # 75

La Simpleza en la Plegaria

Constantemente nos decía el Rebe que debíamos forzarnos a orar con devoción, uniendo fuertemente nuestros pensamientos con cada palabra. Dijo que la verdadera devoción consiste en escuchar con mucha atención las palabras que uno está diciendo.

El Rebe les aconsejó a muchos de sus discípulos estudiar los escritos del Arizal. Pero incluso a ellos les aconsejó no seguir las devociones kabalísticas tal como se las describe en esos textos.

Dijo que la plegaria perfecta consiste en el simple significado de palabras tales como *Baruj Atá HaShem*, "Bendito eres Tú, HaShem". La devoción consiste en concentrarse en el significado de las palabras y escucharlas cuidadosamente.

El Rebe ridiculizaba a aquéllos que decían que uno no debe forzarse a orar. Nos aconsejaba insistentemente para que orásemos con todo nuestro vigor, poniendo toda nuestra fuerza en cada letra del servicio.

Nos ordenó también que ignorásemos todos los pensamientos que pudieran perturbar nuestra devoción. Era su consejo que orásemos simplemente, con corrección, sin tomar en cuenta las distracciones. Dijo que debíamos alejar por completo nuestras mentes de esos pensamientos.

Dijo también el Rebe que era posible que uno no pudiese recitar toda la plegaria con un fervor constante. Pero aun así, cada persona puede llegar a recitar al menos una pequeña porción con verdadero sentimiento.

Esto lo comprobamos todo el tiempo. Una persona

puede sentir un profundo sentimiento al recitar el *Ketoret*, las plegarias que suplantan la ofrenda del incienso. Otra en cambio, puede orar mejor durante los *Pesukey DeZimra*, los salmos introductorios.

Cierta vez pude ver esta enseñanza en uno de los escritos del Rebe, pero nunca tuve el mérito de copiarla y sólo puedo relatar aquello que recuerdo.

Dice el *Tikuney Zohar* que existen maestros de las manos y maestros de los pies (*Tikuney Zohar* 18). Existe una contraparte trascendente del cuerpo humano y cada uno de sus miembros se corresponde con una determinada parte del servicio. Cada persona se encuentra asociada también con un miembro en particular. Cuando esa persona llega a la parte del servicio que corresponde a su parte del cuerpo, se despierta en ella una gran devoción.

Es posible que a veces te encuentres orando con gran devoción, y que de pronto tu sentimiento se desvanezca quedando las palabras como vacías. No te desanimes, pues lo que ha sucedido es que has abandonado tu área en la forma trascendente. Continúa con el servicio recitando cada palabra con absoluta simpleza. A veces puedes tratar de orar con todas tus fuerzas pero aun así no ser capaz de lograrlo. Nunca te desanimes. Ésta es la regla más importante.

Esfuérzate en decir cada palabra del servicio.

Haz como si fueras un niño tratando de aprender a leer y pronuncia las palabras simplemente.

La mayoría de las veces HaShem tocará tu corazón con una llama que se elevará en una plegaria fervorosa.

No trates de comprobar esto. Pues muy dentro de ti te encuentras lejos de la plegaria.

La plegaria es algo muy elevado. Ella se encuentra incluso por sobre el estudio de la Torá. ¿Cómo es posible ser digno de servir a HaShem de una manera tan elevada?

Haz tu parte. Comienza simplemente con las palabras

del servicio:

"*Adon Olam Asher Malaj...* Señor del Mundo que Reinó...".

Escucha cada palabra que dices.

Concéntrate y no dejes que tus pensamientos se dispersen. Simplemente mantén tu mente en las palabras del servicio.

Sigue el orden del servicio aún sin sentimiento. Continúa palabra por palabra, página tras página, hasta que HaShem te ayude a alcanzar un sentimiento de devoción.

Y si llegas a completar el servicio sin haber sentido devoción alguna, ése no es el fin. Aún puedes recitar un Salmo. Y existen otras plegarias que pueden decirse.

En general, debes forzarte a cumplir con todas las tareas religiosas aplicando toda tu fuerza. Esto es especialmente verdadero respecto de la plegaria. Si no eres digno de ello, aun así te está prohibido desanimarte. Sé fuerte y alégrate tanto como sea posible.

Este punto se halla tratado ampliamente en las obras publicadas del Rebe.

Ora con alegría, con una alegre melodía.

Busca estar de buen humor antes de comenzar el servicio. Busca tus puntos buenos, utilizándolos para infundir alegría a tus plegarias. Este tema está tratado en el *Likutey Moharán*, a propósito del versículo (Salmos 146:2): "Cantaré a HaShem con lo poco que me queda" (*ibid.* 282).

Las enseñanzas del Rebe respecto a la plegaria son muy extensas y aquí sólo podemos esbozarlas. Si eres inteligente, comprenderás los puntos más importantes. Considera esto con atención pues contiene un impresionante consejo pleno de verdad y sinceridad.

Estudia también las lecciones del Rebe sobre el versículo (Shmot 15:5): "Profundas aguas los cubrieron" y (Bereshit 6:16): "Una luz harás para el arca", tal como aparecen respectivamente en los capítulos 9 y 112 del *Likutey Moharán*. Abre tus ojos y contempla bien estas lecciones.

Dice el Rebe en estas lecciones que lo más importante es la verdad.

Uno puede sentirse perturbado durante sus devociones, pero es necesario aferrarse a la verdad. No importa cuál sea tu nivel, tú puedes decir la verdad en las plegarias, con toda simplicidad.

Toma en cuenta las palabras del Rebe y podrás ser digno de la verdadera plegaria. Ésta es una importante regla para toda devoción.

El *Tikuney Zohar* habla de "manos escribiendo secretos" (*Tikuney Zohar* 21, 44b; *Likutey Moharán* 11, 7:10). Una vez escuchamos al Rebe decir que éstos son los movimientos que uno hace durante la plegaria.

(*Sijot HaRan* #75)

Entrando en el mundo de la plegaria

Rabeinu *zal* dice que la persona que quiera recitar la *tefilá* con sentimiento deberá comenzar con simpleza. Primero, comienza diciendo las palabras y traduciéndolas lentamente en tu mente, diciendo las palabras con un sentimiento simple: "*Baruj Atá Hashem*", "Bendito eres Tú, HaShem". No te enloquezcas, dilo simplemente y entonces piensa en la traducción, "bendito eres Tú, HaShem". "*Elokeinu Melej haolam*", "nuestro Dios, el Rey de todo este universo".

Medita, piensa un poco en ello y verás que de pronto te interesas en lo que estás diciendo. Puedes ponerle emoción a ello porque de hecho estás pensando en las palabras que dices. Las estás diciendo con algún sentimiento y tu mente se está concentrando en la *tefilá* en lugar de hacerlo en un tema extraño.

Ahora bien, esto es algo que la persona puede hacer durante un tiempo limitado. Es posible que recorra así uno o dos párrafos, pero su mente se debilitará. Es una baja. Fue derribada debido a que su mente se quebró por demasiada concentración. El mirar un espectáculo durante dos horas no es algo difícil. Es posible ocuparse durante una hora o más de un complejo problema matemático en los negocios. Pero concentrarse en esas palabras de la *tefilá*, después de unos pocos párrafos, es algo que se siente como demasiado, el agotamiento mental es extremo. Esto es un hecho.

Rabeinu *zal* dice que hay gente que trata. Que comienza con el principio de la *tefilá*, que empieza a recitar los *korbanot* con sentimiento, poniendo toda su energía... y el resto de la plegaria continúa muy débil. Hay algunos que no pueden inspirarse en la primera parte de la *tefilá*, pero que desde *Baruj SheAmar* en adelante, en las *Haleluka*, en los *Pesukey deZimra*, recitan con sentimiento. "*Haleluka, halelu et HaShem min hashamaim*", muchos pasajes así que son muy fuertes y poderosos.

"*Ashrei ioshvei veiteja*" es una *tefilá* muy importante. Ellos la dicen con *kavaná*. Entonces llegan al *Barjú* y luego se sientan y para entonces ya están extenuados. Hay algunos que sólo se inspiran cuando llegan al *Kriat Shemá*. Entonces comienzan con fuerza. Otros, recién en las *Shmone Esere*. ¿Por qué hay tantas y diferentes clases de personas, algunas inspiradas en un lugar y otras en otro?

Creando ángeles

Encontramos en el *Tikuney Zohar* que hay diferentes ángeles que llevan esas *tefilot* hasta el Cielo. Algunos ángeles son manos, algunos son pies, algunos son ojos, algunos son diferentes partes del cuerpo (Tikuney Zohar #18, 32b). Suena bastante extraño, un ángel hecho de ojos, un ángel hecho de manos o de pies. El *Tikuney Zohar* dice que esto significa que cada uno de esos ángeles es una diferente *berajá*, una diferente bendición en las *Shmone Esere*. Esos ángeles son de hecho creados por las palabras de la persona que está orando. Algunas personas sólo pueden crear ciertas clases de ángeles. Su oración es concentrada en una porción de la plegaria. El resto de ella es débil. Otras tienen una porción diferente.

El Arizal dice que a veces, ello se debe al hecho de que en la vida previa la persona oraba bien pero se saltaba una parte de la *tefilá*. En ese punto era floja, de modo que hubo de volver para rectificar esa parte de la *tefilá*. Eso también es posible (ver *Likutey Moharán* II, 121).

De todas maneras, el hecho es que cuando la persona se siente con fuerzas en al menos una parte de la *tefilá*, debe simplemente concentrarse allí lo máximo posible. Al menos sabes que has hecho bien una parte. No pierdas la esperanza diciendo, "¿De qué sirve un solo párrafo? ¿Qué sucede con el resto de la *tefilá*?". El hecho es, dice Rabeinu *zal*, que la persona debe tratar de orar con un solo pensamiento en mente: *emet*, la verdad (*Likutey Moharán* I, 112). Debes ser sincero y veraz. Si sólo puedes decir una palabra de las cientos y cientos de palabras de la *tefilá*, dila con verdad, con simpleza, con sinceridad, con *emet*, *temimut* y *pshitut*, esto solo es suficiente para llevar con ella a toda la *tefilá*.

Clamando con una palabra

El Rabí Natán dice que hay veces en que la persona atraviesa toda la *tefilá* y no puede rescatar ni siquiera esa palabra. Puede pasar así un día, un mes, un año, muchos años - y entonces, una vez en su vida, llega a clamar esa única palabra desde lo más profundo de su corazón. Esa palabra es tan poderosa que literalmente salva a todo el resto de las *tefilot* que estuvieron inertes hasta ese momento (*Likutey Moharán* I, 99).

    El Rabí Natán dice también que si ése es el caso, ¿cómo llega uno a ese momento tan poderoso? La respuesta es que, generalmente y en la mayor parte de los casos, la persona sí llega a experimentar ese momento, pero no es cuando se siente fuerte en el plano religioso, cuando se está elevando, cuando está progresando en el estudio de la Torá, cuando su servicio a HaShem es poderoso. Ello sucede cuando comienza a caer y a retroceder. Es cuando comienza a debilitarse, cuando comienza a perder interés y entonces, de pronto, su *neshamá*, su alma, esa chispa se despierta y emite ese clamor. En ese momento de *ieridá*, de brusco descenso, es cuando la verdad surge en la persona.

    La persona debe siempre esperar ese momento en el cual pueda clamar en verdad. Cuando llegue ese momento, debe saber que ése es el momento que HaShem está esperando. La persona puede en verdad salvarse completamente con ese momento de verdad. Por supuesto, el objetivo debe ser el tratar de recitar toda la *tefilá* con verdad y con *pshitut* y *temimut*, pero nunca debe perder la esperanza, aunque sienta que su *tefilá* es débil.

Sija # 76

¿Cuánta Torá hay que Estudiar?

Escuchamos que el Rebe dijo cierta vez que él mismo había estudiado las cuatro secciones del *Shuljan Aruj* tres veces.

La primera vez comprendió su significado simple.

La segunda vez pudo rastrear la fuente talmúdica de cada ley.

La tercera vez comprendió el significado kabalístico de cada ley y sus relaciones con el mundo trascendente.

De la manera en como esto fue relatado comprendimos que el Rebe lo había hecho durante su juventud. Sabíamos que más tarde había repasado el *Shuljan Aruj* muchas veces.

Éste era el método del Rebe. Estudiaba muchísimo. Esto fue verdad incluso hacia el final de su vida, cuando mucho sufría debido a la tuberculosis.

Podía ser muy activo en los asuntos de la comunidad. Podía pasarse horas con nosotros, ofreciéndonos consejos y enseñanzas sobre cómo acercarnos a HaShem. Su mente podía estar constantemente inmersa en los más altos ámbitos. Pero aun así, todos los días pasaba un tiempo considerable estudiando simplemente.

Y con todo, nunca estaba acuciado por el tiempo. Siempre estaba calmo y relajado. Es absolutamente imposible describir su serenidad única. Debido a ello, tenía tiempo para todo.

El Rebe estudiaba siempre rápido. En sólo una hora podía recorrer varias páginas del *Shuljan Aruj*, incluyendo sus comentarios más importantes. En una página del *Oraj Jaim* incluía el *Taz*, el *Maguen Abraham*, el *Beer HaGolah*, el *Pri Jadash* y el *Ateret Zekenim*. También estudiaba su contraparte en las otras secciones del *Shuljan Aruj*.

Cierta vez nos dijo que por la mañana, desde el momento en que empezaba a reunirse la congregación hasta el comienzo del servicio, estudiaba al menos cuatro páginas del *Shuljan Aruj*.

Esto era verdad para cada cosa que estudiaba el Rebe. Así fuera el Talmud o los códigos, el Rebe volaba, literalmente, a través de las páginas.

Muchas veces nos dijo el Rebe que lo mejor es estudiar un tema rápidamente y no dedicarles demasiado tiempo a los detalles.

Estudia rápidamente y con simpleza. Comprende cada cosa en su propio contexto y no te compliques con sus relaciones respecto a otros temas.

Si no entiendes un concepto, no te detengas demasiado en ello. Avanza en tu lectura. La mayoría de las veces llegarás a comprender más tarde lo que no entendiste en un principio.

Dijo el Rebe que lo único que necesitas al estudiar es leer en voz alta y de manera ordenada todas las palabras. La comprensión será automática.

No te compliques tratando de comprender todo inmediatamente. Esto te será mucho más difícil y terminarás sin entender nada.

Concéntrate en tus estudios, lee las palabras en orden y con entusiasmo. La comprensión vendrá por sí sola. Lo que no comprendas en un comienzo, más tarde lo entenderás. Aunque haya algunas cosas que nunca logres comprender, la cantidad superará a todo lo demás.

Nos enseña el Talmud: "Estudia, leyendo cada cosa y busca luego comprender" (*Shabat* 63a). Debes leer las palabras aun cuando no las entiendas totalmente.

Está escrito (Salmos 119:20): "Mi alma está quebrada por el deseo". Dice el Talmud que la superficie debe quebrarse, pero que no es necesario explorar las profundidades. Uno sólo necesita leer las palabras, aunque no comprenda (*Avodá Zará* 194).

Si estudias con rapidez incorporarás una gran cantidad y podrás repasar cada volumen muchas veces. Aquello que no comprendas al principio te parecerá simple la segunda o tercera vez. Finalmente llegarás a comprender todo lo posible.

Tantas veces habló el Rebe respecto a este tema que no todo puede ser reproducido. Aquello que aquí hemos relatado constituye un excelente consejo.

Sigue esta senda y completarás muchos volúmenes. Comprenderás más que aquél que trata de entender todo desde el principio.

La persona exageradamente meticulosa puede llegar a confundirse totalmente. Muy probablemente abandone sus estudios y no llegue a nada.

Acostúmbrate a estudiar rápidamente, sin prestarles demasiada atención a los detalles. Serás digno entonces de aprender mucho. Podrás completar el Talmud, los Códigos, la Biblia, el Midrash, los libros místicos del *Zohar*, la Kabalá y todas las demás obras sagradas.

Ya hemos mencionado el hecho de que es muy bueno para la persona el completar todos los libros concernientes a la Torá a lo largo de su vida.

Cierta vez el Rebe enumeró todo lo que uno debe estudiar por día, si es que tiene tiempo.

Debes estudiar lo suficiente cada día como para completar en un año todo el Talmud con *Rif* y *Rosh*, los cuatro *Shuljan Aruj* grandes, todos los Midrashim, todos los libros del *Zohar*, *Tikuney Zohar* y *Zohar Jadash* y todos los escritos kabalísticos del Ari. Además de esto, debes dedicarle algún tiempo al estudio en profundidad. También debes recitar los Salmos todos los días, al igual que muchas plegarias adicionales. Y todo esto no agotaba la lista del Rebe.

Mucho nos habló también el Rebe en ese momento, instándonos a estudiar rápidamente y con entusiasmo, sin confusiones y sin prestarles demasiada atención a los detalles. Todo lo que dijo fue probado por él.

También nos aconsejó el Rebe que reviésemos cada tema inmediatamente. Nos aconsejó completar cada volumen lo más rápido posible, del principio al fin y luego repasarlo inmediatamente en su totalidad.

El Rebe nos indicó que no debíamos sentir ansiedad si no éramos capaces de terminar todo lo que él sugería para cada día. Es posible ser un judío religioso sin estudiar tanto.

Dijo también que uno puede ser un Tzadik sin ser un erudito (*Zohar* 1:59b; *Nitzutzey Orot* a.l. 5, 6). No es posible alcanzar una percepción profunda sin el conocimiento talmúdico, pero hasta el judío más simple puede llegar a ser un Tzadik.

"No tienes la obligación de terminar el trabajo, pero no eres libre para dejarlo" (*Avot* 2:16).

(*Sijot HaRan* #76)

La importancia de estudiar el Shuljan Aruj

Cuando se trata del *nigle*, de la Torá revelada, hay diferentes partes de la Torá. Tenemos el *Jumash*, los Cinco Libros de Moshé, los *Neviim*, los Profetas, y los *Ketuvim*, los Escritos. Si profundizamos, tenemos la Guemará, los comentarios, en especial los *Tosafot* sobre la Guemará, y luego tenemos el *Shuljan Aruj*, el Código de la Ley.

El *Shuljan Aruj* tiene cuatro secciones diferentes. La primera, *Oraj Jaim*, trata de la vida cotidiana: las *berajot*, los *tzitzit*, los *tefilín*, la plegaria, las leyes del Shabat, las festividades, la vida diaria. La segunda es *Iore Dea*, que trata de temas que son *kosher* o no *kosher*, permitidos o prohibidos. La tercera es *Even HaEzer*, que trata del matrimonio y del divorcio. La cuarta es *Joshen Mishpat*, que trata de casos de la corte, asuntos monetarios, litigios y demás.

El texto más importante para estudiar es el *Shuljan Aruj*, que es la palabra final establecida en el código de la ley. Por lo tanto Rabeinu *zal* dice que ningún judío está eximido del estudio del *Shuljan Aruj*. Esto quiere decir que si llega un momento en la vida de la persona en que no tiene tiempo para estudiar todo el día, debe al menos estudiar un pasaje del *Shuljan Aruj*. Esto es obligatorio para cada persona, para cada día de su vida. Esto es lo mínimo. Pero no estamos hablando sobre ese mínimo ahora. Estamos hablando sobre un caso normal, de una persona que no se encuentra en un desierto en algún remoto lugar sino que lleva una vida normal. ¿Cuál es el requerimiento de una persona normal en el estudio de la Torá?

El seder de Rabeinu zal

Rabeinu *zal* dijo que había estudiado las cuatro secciones del *Shuljan Aruj* tres veces. En verdad, las estudió muchas veces, pero de tres maneras diferentes. La primera vez, estudió las cuatro secciones del *Shuljan Aruj* de manera simple, para conocer todos los *dinim*. Las estudió con los comentarios: el *Maguen Abraham*, el *Taz*, el *Shaj*, el *Beit Shmuel* y demás.

La segunda vez, las estudió para conocer el origen de cada *din* tal cual se encuentra en el *Beer HaGolá*, para saber de dónde proviene el *din* en la Guemará o en los *Rishonim*. La tercera vez, lo estudió para conocer el origen de cada *din*, *al pi sod*, *al pi Kabalá*, de acuerdo a la Kabalá, en qué parte del Cielo se originó y la *kavaná*, el motivo subyacente. Éstas fueron las tres maneras básicas en cómo las estudió.

Rabeinu *zal* dijo que eso es lo que estudió siendo niño, lo que significa desde los seis hasta los 13 años. Más tarde, por supuesto, fue mucho más profundo y de una manera mucho más avanzada. Pese a su vasto conocimiento, nunca dijo ni por un momento, "Ya he estudiado demasiado". Continuó el estudio del *Shuljan Aruj* durante toda su vida, hasta el último día. Durante los días finales de su vida, pese a su muy severa enfermedad, Rabeinu *zal* continuó estudiando el *Shuljan Aruj* aparte de las otras porciones de la Torá.

Estudiaba muchas, muchísimas páginas del *Shuljan Aruj* durante el tiempo en el que una persona promedio no estudiaba nada. Esto significa que mientras la gente se estaba preparando para abrir la Guemará, en ese momento, durante esos pocos minutos, él cubría varias páginas del *Shuljan Aruj*. Ese tiempo de preparativos era cuando él estudiaba y cubría tanto que era como vivir una vida adicional.

Toda una vida de estudio

Pregunta Rabeinu *zal*: ¿Cuáles son los requerimientos básicos para un judío? ¿Qué se supone que debemos estudiar durante nuestra vida? ¿Cuánta Torá se requiere que estudiemos? La respuesta es: Dividamos nuestra vida en años. ¿Cuánto podemos cubrir en un año?

Es sabido que los *mitnagdim* hablan en contra de los *jasidim*; ellos dicen que los *mitnagdim* dedican todo su tiempo al estudio de la Torá y que los jasidim sólo se dedican a beber whisky, a hacer *kidush*, a alegrarse, a bailar y demás, o a orar de manera salvaje. Rabeinu *zal*, el Rabí líder del Jasidismo dice que éste es el requerimiento para el estudio de la Torá para cada judío, en especial para cada uno de sus seguidores. Cuántos sean capaces de hacerlo es otra cuestión, pero ésta es al menos la regla: Cada año, durante el año, se requiere que la persona estudie todo el *Shas*, todos los Midrashim, *Rabah* y *Tanjuma*, el

Midrash Tehilim y demás, y estudie los *Rishonim* y los *Ajaronim* sobre todo el *Shas*, todos los *sifrei Zohar HaKadosh* y todos los *Kitvei Arizal*.

Se supone que se debe estudiar todo esto rápidamente. Se debe avanzar con paso rápido, para cubrir todo esto en un año. Aparte de esto, también se debe tener un *shiur* especial en Guemará, en el que la persona estudie lentamente en aras de la *jarifut*, para aguzar su mente y estudiar en profundidad. ¿Cual es la diferencia básica entre estos dos *shiurim*? Un *shiur* regular consiste en estudiar rápidamente, en aras de volverse experto, de memorizar las diferentes facetas de la Torá. El segundo *shiur* es para profundizar, para aguzar la mente, para llegar mucho más hondo.

Aparte de todo este estudio, debe dedicarle mucho tiempo a orar las *tefilot* establecidas, *Shajarit, Minjá* y *Maariv*, a orar lentamente y a agregar luego a esas *tefilot*, todos los días, algunos *Tehilim*. Debe sumar también otros *sefarim* [i.e., libros de plegarias] sobre la *tefilá*, y también pasar una hora o más en *hitbodedut* cada día. Todo esto se supone que debe hacer la persona en un solo día y entonces repetirlo todo el año.

Ahora bien, es un hecho que hay muy pocos que puedan vanagloriarse de hacer esto, pero ciertamente hay algunos que lo hacen. La mayor parte de los Tzadikim de las pasadas generaciones que fueron capaces de ello siguieron este patrón. Aquellos que, hasta hoy en día, están ocupados o preocupados y no tienen tiempo para ello, deben saber al menos cuál es su obligación. Si no puedes cumplir con esta obligación en su totalidad, debes hacer todos los esfuerzos posibles para agregar al tiempo que le dedicas a la Torá y estudiar Torá de dos maneras.

Cantidad versus cualidad

Rabeinu *zal* cita éstas dos maneras a partir de la Guemará,

"*DeLigmor inish vehadar lisbar*" (Shabat 63a), que significa que la Guemará misma aconseja: Estudia la Guemará, por ejemplo, y hazlo de manera muy rápida. Pues si te quedas atascado en un cierto pasaje y no puedes comprenderlo, podrías pasar una o dos horas tratando de profundizar en él, de comprenderlo. Una hora o dos es una pérdida de tiempo. Es mucho mejor que dejes ese pasaje, que continúes, ya que, muy probablemente, llegues a un punto más tarde en que encuentres que le Guemará misma te revelará lo que no comprendiste anteriormente. De todas maneras, si no encuentras ese lugar, cuando termines, retornarás a esa misma Guemará una segunda vez y verás que podrás entenderla.

De modo que primero *ligmor*, estudia en cantidad, pues al estudiar en cantidad habrá mucho más que permanezca contigo, más que al estudiar poco a poco en aras de la cualidad. Éste es un error muy serio de parte de muchas *ieshivot* de hoy o del pasado reciente, en donde dedican todo su tiempo a estudiar solamente unas pocas páginas de la Guemará por año. Profundizan tanto en esas páginas, se ocupan tanto, que finalmente no comprenden nada de lo estudiado. Nada queda en ellos y salen de la *ieshivá,* luego de varios años, con nada para mostrar en su registro.

Por lo tanto, el verdadero consejo es: Estudia en cantidad. El estudiar en cantidad, el ser experto definitivamente ayudará a aguzar el intelecto. La persona que tiene un *shiur* separado en *jarifut*, en el estudio en profundidad, encontrará que el conocimiento obtenido al recorrer rápidamente diferentes pasajes, diferentes *sefarim* y diferentes tratados del Talmud la ayudará tremendamente para comprender esa parte que está estudiando lentamente. El ser experto, afirma la Guemará enfáticamente, es mucho más importante que la *jarifut*. "*Sinaí veoker harim eize mehiem kodem... Sinaí kodem*" (Berajot 64a. En otras palabras, ¿se debe cubrir mucho o estudiar en profundidad? El método preferido es el cubrir mucho). *Sinaí* es más importante pues esto también ayudará para *jarifut*.

Llegando a ser un verdadero talmid jajam

Rabeinu *zal* insiste en el hecho de que cuando se trata de estudiar Torá, no hay manera de transigir sobre la cantidad de tiempo que se le debe dedicar, pues la palabra "Tzadik", aquel que es religioso, puede aplicarse a cualquiera. Cualquiera puede volverse un Tzadik si trata. Puede llegar a ser un Tzadik si simplemente controla sus emociones y sus deseos. Un *talmid jajam* es aquel que realmente dedica su tiempo y su esfuerzo al estudio de la Torá. Esto requiere una profunda concentración. Sin esto, es imposible volverse un *lamdan*.

La persona no puede ser clasificada como un *lamdam* si sabe mucho del *Sidur*, si conoce mucho del *Jumash* o ni siquiera si sabe mucho del *Shuljan Aruj*. El término *lamdan* sólo se aplica a la persona que conoce la Guemará y *Tosafot*. Rabeinu *zal* afirma que la palabra *lamdan* no puede ser usada de ninguna otra manera. *Lamdan* es aquel que estudia Guemará y *Tosafot*. Nadie puede decir, "Es suficiente para mí el dedicarle tiempo al estudio de la Torá, pero sólo a las porciones más fáciles". Es posible que las estudies, pero también deberás dedicarle tiempo al estudio en profundidad, al estudio de la Guemará y de *Tosafot*. Así es como la persona puede volverse un *lamdan*.

Esto es lo que se quiere decir cuando se afirma que el poder de la Torá es muy grande: que es el arma más poderosa en contra del *ietzer hará* mismo. Dice el *pasuk*, "Halo ko devari kaesh" (Jeremías 23:29). HaShem dice: Mis palabras de Torá son como fuego. Pregunta el *Zohar HaKadosh*: ¿Por que son como fuego? (*Zohar Behaaloteja* 153a). Para combatir el fuego, la pasión del *ietzer hará*, que inflama a la persona con los fieros deseos del mal, del pecado. El arma más grande en su contra, para destruirlo, es la palabra de la Torá, que es fuego en sí misma, más fuerte que el fuego del *ietzer hará*. Con el estudio de la

Torá, combinado y sumado a la *tefilá*, la persona puede ser *zojé*, ser digna de acercarse a HaShem y de servir a HaShem en verdad.

Sija # 77

Enfrentando la Disputa

El mundo está lleno de conflictos.
Existe la guerra entre los grandes poderes del mundo.
Hay conflictos entre las diferentes ciudades.
Existen discusiones entre familias.
Hay discordia entre vecinos.
Hay fricciones dentro de una misma casa, entre el marido y la esposa, entre padres e hijos.
La vida es corta. La gente muere todos los días. El día que pasa ya no vuelve y la muerte está más cerca cada día.
Pero la gente continúa peleando sin recordar su objetivo en la vida.
Todos los conflictos son idénticos.
Las fricciones dentro de una familia son la contraparte de las guerras entre las naciones.
Cada persona de la casa es el equivalente de una potencia mundial y sus peleas son las guerras entre esas potencias.
También los rasgos de cada nación se ven reflejados en los individuos. Algunas naciones son reconocidas por su cólera y otras por su crueldad. Cada una posee un rasgo particular.
Y todos esos rasgos pueden encontrarse también dentro de un hogar.
Uno puede tener el afán de vivir en paz. No tiene deseo alguno de luchar. Pero aun así se ve forzado hacia la disputa y el conflicto.
Lo mismo sucede con las naciones.
Una nación puede querer la paz y hacer muchas

concesiones para lograrla. Pero no importa cuánto trate de mantenerse neutral, aun así puede ser arrastrada hacia la guerra. Dos bandos opuestos pueden requerir de su alianza, arrastrándola así hacia la guerra, aun en contra de su voluntad.

Lo mismo es verdad dentro de un hogar.

El hombre es un mundo en miniatura.

Su esencia contiene el mundo y todo lo que hay en él.

El hombre y su familia contienen a las naciones del mundo, incluyendo sus batallas.

Si un hombre vive solo, puede volverse loco.

Dentro de él existen todas las naciones en conflicto.

Su personalidad corresponde a la nación que sale victoriosa.

Cada vez que gana una nación diferente, su personalidad debe cambiar completamente y esto puede volverlo loco. Estando solo, no puede expresar la guerra de su interior.

Pero cuando uno vive con otros, estas batallas se manifiestan con la familia y los amigos.

Es posible que exista un conflicto en el hogar de un Tzadik. Esto también es una guerra entre naciones.

También es la guerra entre las doce tribus, tales como aquellas entre Efraím y Iehudá.

Cuando llegue Mashíaj todas las guerras serán abolidas.

El mundo tendrá una paz eterna, tal como está escrito (Isaías 11:9): "No herirán ni destruirán...".

(*Sijot HaRan* #77)

La fuente del conflicto

Rabeinu *zal* dice que hay algo que parece muy obvio. Todos saben al respecto, todos son conscientes de ello, pero no todos lo toman en cuenta.

Dice Rabeinu *zal*: El mundo está lleno de conflictos, de disputas y de batallas. Hay una constante guerra que se libra en algún lugar de este globo, una o más guerras al mismo tiempo. Esas guerras que tienen lugar entre países, entre naciones, entre imperios, se deben en general a los antojos de los individuos que controlan a esas naciones. Si a un rey no le gusta una declaración hecha sobre él por un monarca de otra nación, enviará a sus ejércitos a la batalla, sin importarle el hecho de que está enviando gente inocente hacia la muerte. Miles y miles de soldados morirán debido a la incapacidad del rey para tolerar un simple insulto. Su desprecio por la vida humana es tal que no sólo los soldados enemigos no significan nada para él, sino que tampoco sus propios hombres, aquellos que le son leales, le significan nada.

Lo mismo se aplica a la mayor parte de los líderes de las naciones. Si a un líder le desagrada una declaración hecha por otro, sentirá que es apropiado el enviar millones de hombres a la muerte, para defender su propio honor.

Rabeinu *zal* dice que esos líderes nunca se detienen a pensar en el *tajlit*, en el objetivo final. Hay un objetivo en la vida y éste debe ser alcanzado por todos, pues no son solamente esos soldados los que morirán, sino también esos reyes y gobernantes, quienes también finalmente habrán de morir. Deberían detenerse a pensar en el *tajlit*. No vivirán eternamente, lo que significa que también ellos tendrán que rendir cuentas por cada gota de sangre que hicieron derramar. Sin embargo, esto es algo que no se toma en cuenta.

En un grado menor, lo mismo sucede con los conflictos políticos en un país o en las ciudades y los pueblos rurales. Esas batallas tienen lugar en los hogares también. También en una familia hay gente que discute y debate encendiendo el odio. Esto se debe al hecho de que se niegan a considerar, se niegan a pensar en *tajlit*, en el objetivo.

La disputa dentro de la familia

Rabeinu *zal* dice que esto es algo que a veces no puede evitarse. A veces, el conflicto surge dentro de una familia, un conflicto tan grave que genera enemistades para toda la vida de esa familia.

Esto se debe a que cada persona de la familia se encuentra en la categoría de una nación. Cada persona tiene ciertas cualidades y características de una nación. Un país es beligerante, otra nación es amante de la paz; una nación es imperialista, desea más territorio, otra nación acepta tener menos. Una persona de la familia quiere más de lo que tiene y está dispuesta a tomarlo por la fuerza de los miembros más débiles del grupo. Cada familia se asemeja a una clase de nación y, en general, toda la familia se parece a la familia de las naciones del mundo.

Por lo tanto, a veces vemos que puede haber una persona de la familia que es muy pacífica. Que es muy pasiva y no quiere entrar en disputas familiares, pero en contra de su voluntad es arrastrada a ello. Encuentras lo mismo con los países neutrales que preferirían tener paz, que preferirían rendirse en lugar de entrar en batalla con esas tremendas pérdidas. A veces no hay manera de que ese país tenga la posibilidad de rendirse, pues dado que hay dos naciones en pugna, cada una tratará de forzar a esa nación hacia su lado, haciéndola automáticamente el enemigo de la otra.

De la misma manera, en el caso de una familia, uno es arrastrado en contra de su voluntad. Preferiría mantenerse alejado y aun así se encuentra en medio de un conflicto, siendo apaleado por ninguna falta de su parte.

Ésta es la naturaleza de las naciones, la naturaleza de la gente y, en muchos casos, ello no puede evitarse debido a que ello es normal y natural. Esos acalorados sentimientos deben ser ventilados. La persona puede a veces estallar con ira pues necesita liberar esos sentimientos. Tiene una naturaleza muy ardiente y fogosa y no puede mantenerla dentro de sí.

Por lo tanto Rabeinu *zal* dice que es posible que un ermitaño que permanezca solo en una isla desierta de hecho se vuelva loco debido a su soledad. El motivo es que en su interior alcanza el punto de ebullición. Debe darles expresión a esos sentimientos y no tiene a nadie con quien disputar, de modo que esa explosión se produce dentro de él, haciendo que su mente se destruya.

La importancia de una javruta

Esto es por lo cual la persona debe ocuparse de tener siempre una *javruta*, un buen amigo con el cual discutir. La Guemará dice que el estudio de la Torá es la palabra de HaShem y que es algo sagrado. Sin embargo vemos que en el estudio de la Torá, tienes a veces a los dos mejores amigos del mundo, o incluso a un padre con su hijo, o a un Rabí con un discípulo, que al discutir un asunto en la Guemará tienden a estar en desacuerdo sobre el tema que están tratando (Kidushin 30b).

Ese desacuerdo puede volverse tan intenso que es posible que lleguen a insultarse. Antes de darse cuenta, aparece el odio. Sin embargo, el resultado final en el estudio de la Torá es "*et vahev besufa*" (Bamidbar 21:14). Aunque hay conflicto al principio, el final siempre es una amistad más profunda que al comienzo, debido al hecho de que finalmente se pondrán de acuerdo, dado que la Torá es *kodesh* y es sagrada. Ésta es la naturaleza de la Torá, que trae paz.

Rabeinu *zal* dice que todo esto tiene lugar ahora. Pero llegará un momento, dentro de muy poco, en que vendrá Mashíaj trayendo la paz al mundo entero. Traerá la paz a todas las naciones de la tierra. Traerá la paz a las familias de la tierra. ¿Cómo hará esto? Será debido al *sejel* que prevalecerá entonces. "*Maalá haaretz deia*" (Isaías 11:9), "el mundo estará pleno de conocimiento", de inteligencia, de comprensión - y ello llevará a la paz

Llevando a Mashíaj al hogar

Hemos descubierto algo muy valioso e inapreciable. Si, en el caso de un hogar, hay una seria disputa causando una separación entre el esposo y la esposa, ello es la esencia del *galut*, del exilio. Esto significa que en la familia hay una falta de inteligencia, una falta de cerebro.

Por lo tanto si uno de los dos o ambos, tanto el esposo como la esposa, quiere llevar literalmente un aspecto de Mashíaj hacia ese hogar, deberá simplemente hacer la paz. Para despertar su poder mental, su inteligencia, su comprensión, entendiendo que la batalla y el conflicto son inútiles y que no ganará nada con ello y que, por el contrario, no es beneficioso para nadie. Para hacer la paz, no importa cómo, aceptando lo que diga el otro; buscando la paz, decidiendo un compromiso, pero siempre con la paz. De esta manera, llevarán literalmente a Mashíaj hacia ese hogar y ello se deberá al hecho de que están trabajando con sentido, con inteligencia. De modo que el esposo y la esposa, o cualquier otro miembro de la familia que sea inteligente, podrán llevarse a la categoría del tiempo de Mashíaj.

Cuando venga Mashíaj, habrá tanta inteligencia en el mundo entero que sólo la paz reinará en ese momento y por siempre después. No habrá más guerras, de ninguna clase.

De hecho, incluso la vida animal se volverá inteligente. El *pasuk* dice que incluso los animales salvajes vivirán juntos en paz y en armonía (Isaías 11:6), tan grande será el conocimiento que exista en ese momento. Por supuesto que esa época, lo volvemos a repetir, está muy, muy cerca, muy cerca. La esperamos a cada momento. Podemos ver la mirada inteligente de todos aquellos que están aquí presentes. El momento está maduro para que llegue Mashíaj, pues no hay mucho más conocimiento ni poder mental que necesite agregarse.

Sija # 78

La Rectitud dentro el Mal

La rectitud existe en todas partes.

Una persona puede cometer toda clase de ultrajes y aun así poseer un sentimiento de rectitud. Es posible que este sentimiento se encuentre embotado pero aun así existe.

Existen personas sensibles que sienten inmediatamente toda injusticia.

Otras no llegan a sentirlo hasta después de haber cometido algún daño.

Otras más no sienten remordimientos hasta después de haber perpetrado serios crímenes. Pero todo hombre tiene su límite. Existe en cada hombre un grado de ultraje que estimula el sentimiento de rectitud.

Cierta vez me encontraba yo en un pequeño pueblo. Un oficial militar había llegado ordenando que se le entregasen todos los caballos, aduciendo que los necesitaba para llevar el correo. Los pobladores le ofrecieron una determinada suma de dinero para que los dejase en paz. El militar aceptó y lograron quedarse con sus caballos, mientras que el oficial consiguió un dinero fácil.

Poco tiempo después un subordinado de ese oficial llegó al pueblo. El comandante le sugirió que intentase también esa estratagema. El segundo oficial fue a ver a los pobladores, ordenándoles que le entregasen sus caballos para el correo. También a éste lo convencieron que los dejase en paz entregándole otra buena suma de dinero.

Un tercer oficial pasó entonces por el poblado. Esta vez estaba realmente a cargo del correo y necesitaba verdaderamente de esos animales. Por lo tanto no se iba a satisfacer con un soborno.

El intendente del pueblo fue a quejarse al comandante militar. La gente ya había pagado dos veces pero aun así les quitarían sus caballos.

A esta altura de los acontecimientos, aun el comandante reconoció la injusticia de la situación. Le ordenó entonces al oficial de correos que dejase en paz a los pobladores de manera que no les quitaron sus caballos.

Este mismo comandante les había quitado su dinero a los pobladores sin tener ningún reparo en ello. Incluso llegó a aconsejarle a su segundo que hiciese lo mismo. Fue necesario que cometiera dos crímenes para que su sentimiento de justicia pudiese comenzar a funcionar. Pero la tercera vez aún él reconoció que la situación ya no era justa. Fue entonces que ordenó que dejasen en paz al poblado.

Pues la rectitud existe en todas partes.

Puede estar enterrada pero siempre puede alcanzarse.

Está escrito en el *Zohar* que incluso el Lado Izquierdo contiene en sí una derecha y una izquierda. Incluso aquello que no es santo posee una chispa de Divinidad.

El Lado Izquierdo posee una derecha, aunque esta derecha no llegue a alcanzar el lado izquierdo de lo Santo.

El lado derecho es la rectitud, la que también existe en el Otro Lado. Pero en el Otro Lado, la rectitud y la justicia comienzan muy tarde, aun después que la rectitud de la izquierda de lo Santo. Comprende esto.

(*Sijot HaRan* #78)

Ser una persona considerada

Rabeinu *zal* dice que hay algo llamado *iosher*. *Iosher* significa una cierta consideración y compasión que uno siente por otro. Hasta cierto grado, ésta cualidad de *iosher* existe en cada persona. No importa cuán mala sea la persona, incluso aquella que tenga una personalidad muy maligna, que sea totalmente criminal, aun así tiene un grado de esta bondad en ella. Puede ser algo ínfimo, pero posee un grado de este *iosher*.

¿Qué sucede cuando éste buen sentimiento se despierta en una persona? En aquella cuyo carácter es bueno y amable, ese buen sentimiento está siempre presente. Si llega a hacer algo que está de alguna manera mal, siente remordimientos... Se arrepiente por lo que hizo y quiere enmendarlo. Cuando una persona que no es tan buena lleva a cabo actos malignos, su sentido del arrepentimiento comienza mucho después. Alguien que es muy malo atravesará un largo proceso de malas acciones hasta que finalmente, en una etapa final, comenzará a sentir arrepentimiento por haber llegado tan lejos. Eventualmente, toda persona llega a esta etapa.

Rabeinu *zal* dice que un ladrón no tiene consideración por la propiedad ni por el dinero de otra persona. Robará sin sentir dolor alguno, ni remordimiento, ni pena, ni arrepentimiento, ni consideración por la pérdida de la otra persona. Pero si llega a un punto en el cual debe tomarlo por la fuerza y eso significa tener que asesinar por ello, se despierta entonces en él un grado de *iosher*. Es posible que sea capaz de robar y quizás de herir a alguien, pero definitivamente no irá tan lejos como para asesinar, debido al *iosher* que se ha despertado en ese punto.

Pero están también aquellos que van más lejos y cometen asesinatos. Esto, por supuesto, era raro en los días de antaño; hoy en día es mucho más común. Tienes a aquellos que cometen asesinatos, pero incluso ellos dudarán de hacer sufrir a alguien físicamente. Ellos querrían que la muerte fuera simple, sin dolor, de modo que si tuvieran que torturar a alguien, no podrían hacerlo, debido a ese grado de *iosher* que se despierta en ellos.

Entonces, por supuesto, están aquellos de hoy en día, en estas épocas oscuras, en quienes no hay sentimiento alguno de esa clase. Entre la así denominada juventud, entre esa clase cruel de bestias salvajes que merodean hoy en la tierra, que sin consideración alguna por los seres humanos atacarían incluso a los ancianos. Y que no sólo los asesinarían sino que antes también los torturarían hasta morir. ¿Dónde comienza su grado de *iosher*?

Dice Rabeinu *zal*: Todos lo tienen, simplemente debes ir muy, muy hondo para encontrar la mínima chispa de *iosher* en ellos. Hay posiblemente una minúscula chispa, pero es muy difícil encontrarla. Esto, por supuesto, demuestra hasta qué grado la raza humana se ha deteriorado hoy en día. Tanta maldad existe hoy, tanta crueldad que lo que presenciamos años antes en Alemania entre los nazis se ha vuelto un lugar común. Hoy en día su maldad y su asesinar es un lugar común entre muchos.

Pero nuevamente, dice Rabeinu *zal*, en todas partes existe algo de *iosher*. Mientras haya vida, habrá una gota de bondad. Aunque sea minúscula, muy pequeña y oculta, en verdad existe en cada persona.

Revelando las chispas de iosher

Rabeinu *zal* da el ejemplo del caso de un oficial que llegó a la casa de un granjero y le ordenó que le diera algunos de sus caballos. El granjero le rogó al oficial diciendo que necesitaba los caballos para ganarse la vida y le dio dinero. Tuvo que pagarle un soborno para que lo liberase.

El oficial se fue y luego llegó el asistente del oficial para pedir los caballos. Nuevamente el granjero sobornó al asistente del oficial. Al llegar un tercero demandando esos caballos el granjero fue a ver al oficial y le rogó que lo salvara, que lo rescatara de esos pedidos. A esa altura, el oficial sintió que el granjero ya había sufrido demasiado, de modo que le ordenó a la tercera parte que no importunara más al granjero.

Vemos que le llevó un tiempo a ese oficial despertar su piedad y bondad, pero llegó hasta ese punto.

Los lados derecho e izquierdo

Dice Rabeinu zal: Esto es lo que se quiere decir mediante las inusuales palabras del *Zohar HaKadosh*. Tenemos un lado derecho y un lado izquierdo. El lado derecho siempre corresponde a lo bueno, a lo puro, a lo santo y el lado izquierdo corresponde a la *klipá*, a la *tumá*, a lo impuro, a los malos espíritus.

Dice el *Zohar HaKadosh*: Aunque es verdad que existe un lado derecho y un lado izquierdo, el lado izquierdo también tiene su propia derecha e izquierda (Zohar Bereshit 53a). Esto significa que en el lado izquierdo, donde está la impureza, donde está el mal, también allí hay una derecha y una izquierda - significando que hay algo de bien incluso en el mismo mal. No puede haber nada que sea completamente malo.

El núcleo del mal

Ahora bien, corroboramos este hecho cuando vamos al núcleo del mal, al *satán* mismo, que es llamado el *Samaj-Mem*. *Samaj-Mem* son las dos primeras letras de su nombre (ס-מאל). Es llamado *Samaj-Mem* porque la palabra *samaj-mem* (סמ) significa veneno, ponzoña, pero las últimas dos letras de su nombre conforman la palabra *Kel* (אל). Él tiene las letras *Alef-Lamed* al igual que todo ángel que tiene las letras *Kel* al final de su nombre - Gabriel, Mijael, etcétera. Esto demuestra que incluso el *satán*, quien es la esencia del mal en la existencia, quien es el líder de todos los ángeles malignos, también él tiene un lado derecho.

Por lo tanto el *Tikuney Zohar* dice que finalmente, el Ángel de la Muerte -es decir, el *Samaj-Mem*, esto es el *satán*-

será sacrificado por HaShem (ver *Tikuney Zohar* #21, p. 49a). Esto podemos verlo en el *Jad Gadia* al final del *Seder*. La *Hagadá* utiliza la palabra "sacrificar". Sacrificar significa utilizar un cuchillo para cortar por la mitad. ¿Cómo es que HaShem cortará al ángel por la mitad? ¿Por qué no simplemente matarlo? Cortarlo por la mitad significa cortar y dejar fuera la parte mala manteniendo la buena, cortando las letras *Samaj-Mem*, que son el mal, quedando entonces esa pequeña gota de bien que está contenida incluso en el *satán*.

Por lo tanto el *Zohar HaKadosh* dice que incluso en el lado izquierdo, en el lado del mal, también hay un lado derecho. Esto conlleva la lección de que, en palabras de Rabeinu *zal*, hay *iosher* y bien en todas partes. En algunos lugares, por supuesto, es muy difícil que ese *iosher* llegue a la superficie, pero en verdad existe.

Ésta es una lección para que cada persona busque dentro de sí. Encuéntralo, ponte en la balanza y mira cuán bueno eres; en qué momento comenzaste a considerar a los demás y en qué punto pudiste haber sido implacable y poco considerado, y ocúpate de curar esa enfermedad tan grave.

La enfermedad de la falta de consideración por los demás es lo que generó la destrucción del *Beit HaMikdash*, de modo que cada persona debe ocuparse de purificarse, en especial en este aspecto de su carácter.

Sija # 79

Obstinándose con la Teshuvá

Cuando una persona comienza a acercarse a un gran Tzadik y a servir verdaderamente a HaShem, a menudo es asaltada por una gran confusión y malos pensamientos.

El mal estuvo siempre allí pero es ahora que sale a la superficie.

El agua dentro de una marmita puede parecer perfectamente limpia. Pero cuando la colocamos sobre el fuego y ésta comienza a hervir, todas sus impurezas son llevadas hacia la superficie. Es necesario quedarse allí y espumar esas impurezas.

La pureza original es sólo una ilusión. Con un poco de calor la impureza aparece en la superficie. Pero cuando se extraen esas impurezas, entonces el agua queda limpia y pura.

Lo mismo es verdad respecto a la persona. Antes de comenzar a servir a Dios, el bien y el mal se encuentran totalmente mezclados dentro de ella. Las impurezas están tan íntimamente ligadas con el bien que es imposible reconocerlas.

Pero cuando esta persona se acerca al Tzadik verdadero y comienza a sentir un ardiente sentimiento hacia HaShem, se pone en contacto así con un fuego que la purificará y en ese momento todo el mal y las impurezas salen a la superficie. También ahora es necesario quedarse allí y extraer constantemente todas las impurezas y suciedades a medida que aparecen. Al final la persona llegará a estar verdaderamente pura y limpia.

La purificación requiere de este período de agitación

y confusión.

En un comienzo la persona se encuentra totalmente inmersa en lo material. Luego comienza a acercarse a Dios.

Parecería que es posible extraer toda esta basura e impureza de una sola vez, pero su mente se encuentra tan mezclada con este barro que de ser extraído de un solo golpe, también su mente podría ser arrancada junto con ello.

Por lo tanto, uno debe ser purificado poco a poco, etapa tras etapa.

(Sijot HaRan #79)

Nuevos obstáculos

Dice Rabeinu *zal*: Si una persona quiere purificarse, si quiere mejorar, el mejor camino para lograrlo es apegarse a un Tzadik, al *Tzadik emet* y de esa manera se volverá pura.

Tomemos el caso de una persona que llevó una vida que no fue demasiado buena ni demasiado pura y que luego de muchos y grandes pecados decide finalmente, "He hecho demasiado mal. Quiero comenzar a llevar una buena vida. Quiero retornar a HaShem, quiero ir a ver al Tzadik y comenzar a aprender de él la palabra de sabiduría que me purificará".

La persona que hace esto, si bien sus intenciones son perfectas, encuentra que al ir a ver al Tzadik o al hacer esas buenas acciones de pronto se le presentan barreras y obstáculos... Cosas que antes ni siquiera le preocupaban ahora se levantan como dificultades.

Nunca tuvo barreras ni obstáculos cuando quiso ir a un juego de pelota o a un lugar de diversión y entretenimiento. De pronto quiere ir a una clase de Torá y su esposa le dice, "Esta noche saldremos, tenemos una reunión familiar". O recibe un llamado de negocios o de un importante cliente, un comprador que quiere verlo. O encuentra de pronto que no se siente bien, que está muy cansado o muy soñoliento. Nunca estuvo soñoliento ni cansado, nunca hubo antes objeciones de parte de nadie. Ahora, cuando quiere comenzar a hacer algo bueno, todo se levanta en su camino.

Espumando las impurezas

¿Por qué sucede esto? La parábola es que hay agua que parece pura y limpia, pero que tiene sedimentos asentados en el fondo. Cuando haces hervir el agua, encuentras que toda ésta se vuelve turbia debido al polvo o al oxido que ahora es llevado hacia la superficie. Sin embargo, es entonces que la persona puede realmente purificarla - pues tomando una cuchara, puede espumar la parte sucia, el *psolet*, las sustancias de desecho, extrayéndolas de la superficie en donde ahora están flotando... Y ahora toda el agua queda pura.

Sucede que cuando la persona se acerca al *Tzadik emet*, comienza entonces a hervir dentro de ella en una batalla entre el bien y el mal, pues el mal no quiere perder a un buen cliente. Aquí tiene a alguien que escucha sus razones, que estaba llevando a cabo cosas que estaban mal y que ahora quiere abandonarlo, pasarse al lado bueno. De modo que trata de detenerlo. Esto, por supuesto, es obra del *ietzer hará*: trata de detener a la persona con toda clase de barreras o de obstáculos y esto genera ese hervor dentro de ella. Pero si la persona es obstinada en un sentido sagrado, se acercará al Tzadik. El Tzadik es aquel que retirará de la superficie, con un accionar muy suave, todas las sustancias de desecho y la persona misma se volverá completamente pura.

Pero esto necesita obstinación de su parte. Debe demostrar determinación, una fiera determinación, para luchar en contra de todos esos obstáculos. Si tiene éxito, encontrará que la recompensa es muy rica, pues tendrá el sentimiento estar realmente limpia, de una pureza completa.

Ashrei, feliz de la persona que tiene éxito y sale victoriosa en esta batalla.

Sija # 80

Evitar las Malas Compañías

La gente es más poderosa que la misma inclinación al mal.

La gente tiene un gran poder para influenciar a una persona, alejándola del *Tzadik emet* e incluso del servicio a HaShem.

El Malo sólo tiene poder para actuar en un ámbito determinado. Su habilidad no va más allá de ese determinado dominio.

Pero el hombre engloba y domina a todos los ámbitos. Nada está más allá de sus posibilidades.

Por lo tanto, el hombre es capaz de hacer mucho más para alejar a una persona del servicio a HaShem que la misma inclinación al mal.

(*Sijot HaRan* #80)

Una batalla de toda la vida

Rabeinu *zal* dice que, en general, la persona que trata de hacer el bien, que trata de ser pura, que trata de realizar *mitzvot*, tendrá que luchar contra el *ietzer hará*, contra el ángel malo que ataca a la persona que intenta llevar a cabo una *mitzvá*. No hay manera de evitarlo. Ésta es la guerra que debemos librar a lo largo de toda nuestra vida, la *miljemet haietzer, miljemet hajaim*, una batalla de toda la vida en contra de ese ángel.

Ahora bien, el ángel es tan poderoso que posee poderes milagrosos. Naturalmente, ese mismo ángel, el *ietzer hará*, es tan poderoso que puede llevar a cabo milagros. En la medida en que lo podemos comprender, es mucho más fuerte, mucho más rápido que supermán, pues la velocidad infinita del ángel es tal que puede viajar la distancia que hay desde el Cielo a la tierra en una nada. Puede mover montañas, puede transformarse en todo lo que desee y puede incluso entrar en la mente de la persona y envenenarla. La batalla en su contra es una batalla de toda la vida.

Algo que puede ayudar a la persona es el saber que HaShem está de su lado. No puedes luchar contra el *satán* por ti mismo. La persona es demasiado débil para vencer a este poderoso ángel. Sin embargo, aquel que se disponga a batallar en contra de ese ángel debe saber que es un hecho el que HaShem está con él, HaShem lo ayudará y así saldrá victorioso al final.

Una segunda clase de batalla

Sin embargo, dice Rabeinu *zal*: La batalla en contra del *satán*, que se parece a mover montañas, a mover mundos, es una batalla simple en comparación con una segunda clase de batalla que es mucho más seria. Ésta es la batalla en contra de un ser humano, que es mucho peor que enfrentarse a un ángel.

El *satán* tiene poderes limitados para detener a la persona e impedir que realice las *mitzvot*, para intentar detenerla e impedir que siga las indicaciones de la Torá. Pero si la persona cae en malas compañías y se junta con malos amigos, con aquellos que no son religiosos, con quienes albergan nociones malignas de filosofía, con aquellos que cuestionan la fe, quienes se burlan de la religión, éstos son mucho más destructivos y peligrosos que el más poderoso de los ángeles.

Aquí mencionamos, por ejemplo, a los pensadores judíos que no siguen la Torá. Ellos han hecho mucho más daño a la causa de la religión que el *satán* y todas sus huestes angélicas.

O cualquiera de aquellos que estudian y difunden el veneno de la filosofía, que significa cuestiones sobre HaShem, cuestiones sobre la religión, argumentos en contra de la fe. Éstos han hecho mucho más daño para alejar a la gente de la fe que el más poderoso de los ángeles.

El origen de los ángeles

Hay cuatro diferentes niveles de mundos. Tenemos este mundo terrestre, que significa el universo en el cual nos encontramos. Por sobre éste, se encuentra el mundo de los ángeles. Más arriba, el mundo espiritual aún más elevado de la *Shejiná*, el espíritu de HaShem, y así en más. Ahora bien, el ángel proviene de un solo mundo. Está investido de poderes que se originan en ese mundo y que utiliza contra la persona. Él es un oponente formidable, pero tiene sólo una serie de poderes de ése único mundo.

El ser humano, por otro lado, está conformado por diferentes partes. Así como los órganos del cuerpo y las arterias corresponden a las *mitzvot* de la Torá y la Torá incluye todo, de la misma manera, el espíritu, el alma de la persona, está compuesta por diferentes partes de diferentes mundos. Por lo tanto la persona puede ser mucho más efectiva al hacer daño y al destruir que incluso un ángel.

Rabeinu *zal* revela el hecho de que muchas veces el *satán* se hace a un lado al ver que una persona está por atacar a otra. A la persona que no es creyente, que es atea, el *satán* le dirá, "Bienvenida. Tú puedes hacer más daño que yo. Hazte cargo".

La misericordia de Rubén

Esto podemos verlo en el relato en que los hermanos de Iosef HaTzadik quisieron matarlo. Esto, por supuesto, fue un acto lamentable, hermanos que quieren matar a su propio hermano. Por el motivo que fuera, fue una tragedia. Sin embargo, la Torá dice, "*Vaishmá Rubén*" (Bereshit 37:21), el mayor de los hermanos, Rubén, decidió rescatar a Iosef HaTzadik de manos de los demás. ¿Cómo rescatar a Iosef HaTzadik? ¿Acaso iba a luchar contra ellos? ¿Qué posibilidad tendría?

Tuvo que usar su sagacidad. Les dijo a sus hermanos, "¿Por qué matarlo con la espada, por qué derramar su sangre? Aquí hay un pozo, un hoyo que tiene siete metros de profundidad. No podrá escapar de aquí. El pozo está lleno de serpientes venenosas y de escorpiones. Una picadura de escorpión, una mordedura de serpiente y su veneno lo acabará de inmediato. Arrojémoslo al hoyo; pisará alguna de esas serpientes y así morirá. Hagámoslo de esta manera".

Los hermanos estuvieron de acuerdo. Iosef HaTzadik fue arrojado a ese pozo y con esto Rubén hizo lo mejor y rescató a su hermano, así salvó a Iosef HaTzadik. ¿Es algo tan bueno hacer eso con el hermano más pequeño, tomarlo y arrojarlo a un pozo de serpientes venenosas que están esperando la posibilidad de morder y matar? ¿Cómo es posible llamar a esto un rescate? Y, en especial, ¿un rescate alabado por la Torá, la cual lo elogia sin límites?

A lo largo de toda la Torá, encontramos una y otra vez la gran cualidad de misericordia de Rubén, el maravilloso y humanitario acto de salvar la vida de Iosef HaTzadik. Lo arrojó a un pozo de serpientes venenosas y escorpiones.

Agregamos la palabra escorpiones pues la Guemará dice que muchas veces una serpiente venenosa no daña a la persona a no ser que sea atacada. Pero si la persona se queda perfectamente quieta, lo más probable es que la serpiente no la ataque. Sin embargo, un escorpión es tan maligno y tiene un un carácter tan vicioso que sin ser atacado, sin ninguna provocación, el escorpión picará y matará a la persona (ver *Berajot* 33a).

Ese pozo era realmente una ganga: tenía tanto serpientes como escorpiones. Era muy estrecho y no había manera en que Iosef HaTzadik pudiera escapar. De modo que, ¿qué hay de heroico en ese acto por parte de Rubén?

La respuesta es que Rubén dijo, "Yo sé lo que está escrito en el *Sijot HaRan*, yo sé lo que dijo Rabeinu *zal*, que el peor enemigo de la persona es otro ser humano. Por lo tanto, si yo rescato a Iosef HaTzadik de sus hermanos, no importa en dónde lo ponga, estará mejor, pues un ángel es menos destructor que una persona. Un ángel de seguro es más poderoso que las serpientes y los escorpiones. La persona puede salvarse de un ángel y Iosef HaTzadik podrá ser salvado a través de su bondad, gracias a su pureza, gracias a su santidad como Tzadik. Podrá ser salvado por un milagro de las serpientes y escorpiones, pero nada lo salvaría de esos seres humanos, de sus hermanos, quienes lo destruirían".

"Por lo tanto", dijo, "prefiero poner en peligro su vida en un pozo con serpientes que entregarlo a sus hermanos, que dejarlo a merced de sus hermanos, quienes quieren matarlo".

Esto demuestra el punto. Rabeinu *zal* dice que la persona debe ser extremadamente cuidadosa de los efectos dañinos que produce el conversar con aquellos que tienen ideas filosóficas, con aquellos cuyas mentes están hundidas en la filosofía y quienes tienen inclinaciones ateas, pues es muy poco lo que uno puede hacer para afectar sus mentes y hacer que vuelvan a la fe. Por el contrario, ellos pueden mucho más fácilmente hacerte daño estropeando tu fe, sea cual fuere la que tengas.

Por lo tanto, la persona debe evitar todo tipo de contacto con esos filósofos, cuya mordedura es venenosa. Dice Rabeinu *zal*: Así como la serpiente inyecta su veneno a través de los colmillos, de la misma manera las lenguas de esos pensadores son los colmillos de la serpiente, de una serpiente venenosa. La fe de la persona puede dañarse con el solo hecho de hablar con ellos. Es necesario mantenerse totalmente alejado de ellos, evitar por completo todo contacto. Deben ser considerados como si estuvieran en *jerem*, algo que realmente merecen.

Sija # 81

El Peligro del Escepticismo

De hecho, la gente constituye un gran obstáculo.

Si estuvieses solo, sin la influencia de los otros, siempre andarías en busca de la senda de la vida. Podrías enfrentarte con toda clase de confusiones, preocupaciones y frustraciones, pero al final terminarías en el sendero correcto. Aunque pecaras, HaShem no lo permita, te arrepentirías y al final encontrarías la verdadera senda.

Pero esto se vuelve mucho más difícil cuando son los otros los que te confunden.

Puedes asociarte con aquéllos que piensan que saben algo de filosofía. O puedes tener amigos que se dedican a estudios que ridiculizan todo lo sagrado. Tales personas pueden confundirte y frustrarte mucho más que cualquier otra cosa.

El mundo puede creer que estos estudios son muy sofisticados, pero sólo dan como resultado una gran confusión. Ellos enseñan que todos los valores son relativos y que todo está permitido, especialmente la filosofía, la que puede causar un tremendo daño espiritual, tal como hemos tratado más arriba (ver *Sijot HaRan* #5).

Existe también un cierto sarcasmo, aún entre aquellos que aparentan ser religiosos. Esto es tan dañino como la filosofía.

Este sarcasmo es equivalente al escepticismo filosófico. E incluso puede llegar a ser peor aún, pues la mayoría de los judíos reconoce los peligros de la filosofía y los evita. Saben que puede arrastrarlos a los abismos más profundos. Pero no se cuidan tanto respecto del sarcasmo y la sofisticación, en especial cuando provienen de gente que aparenta ser religiosa. Esto lo hace mucho más peligroso.

Existe gente que aparenta ser religiosa y que disfraza su sarcasmo con el lenguaje de la verdad. La gente no evita su contacto, pensando que se encuentran en el sendero correcto. Son estos los que pueden causar el peor daño, frustrando y confundiendo a aquél que verdaderamente desea servir a Dios.

Feliz del hombre que camina por la senda verdadera, evitando toda clase de sofisticaciones. El es "simple y correcto, temiendo a HaShem y huyendo del mal" (Job 1:1, 1:8, 2:3).

(*Sijot HaRan* #81)

Escepticismo destructor

Dice Rabeinu *zal*: Toda persona, por naturaleza, es básicamente buena, quizás no en su carácter, pero al menos en su fe. La fe de la persona es tal que, básicamente, nace con un cierto grado de fe con el cual se ve llevada a creer, se siente inclinada a aceptar. Si se le enseña la Torá, automáticamente se inclinará hacia la fe en ella. Aunque no lo haga y se aleje de ella, sentirá un cierto grado de remordimiento, de arrepentimiento, y querrá retornar. Pero si se conecta con los filósofos, con aquellos que se burlan de la religión, en especial con aquellos que hacen bromas sobre ella, ello puede llegar a destruir la fuerza básica de la fe que se encuentra en cada persona.

Es posible verificar esto fácil y rápidamente. La Torá subraya la importancia de la fe: Fe en HaShem, fe en las palabras de la Torá, fe en el hecho de que si llevas a cabo las *mitzvot* tendrás una recompensa. Fe en el hecho de que si cometes un pecado, habrá finalmente un castigo para ti. Que existe un

Gueinom, que existe un lugar en donde serás penalizado por cada acto que esté mal. Aléjate de aquello que parece ser dulce y agradable, pero que finalmente será muy caro.

Estas palabras tienen efecto en la persona que las estudia o que las lee. A veces hay gente que al escuchar esta clase de lecciones comienza a sonreír y se burla de todo. "¿Quién puede preocuparse de tales cosas? Esto es algo pasado de moda. Vive mientras puedas y disfruta de la vida. Ríete, vive". Automáticamente el efecto se ve destruido.

¿Qué termina sucediéndole a la persona que hasta ese momento se sentía atemorizada e inspirada por la lección que había escuchado? Cuando ve que es tomada tan a la ligera por otra persona, pierde todo respeto por lo que ha oído y ya no teme en absoluto, perdiendo de un solo golpe todo lo que ganó.

Por lo tanto, Rabeinu *zal* dice que aunque la persona pueda tener esta inclinación básica de la fe, hacia el temor, hacia el respeto por la Torá, si llega a estar en contacto con esos *leitzanim*, con esos burlones de la religión, ello puede destruir todo lo que alguna vez obtuvo. Por lo tanto dice Rabeinu *zal*: Asegúrate de evitar todo contacto con esa gente del mal, *Rajmana litzlan*.

Sija # 82

Elije tus Enemigos

Está escrito (Salmos 41:12): "En esto conozco que Tú te deleitas en mí, pues mis enemigos no han sido malos".

"Mis enemigos no han sido malos", los Tzadikim se oponen a mí. Y mediante esto, "conozco que Tú te deleitas en mí".

(*Sijot HaRan* #82)

Enemigos

Rabeinu *zal* dice que a lo largo de la vida, toda persona se gana enemigos. Muy poca gente atraviesa la vida sólo con amigos. No importa cuán amigable sea, no importa cuán bondadosa sea, ni cuánto trate de ayudar a sus vecinos y amigos, siempre habrá alguien que se sienta dejado de lado. Siempre habrá alguien que se ofenda, así sea por algo que realmente se hizo o por algo imaginado, se volverá su enemigo.

Todas las personas tendrán enemigos durante su vida, algunas más y otras menos. Están aquellos que tienen una naturaleza que automáticamente enoja a los demás. Se encuentran con alguien una primera vez y lo primero que dicen es un insulto, de modo que de ahí en más se ganan una larga lista de enemigos en la vida. Pero incluso aquellos que son amantes de la paz, aquellos que son buenos, que no dicen nada dañino ni ofensivo, éstos tampoco pueden evitar el que haya gente que se vuelva su enemiga por un motivo u otro.

Rabeinu *zal* dice que es posible que un enemigo sea pasivo y no peligroso. También hay algunos enemigos que son muy peligrosos y otros más que pueden ir muy lejos, al punto de buscar venganza y destruir a la persona. Tú haces algo muy pequeño que hiere los sentimientos de otro y, como resultado, esa persona sale buscando sangre.

La persona puede tener enemigos que no sean realmente malos. Puede tener enemigos que sean Tzadikim. Ve que un Tzadik es su enemigo. Trata de hacer algo y el Tzadik le grita y la amonesta. El Tzadik la detiene y la fuerza a dejar de hacer aquello que la persona siente que le daría una gran ganancia, riqueza material.

Quiere comenzar un negocio y volverse rica. Se siente ganadora y el Tzadik le dice, "Te prohibo entrar en ese negocio". La persona considera que esto es una gran pérdida y que todo se debe a ese Tzadik, que ahora es su enemigo mortal y que le impide ganar todo ese dinero.

Rabeinu *zal* dice que ésta fue la *tefilá* de David *HaMelej*: "*Bezot iadati ki jafatzta bi ki lo iaria oievi alai*" (Salmos 41:12), HaShem, yo sé que Tú me favoreces, que Tú me amas. Si veo que mis enemigos no son gente malvada, si tengo enemigos que son buenos, que son Tzadikim, yo sé que Tú estás de mi lado.

Dos clases de Tzadikim

Al final del *Likutey Moharán* (*Likutey Moharán* I, 283) dice Rabeinu *zal* que el *pasuk* "*Aj tov vajesed irdefuni kol ieme jaiai*" (Salmos 23:6), que si debo tener enemigos, entonces que esos enemigos sean *tov vajesed*, buenos y bondadosos. Esas dos palabras, "buenos" y "bondadosos", hacen referencia a dos clases de Tzadikim.

Está el Tzadik que es básicamente bueno, que es puro. Él se sienta y estudia Torá a lo largo de toda su vida y lleva a cabo *mitzvot* durante toda su vida, pero es un solitario. Eso lo hace para él mismo. Nunca se preocupa en ayudar a los demás. Nunca comete un pecado en toda su vida, pero toda la bondad está confinada y contenida sólo dentro de él mismo. Ese Tzadik es llamado *tov*, "bueno".

El segundo Tzadik es llamado *jesed*, "bondadoso". No guarda el bien para sí; dedica su tiempo a salir para ayudar a sus congéneres. Si tiene conocimiento, sale para compartirlo con los demás. Si tiene dinero, sale para ocuparse de que ese dinero se distribuya entre aquellos que lo necesitan. Si tiene información que ayudaría a alguien en los negocios, sale y se la notifica, no es egoísta en mantenerla para él. Este Tzadik que es llamado *jesed* es aquel que sale al mundo para difundir este *tov*, esta bondad, transformándola en *jesed*, en bondades para los demás.

Cuando los enemigos son amigos

David *HaMelej* Le oró a HaShem y dijo, "Yo sé que tendré enemigos" - y, por supuesto, nadie tuvo tantos enemigos como David *HaMelej*. La *tefilá* dirigida a HaShem fue: Si estoy destinado a tener enemigos, que tenga estos dos enemigos, "*Aj tov vajesed irdefuni kol ieme jaiai*". Que éstos dos, *tov* y *jesed*, sean aquellos que me persigan, aquellos que me acosen, quienes busquen hacerme daño todos los días de mi vida.

Esos Tzadikim que me dirán, "No vayas a la batalla, no te vayas a dormir, no comas tanto" - de esos enemigos podré disfrutar. Ellos me dirán, "No te dediques tanto a los negocios; dedícale más tiempo al estudio de la Torá. No te quedes en tu casa y no malgastes tanto tiempo; deja tu hogar un poco más temprano para poder llegar a una clase a tiempo, a fin de aprender palabras de Torá que van a beneficiarte, pues no vienes tan seguido".

Es sobre esta clase de enemigos que David *HaMelej* dijo *irdefuni*, que ellos me persigan, que me acosen y me amonesten. Estas clases de enemigos son realmente los enemigos más cercanos de todos. Un enemigo como éste es un Tzadik que puede llevarme por la senda correcta. Debo tener el privilegio de comprender que éste no es un enemigo, que es un amigo. Debo tener la inteligencia como para aceptar esas palabras, como para absorberlas y seguirlas, para obedecerlas y ponerlas en práctica. Entonces sabré que los enemigos que tengo realmente no existen, que son amigos.

Dice Rabeinu *zal*: Toda persona tendrá enemigos durante su vida. Debe buscar y orar para que esos enemigos sean precisamente como esos Tzadikim, pues éstos son enemigos en contra del *ietzer hará*. Son los más grandes amigos que pueda tener una persona.

Sija # 83

Conoce Tu Verdadera Fuerza

La mayoría de las cosas de las que teme la gente no puede en realidad causarle daño alguno.

El único momento en el cual el hombre es capaz de pensar con claridad es cuando está muerto. Allí tendido en el suelo, con sus pies hacia la puerta, podrá finalmente ver la verdad. Pues entonces comprenderá que todos sus miedos y aprensiones no eran más que una estupidez. Toda su preocupación era por nada. Pues ¿qué puede llegar a hacerle un mero mortal?

Lo mismo es verdad respecto a sus deseos y tentaciones. Yaciendo allí, muerto, comprenderá que todos sus días fueron malgastados en vano. Sabrá entonces que hasta sus más incontrolables deseos no eran más que estupidez y tontera. Pues en realidad, ¿quién lo forzó a ello?

Pero sólo después de su muerte puede la persona llegar a ver esto con claridad.

Y existe algo todavía más profundo en todo esto.

No es la persona quien teme, sino algo dentro de ella.

Uno puede comprender con claridad que aquella cosa que teme no puede causarle ningún daño. Pero aun así no puede evitar el sentirse aterrorizado por ello. Esto se debe a que algo en su interior es responsable de ese miedo.

Vemos que hay mucha gente que padece de ridículas fobias. Ellos mismos se dan cuenta de la estupidez de sus temores, pero aun así no pueden evitarlos.

Si gritamos detrás de una persona, ésta se sobresalta. Siente miedo aún antes de saber qué es lo que lo causa. Puede tener miedo sin que ello entre a su mente consciente.

Pero el miedo no se encuentra en la mente consciente y por lo tanto no tiene por qué ser racional. Pues de hecho, el miedo surge de algo más que se encuentra dentro de la persona.

Lo mismo es verdad respecto del deseo.

Uno puede comprender que su deseo no es más que locura, pero aun así éste se mantiene con todas sus fuerzas.

Una vez más, no es la persona la que desea, sino algo más dentro de ella.

Aun si uno es consciente de la locura de un deseo, este "algo" continúa anhelándolo. Si aprendes a comprenderte, podrás librarte de todos los miedos y deseos. Sólo debes darte cuenta de que algo más dentro de ti es responsable de ello. Comprende esto y podrás superar todo.

Tú posees libre albedrío.

Puedes con facilidad entrenar a tu mente a evitar aquella cosa dentro de ti que es la responsable de tus temores y deseos.

(Sijot HaRan #83)

Viviendo con Fobias

Rabeinu *zal*, hablando en un sentido psicológico, dice que existen ciertos tipos de temores o de fobias. Que mucha gente está llena de esas fobias y que, en verdad, les teme a cosas que verdaderamente no hacen daño alguno. No le pueden hacer daño pero, así y todo, se siente llena de temor esperando a que ello la ataque. Parecería ser que nada la puede curar de ello.

La persona que les teme a las alturas mira desde arriba y se siente sobrecogida por el temor a caerse. El hecho es que no hay manera de que se caiga: hay un gran parapeto o una barra a su alrededor. No corre más peligro que la persona que está a su lado y que se ríe de todo ello. Aquel que sufre de claustrofobia siente que está encerrado. Está rodeado por una multitud y todo parece cerrarse sobre él, siente que lo van a aplastar. En verdad, no corre peligro alguno. Más importante aún, en las profundidades de su mente, es consciente del hecho de que esa fobia es una locura. Sabe en verdad que no hay peligro alguno y aun así sigue temiendo. La pregunta es: ¿cuándo alcanzará realmente la verdad?

Rabeinu *zal* dice que parecería ser que sólo al final, cuando la persona sea acompañada por una multitud, cuando estén llevando su féretro en andas, llegará entonces a la siguiente conclusión. Entonces, y sólo entonces, dirá, "Pensándolo bien, pasé toda mi vida con temor a las alturas, a la gente o a los animales. Pasé toda mi vida y nunca fui dañado por aquello que temía. No pude disfrutar de la vida debido a ese temor que me sobrecogía y ahora veo que todo fue inútil, que todo fue en vano, que fue totalmente innecesario".

Rabeinu *zal* nos enseña que parece ser que durante la vida de la persona ésta no tiene tiempo para pensar en ello. Sólo cuando ya no se encuentra en este mundo tiene todo el tiempo necesario. Ya no está ocupada, ya no está preocupada por otros temas. Sólo entonces puede meditar lenta y metódicamente y repasar toda su vida y realmente comprender los errores que tuvo al vivir.

Siendo probado todo el tiempo

Ahora bien, tomemos a otro individuo. Rabeinu *zal* dice que hay gente que se ve abrumada por un constante ataque de *taavot*, de malos deseos. La persona siente una tentación por algo que sabe que está mal y ello es una constante batalla. Siempre lucha contra su *ietzer hará* y se siente mal porque sabe que sus amigos viven una vida de tranquilidad. Ellos no tienen esas tentaciones; no tienen esas pruebas. La persona está siempre luchando y siempre cayendo víctima de su *ietzer hará*. Sinceramente siente que no puede superar esa tentación. Es demasiado para ella, demasiado para luchar en su contra.

Y así continúa su vida hasta el último día... y ahora se encuentra yaciendo allí, con tiempo para pensar, con tiempo para meditar. Comprende entonces que ha malgastando su vida en esa batalla en contra de la tentación. Comprende entonces que ha malgastando toda su vida batallando en contra de esa fuerza maligna que trataba de abrumarla... y muchas veces durante su vida perdió esa batalla. Mantuvo esa guerra en contra del *ietzer hará* y, en la medida en que puede recordar, perdió más veces que las que ganó. Y se pregunta sobre ello, al igual que aquella otra se pregunta sobre esas fobias.

Cuando se llega a comprender

Esas dos personas se encuentran en una misma clase - cada una siente miedo de diferentes cosas que pueden dañarlas. La primera piensa que la gente que conoce no siente temor de las alturas, que no siente temor de las multitudes y que no le teme ni al agua ni al fuego. Pero ella siempre vivió con ese miedo. Ahora llega entonces a comprender que pasó toda su vida con un temor en vano, pues nunca se vio dañada por esa fobia.

La segunda persona, que estuvo abrumada por las tentaciones con las que tuvo que luchar, siente que sólo a ella le sucedía mientras que el resto de la gente que conocía vivió su vida en paz. En este caso y también en relación a los deseos, la persona termina comprendiendo que, "Pensándolo bien, estuve luchando contra estos deseos, me vi abrumada por ellos, luché contra el poder de esa tentación... Pensándolo bien, esa tentación realmente no era nada. Era el deseo por algo tan poco importante que, cuando lo obtuve, no gané nada. Pensando en los sacrificios, en los esfuerzos y en los sufrimientos que tuve que soportar debido a algo con tan poco valor... Me vi tentado por algo que realmente no tiene valor". Ello sucede cuando tiene tiempo de pensar, de repasarlo en su mente.

El pequeño espíritu dentro de la persona

Dice Rabeinu zal: ¿Cuál es el secreto? ¿Por qué la gente siente esos temores? Esas tentaciones realmente no valen nada, no tienen ningún poder, en absoluto.

La respuesta es que hay un misterioso ser interior, un carácter innato, que vive dentro de la persona, llamado un "pequeño espíritu" en ella. Ese pequeño espíritu, esa pequeña gota de vida en esa persona, es lo que siente ese temor y lo que va detrás de esa tentación.

Ahora bien, es igual que la persona que se ve súbitamente sorprendida o que se asusta de un fuerte ruido detrás. Al segundo siguiente comprende que sólo fue una broma - que no era nada, que ese ruido no era nada en absoluto. Si no era nada, ¿por qué se asustó? Porque no tuvo tiempo para pensar, no tuvo tiempo para comprender que realmente no tenía ninguna importancia. De haber tenido tiempo para pensar, o si hubiera estado esperando ese ruido, seguro que no habría tenido miedo.

¿Por qué esperar?

Dice Rabeinu zal: ¿Por qué esperar el último día de tu vida? ¿Por qué esperar hasta que la persona esté yaciendo en un cajón siendo llevada en su última cabalgata hacia el más allá y partir así de este mundo?

¿Por qué esperar hasta el último día, hasta haber sufrido una larga vida llena de esas fobias y malos deseos? Todo lo que debes hacer es tomarte unos pocos minutos al finalizar cada día, sentarte y hablar contigo mismo. Habla contigo y comprende dónde estás. Trata esto con tu lógica, trátalo con tu cerebro: ¿De qué tengo miedo? ¿Qué hay en esto como para asustarse?

Estuve preocupado por alguien, pensando que me iría a dañar. Estuve preocupado por esto durante los últimos seis años y, hasta ahora, nunca sufrí por ello. Y, pasé seis años con una preocupación y un temor que me costaron la salud, que me costaron parte de mi vida, la cual se malgastó completamente. Al igual que esos seis años que se han perdido, otros seis años se perderán si no detengo esto. Cuando la persona se ponga a pensar y a considerar esto, será capaz de convencerse de que esa fobia es algo que no existe.

Lo mismo puede aplicarse a los deseos. La persona tiene el mal deseo de cometer una cierta clase de pecado. Detente y piensa: ¿Es realmente esto tan provocativo? ¿Es algo por lo cual vale la pena entregar parte de mi vida? ¿Vale la pena oponerse al Cielo por ello? ¿Vale la pena cometer un pecado que es tan grave, *jas veshalom*? ¿Vale la pena poner en peligro mi vida? Es posible que me encuentren cometiendo ese crimen… Si la persona reflexiona sobre ello, comprenderá que en verdad, ello es algo que no tiene ningún valor. Soy mucho más importante que el hecho de entregar mi vida por algo que carece de importancia.

Llegando a conocer tu fortaleza

Rabeinu *zal* ejemplifica esto con una declaración en el prefacio de su *sefer Likutey Moharán* (*Shir Naim*). Dice Rabeinu *zal*: Tú, ser humano, tú, judío con un cerebro, ¿por qué no te detienes y piensas? ¿Sabes lo que eres? Eres un elefante que le tiene miedo a un ratón. Tienes el poder de un elefante y aun así, aquí viene un pequeño ratón, al cual tú le temes. ¿Por qué no entiendes que con un solo movimiento puedes aplastar esta cosa que está destruyendo tu vida? Tú no conoces tu propia fortaleza. Tienes la fuerza para superar esa fobia con mucha facilidad, para eliminarla por completo. Esa fobia proviene de un pequeño espíritu dentro de ti que es sólo como un ratón. Tú tienes mucho más poder que ello.

Debes comprender que el *ietzer hará* se cierne como un oponente muy poderoso. Simplemente golpéalo una vez y verás cómo desaparece, cómo se disipa en la nada. Es sólo debido a que tú no conoces tu verdadera fuerza que caes víctima de esos males.

De modo que la solución, dice Rabeinu *zal*, es detenerse, pensar y meditar con claridad sobre esto mientras aún hay tiempo. ¿Por qué malgastar tu vida y esperar hasta el final? La persona que lo hace tendrá éxito, pues la persona es un *baal bejirá*. La persona nace con el don del poder de elección. Nadie puede forzarte a hacer algo si tú no quieres hacerlo. Si no quieres cometer un crimen, si no quieres someterte a la tentación, a un mal deseo, no tienes por qué hacerlo. Tú eres el dueño de tu destino. HaShem te ha dado este poder, que es tan grande, con el cual puedes controlar tu vida de muchas maneras, no importa lo que el *satán* ponga frente a ti como prueba. No importa qué sea lo que esté probando tu poder de elección, siempre puedes ganar, siempre puedes salir victorioso si lo deseas.

Trata con ello ahora

La persona que comprende esto encontrará que la batalla realmente es muy pequeña en comparación. Y con este conocimiento, podrá salir victoriosa de esos malos deseos y liberarse totalmente de esas fobias, no importa lo que sean.

Una persona siente miedo del fuego porque alguna vez se quemó y ello le dejó una profunda impresión mental. Lo mismo sucede con la persona que tiene una fobia del agua porque cuando niña casi se ahoga. No es necesario ser un psiquiatra para tratar con estos problemas. Todo lo que necesitas es algunos momentos para pensar en ello y comprender la verdad, que puedes eliminar esa fobia comprendiendo simplemente que ello no puede dañarte. Aquello de lo cual tienes miedo no tiene poder alguno para hacerte daño. Si no comprendes esto ahora, lo comprenderás cuando sea demasiado tarde. Compréndelo ahora y te salvarás de esa angustia innecesaria.

Sija # 84

HaShem es el Único Escape

No digas que el hoyo y la tumba serán tu refugio.

En este mundo tienes que soportar la carga de la subsistencia material y la de muchas otras preocupaciones. Por lo tanto, no les prestas demasiada atención a las contrariedades menores. Un mosquito puede picarte, pero debido a tus muchas preocupaciones, es posible que no llegues a sentirlo.

Pero en la tumba no tienes ninguna otra distracción. Incluso puedes escuchar el arrastrarse de los gusanos que vienen hacia ti y sentir el dolor de cada mordida en tu carne.

Nada hay que distraiga tu mente de este sufrimiento. HaShem nos ayude.

(*Sijot HaRan* #84)

Buscando un escape

Dice Rabeinu *zal*: De acuerdo a la Mishná en *Pirkey Avot* (*Avot* 4:22), a veces la persona pasa por la vida con cierta clase de sufrimientos, de dificultades y de problemas. Siente que la suya es una vida difícil y que no vale la pena prolongarla. Debe haber una manera de escapar. La persona no quiere tomar el camino errado cometiendo suicidio, pero desea que la muerte la retire de este mundo, pues piensa que así finalmente podrá vivir en paz.

Rabeinu *zal* dice que ello es un grave error. La Mishná dice: No pienses por un momento que la tumba será un refugio, un lugar al que puedes escapar. Por el contrario, la tumba no es un lugar para escapar, es un lugar para sufrir las penas por los pecados cometidos. La gente tiene la falsa impresión de que cuando alguien fallece se va de este mundo físicamente y que pierde todo contacto; que pierde conciencia, que pierde el sentido del tacto. La Guemará dice que cuando la persona fallece sigue siendo muy consciente (Shabat 153a). No tiene el poder de la movilidad, no puede moverse, pero mantiene, hasta cierto grado, todas sus facultades. Sus facultades auditivas son mucho más agudas que durante su vida y el sentido del tacto, el sentido del dolor, existe entonces mucho más fino que durante su vida.

El sufrimiento de la tumba

Es posible que durante su vida la persona esté tan absorbida en su trabajo o en sus pensamientos que, de ser mordida por un insecto o picada por un mosquito, ni siquiera se dé cuenta. Dice Rabeinu zal: Desagradable como pueda sonar, hasta el mínimo movimiento de los gusanos, de las hormigas y de otras criaturas subterráneas que existen en la tierra, es escuchado y sentido con mucha claridad por la persona que yace allí, indefensa. No puede sacárselos de encima pues no puede moverse. Y cuando llegan a ella y la muerden, lo siente agudamente (Shabat 13b). No sólo eso sino que tiene mucho tiempo para concentrarse en ese dolor, *Rajmana litzlan*.

Esto es llamado *jibut hakever*, el sufrimiento de la tumba, hasta el momento en que el cuerpo queda completamente desintegrado y, por supuesto, ello es algo para lo cual la Torá misma provee de una ley especial. No hay manera de escaparle. Aquella persona que es inhumada en un cajón de cedro o en uno de bronce no debe pensar que escapará al sufrimiento de la tumba. Simplemente lo está prolongando, volviéndolo mucho peor.

Por el contrario, la Torá dice que la persona debe ser

enterrada con la menor cobertura posible (*Shuljan Aruj, Iore Dea* 362:1). En Eretz Israel no se usan cajones, en absoluto. En América, los funerales religiosos utilizan un cajón hecho de la madera de pino más fina. Existe la costumbre de hacer agujeros en la parte superior o en la parte inferior para que la tierra pueda entrar rápidamente al cajón, pues el alma no se libera por completo para ir al *Gan Edén* hasta que el cuerpo no se desintegra totalmente. Es el deseo de la *neshamá* que el cuerpo sea retirado para poder liberarse.

Pensamientos en la tumba

Ahora bien, esto suena como un tema no muy agradable, un tema que debe ser evitado o del cual se debe rehuir... Sin embargo, aunque uno no hable de ello, no desaparecerá. El que no pienses en ello, no significa que podrás escaparle. Cada persona tendrá que atravesar este proceso de inhumación. Cuanto más rápido se desintegre el cuerpo, más rápido acabará la persona con esa tribulación.

Es por ello que es tan deseado el ser inhumado en Eretz Israel. La gente trata de que la lleven a Eretz Israel pues allí hay mucho menos sufrimiento. En verdad, está escrito que el Monte de los Olivos es una clase especial de montaña. Hay una tradición que indica que la tierra allí es tan poderosa que, de hecho, consume el cuerpo en menos de 24 horas. El sufrimiento se acaba rápidamente y es, en cierta medida, mucho menor.

Cuando se trata de un entierro en Eretz Israel, el *pasuk* dice, "*Vejiper admato amo*" (Deuteronomio 32:43), la tierra misma es la salvación de la persona. La tierra misma es la *kapará* para los pecados de la persona y existe una gran diferencia entre el ser inhumado en Eretz Israel y ser enterrado fuera de Eretz Israel.

Ésta es una discusión en la Guemará (*Ketubot* 111a) y en el

Zohar HaKadosh (Zohar Terumá 141b; Ajarei Mot 72b) con respecto a si ello ayuda a la persona que fallece fuera de Eretz Israel y su cuerpo es enviado allí, si la tierra aceptará el cuerpo y le otorgará sus beneficios. O esto sólo sucede cuando la persona fallece en Eretz Israel, lo que es llamado *"polet nishmató bejek imo"* (Ierushalmi Ketubot 12:3), él retorna su *neshamá* a su madre. Eretz Israel es la *ima*, la madre. El judío en Eretz Israel que devuelve allí su *neshamá*, en esa atmósfera y tierra sagradas, esa persona se beneficia - recibe los beneficios de la Tierra Santa.

Hay opiniones, por supuesto, que dicen que ello sirve igualmente aunque la persona sea enviada allí. Parece que ésta es la opinión prevaleciente y por lo cual vemos que tantos judíos dejan como testamento que al fallecer deban ser enviados a Eretz Israel, para ser enterrados allí. El asunto es cuando se trata de *tejiat hametim*, de la resurrección de los muertos. Los primeros en levantarse serán aquellos que fueron inhumados en Eretz Israel (Zohar Vaierá 118b). Esto además del beneficio adicional que sobrepasa a todos los demás costos o dificultades para llegar allí.

Rabeinu *zal* enseña aquí que la persona nunca debe decir, "Pasaré por la vida, así sufra o tenga buenos momentos, y finalmente podré relajarme". La persona no debe pensar que podrá relajarse en la tumba. El momento para relajarse es para la persona que sabe que ha cumplido con su misión en la vida. Ello no puede lograrse relajándose en este mundo. La persona debe estar alerta todo el tiempo, para saber que debe trabajar, que debe ocuparse de servir. Fue enviada aquí con una misión: debe servir a HaShem día y noche.

¿Dónde está el amor de HaShem por nosotros?

Existe la *mitzvá* de estudiar Torá todos los días de la vida. Hay *mitzvot* en la Torá para cada momento de la vida.

En cada momento de la vida la persona puede ganar para sí esas gemas que son perpetuas. Cada *mitzvá* realizada por la persona le será de beneficio por siempre, para ayudarla en todos los problemas, con la tumba y con el sufrimiento. Eso es sólo el sufrimiento físico, por supuesto; es posible que la *neshamá* misma deba ir al *Gueinom, jas veshalom*, para sufrir mucho más allí por los pecados cometidos.

Fíjate todo el sufrimiento que la persona debe pasar en la vida y luego en la tumba y después en *Gueinom*. ¿Dónde está el *ahavat HaShem*, el amor de HaShem por el judío? La respuesta es: HaShem siente un amor por el judío que es infinitamente más grande que lo que nuestras mentes puedan llegar a concebir alguna vez.

Este amor se manifiesta en el siguiente hecho. ¿Qué sucede cuando un judío se vuelve en contra de su Creador y comete el peor de los pecados? Nos estamos refiriendo a un pecado por el cual un rey humano destruiría a esa persona o a ese siervo. HaShem dice, "Tú te volviste en Mi contra, Me has deshonrado, has desacreditado el poder del Cielo. Pero aun así te tomaré de vuelta y borraré tu crimen sin castigarte. Simplemente debes mostrar remordimiento, debes mostrar arrepentimiento, muestra una señal de retorno, vuelve con las gracias del Cielo".

De modo que HaShem nos ha bendecido con este poder de la *teshuvá*, del arrepentimiento, que es tan grande que no importa el crimen que la persona haya cometido, que no importa cuántos crímenes haya llevado a cabo, en el momento en que hace una *teshuvá* sincera todos sus pecados son borrados. Si esa *teshuvá* es debida a que comprende la grandeza de HaShem, a su amor por HaShem al retornar, entonces esos pecados no sólo son borrados sino que se convierten en *mitzvot*. Así, en lugar de sufrir por los pecados, es recompensada por ellos en el *Gan Edén* (Ioma 86b).

Pide que HaShem te ayude

Por lo tanto la persona debe ocuparse de servir a HaShem con todas sus capacidades y si a veces falla, entonces, en esos momentos en los que cae profundamente en el hoyo, en el abismo, en el punto más bajo posible, al cometer el más vil de los pecados, no debe abandonar la esperanza ni por un momento. Debe volverse y decir, "He cometido este pecado y es verdad, pero no perdí mi respeto ni mi amor por HaShem en absoluto". Y esto es lo que te traerá de vuelta a HaShem, al afirmar que "Lo lamento, trataré de aquí en más de no repetir ese pecado y de retornar". Esto borrará el pecado; la persona se verá libre de tener que atravesar cualquiera de estas clases de castigos, *jas veshalom*.

La clave, por lo tanto, es la *avodá*, el servicio a HaShem y el hacer *teshuvá* en todo momento. Cuando el Tzadik recita el *Kriat Shemá al HaMitá*, el *Shemá* junto a la cama, también dice la *tefilá* del *vidui*: "HaShem, hoy he transgredido. Lo lamento y trataré, desde mañana, de servirTe de la manera apropiada. Pero invoco Tus bendiciones y Tu ayuda. Quiero servirTe, pero me siento muy débil y el *ietzer hará* es muy fuerte. HaShem, Te pido que me ayudes a superar el *satán* y a sus malos deseos, pues mi anhelo es servirTe tal como Tú deseas que Te sirva".

Sija # 85

Motivos para Viajar

Cierta vez un hombre le preguntó al Rebe si debía realizar un determinado viaje.

El Rebe contestó que si se presenta la ocasión de viajar, uno no debe permanecer en casa y negarse obstinadamente a salir. Sea donde fuere que uno viaje, siempre habrá cosas que se deban corregir. Sólo es necesario cuidarse de no pecar mientras uno se encuentre en ese viaje.

Si no pecas, podrás corregir las cosas adonde fuere que vayas. Aun siendo una persona común, en cada lugar podrás realizar actos santos. Podrás orar, decir una bendición sobre la comida y muchas cosas similares. Pues hasta el más bajo de los judíos hace cosas santas allí adonde va.

Cada hombre está destinado desde Arriba a encontrarse en un lugar determinado en un determinado momento. En ese tiempo y en ese lugar hay algo que debe ser corregido.

Si se te presenta la ocasión de viajar, ello es para tu propio bien. Si no haces ese viaje voluntariamente, serás forzado a hacerlo encadenado.

Nos enseña el Talmud (*Shabat* 89b): "Iaacov debía haber descendido a Egipto encadenado, pero fue su mérito el que lo salvó".

Esto es verdad respecto de todo hombre. Si encuentras necesario viajar, ello es un favor que se te hace desde Arriba. De otra manera deberías haber hecho ese viaje encadenado.

Y también es verdad respecto a la gente común; pues mientras no cometa ningún pecado, cumple con grandes cosas allí en donde se encuentre.

El significado secreto de esto se encuentra aludido en

el Pri *Etz Jaim, Shaar Kriat Shemá,* cuando se trata de las intenciones que es necesario tener al recordar el Éxodo.

(*Sijot HaRan* #85)

La Providencia Divina al viajar

El Rabí Natán relata que uno de los *talmidim* de Rabeinu *zal* fue a verlo con una pregunta. Dijo que se le había presentado un viaje potencial, un largo viaje debido al cual tenía que ausentarse del país durante cierto tiempo. Estaría lejos de su hogar durante un tiempo; estaría muy lejos. ¿Debía hacer ese viaje o no?

No estamos tratando aquí con una cuestión de negocios. Viajar para ganar un poco más de dinero es una definitiva señal de falta de *bitajón,* falta de fe y de confianza en el poder de HaShem para proveer el sustento. Ése era un viaje por un motivo diferente. Había una razón vital, pero podía ser evitado. ¿Haría el viaje o no?

La respuesta de Rabeinu *zal* fue la siguiente: Si la persona ve que debe hacer un viaje y que, debido a ello, deberá dejar su hogar e ir lejos, no debe oponerse. Debe consentir en hacer ese viaje, pues fue destinado el que ella fuera a cierto lugar, a un lugar distante en el globo o incluso de la misma ciudad, de la misma provincia, pues habrá una razón para ello. El hecho de que la persona sea enviada a ese lugar es *hashgajá,* un acto del Cielo, de la Providencia Divina. Debe ir allí para hacer algo que corrija su propia *neshamá* o para ayudar a las almas de otros.

Qué sucede si la persona dice, "¿Quién soy yo para corregir las almas de los demás? Soy una persona simple y no sé nada sobre corregir cosas. Ni siquiera puedo curar un resfrío común - ¿cómo podré ayudar a elevar el alma caída de una persona, o la de alguien que ha fallecido y, en el Cielo, su alma necesita ayuda? ¿Qué puedo hacer sobre ello? Hay muy pocos Tzadikim que tienen el poder de ayudar a aquellos que han fallecido, para aliviar su sufrimiento en el Cielo y hacer que vayan al *Gan Edén*. ¿Qué puedo hacer yo para ayudarlos?".

Rabeinu *zal* dice que ello es un error, pues cada judío vivo sobre la tierra tiene una *neshamá* y un poder espiritual que está mucho más allá de la comprensión de su propia mente, más allá de su concepción. El alma judía es tan grande... es parte de la *Shejiná*, es parte del espíritu de HaShem.

Redención del alma

En muchos aspectos, el judío que está vivo es más grande que el judío que ha fallecido, pues en el *Gan Edén*, no importa cuán grande sea un Tzadik, no puede ya realizar *mitzvot*, que es algo que el más pequeño de los judíos puede hacer aquí. Aquí el judío puede tomar una fruta, levantarla y decir una *berajá*, una bendición - "*Baruj Atá HaShem Elokeinu Melej haolam boré pri haetz*", bendito Seas HaShem por crear el fruto del árbol, una *berajá* muy simple. Suena tan simple y aparentemente tan poco importante... ¿Cómo puede compararse esto con el lugar del Cielo, con el *Gan Edén*, que es mucho más grande y mucho más vasto que todo este universo combinado?

Pero el hecho es que esa *mitzvá*, realizada por un común mortal, tiene más efecto sobre todos los mundos celestiales que el efecto que pueden producir las almas en el *Gan Edén*. Por lo tanto Rabeinu *zal* dice que si un judío ve que hay un viaje para él hacia un remoto rincón del globo, si debe ir atravesando un continente diferente que nunca ha visitado, ¿qué puede hacer allí? Puede llegar allí y, dado que en esos lares no hay otro judío en miles de kilómetros a la redonda, no hay ningún *shul* para orar con un *minian*, ningún restorán *kosher*... Pero él lleva algunas latas de comida *kosher* y se queda en una habitación de hotel y allí, muy quieto y triste ora solo.

Toma la magra comida que trajo con él, se lava las manos y hace *HaMotzi* sobre el pan y come. En ese rincón en donde está sentado, allí está recitando esa *berajá* totalmente solo, a miles de kilómetros del judío más cercano. En ese rincón... hay motivos para estar allí - pues en ese lugar en el cual se encuentra, extraño como pueda sonarle a una persona común, no está solo. Puede haber una, dos, o muchos cientos de almas de judíos fallecidos que están presentes en esa habitación, que están reunidas allí, que de hecho están prisioneras allí y que no pueden moverse hasta que algún judío vivo no lleve a cabo una *mitzvá* que libere a esas almas, que les permita ir a su destino final. Esas almas pueden haber estado esperando no sólo 12 meses, como imagina la mayor parte de la gente, sino que pueden estar prisioneras por 12 meses, por 12 años o por 1200 años. Están allí esperando la oportunidad de que un judío diga una *berajá*, que lleve a cabo una *mitzvá*, y esa *mitzvá* ayudará a liberarlas de su prisión (ver *Shaar HaGuilgulim* 8, donde esto se encuentra detallado).

El Arizal estaba viajando cierta vez con sus *talmidim* a través de una zona deshabitada. Al entrar en un bosque, llegaron hasta una roca. El Arizal dijo: Esta roca ha estado aquí durante 400 años. Es una roca simple; ha estado quieta, inmóvil y sin vida. Y aun así, en esa roca, está encerrada un alma judía en confinamiento solitario. Esa alma ha estado allí por 400 años, esperando ser liberada. Cuando nosotros llegamos aquí y decimos una palabra de Torá, una *berajá*, esa alma es súbitamente liberada. Está libre para retornar, para ir a su destino (*Shevajey HaArizal*).

De modo que vemos aquí que no es solamente el Arizal, que no es solamente un Tzadik, sino que cualquier simple judío puede ir a un lugar remoto y llegar allí adonde hay un alma esperando a ser ayudada por la *mitzvá* de ese judío. Es posible que no esté encerrada en una roca; puede ser que esté en el aire mismo de ese lugar... o es posible que el judío, compre alguna fruta y que esa fruta contenga una parte de esa alma. Esto es lo que se conoce como diferentes clases de *guilgulim*, de reencarnaciones, que les ocurren a aquellas almas de judíos que fueron malos y que no vivieron una vida de Torá, quienes estuvieron destinados a pasar por todo ese sufrimiento, *Rajmana litzlan*. A lo largo de las eras, la persona que las ayude será ayudada, a su vez, más tarde.

De modo que Rabeinu *zal* dice que la persona no debe ser obstinada en relación a un viaje, porque nunca puede saber cuál es el motivo ni el propósito de ese viaje. Ciertamente ello hará algo para alguien, o incluso para ella misma, y si se niega a ir, es posible que se vea forzada a hacerlo. De esta manera se le ha ofrecido el viaje y ella lo toma. En caso contrario, es posible que tenga que llegar a ese lugar en contra de su voluntad.

El *viaje de Iaacov*

La Guemará dice que Iaacov *Avinu* estaba destinado a bajar a Egipto. Tenía que ir con su familia pues los judíos debían ser esclavizados allí. Iaacov *Avinu* recibió la invitación de su hijo, Iosef *HaTzadik*, quien envió una carroza especial para llevarlo a Egipto con comodidad y lujo. Iaacov estuvo originalmente destinado a descender allí como un prisionero, con cadenas de hierro (Shabat 89b). De haberse negado a ese viaje, habría descendido encadenado. Pero debido a que lo hizo con todo gusto y naturalmente, por lo tanto se vio libre de lo desagradable.

Rabeinu *zal* dice que esto se aplica a cada judío, a cada Iaacov, a cada *ben Israel*. Es posible que la persona esté destinada a ir a ese cierto lugar y que si se obstina y se niega a hacer el viaje, encuentre que finalmente deberá hacerlo bajo circunstancias desagradables. Por lo tanto, cuando la persona se encuentre enfrentada con un viaje potencial, no debe ser obstinada sino aceptarlo, pues en última instancia, solo algo bueno provendrá de él.

El tema sobre el cual estamos tratando aquí se encuentra más allá de nuestra comprensión. No es para nosotros el profundizar en ello. Sólo se nos ha hecho saber que cada paso que toma un judío está destinado desde el Cielo. La Guemará dice que cada paso que da la persona, que cada movimiento, que incluso cuando la persona se lastima el dedo, ello sucede debido a que estuvo determinado en el Cielo, que ése era su destino (*Julín* 7b). Por lo tanto la persona no debe luchar en contra de ello. Debe aceptarlo como la voluntad del Cielo y ello será para su beneficio.

Sija # 86

Costumbres de las Bodas

Las costumbres del casamiento.

Es costumbre en los casamientos que la gente se levante y haga comentarios jocosos. También es costumbre comenzar diciendo: "¡*Ela* - levántate!".

Dice el Talmud: "Una mujer puede elevarse con su marido, pero no desciende con él" (Ketubot 48a, 61a).

La gente dice con humor: "¡Levántate!", pues la novia se elevará con su marido en cada alegría y en cada placer, pero no descenderá con él.

Es costumbre cubrir con un velo el rostro de la novia.

Rajel es "la hermosa joven que no tiene ojos". Ésta es la novia.

Está escrito (Proverbios 25:2): "Gloria de HaShem es ocultar la cosa". También esto habla de la novia.

Es costumbre arrojar pasteles al novio.

Está escrito (Ezequiel 1:20): "Adonde fuera el espíritu... los *Ofanim* eran elevados".

Un *ofan* es un ángel. Los pasteles son *Ofin*. Cuando dos palabras se escriben con las mismas consonantes ello prueba que son similares en su esencia.

El espíritu del novio.

Allí a donde vaya el novio, los pasteles son elevados.

Es costumbre en un casamiento dar dinero a la gente que baila. Esto es denominado: "Dinero del Shabat".

Está escrito (Salmos 68:13): "Legiones de ángeles se juntan y giran y aquella que se queda en el hogar divide el botín".

Los bailarines se "juntan y giran". Cuando se les da el

dinero, ellos "dividen el botín".

La revelación en el Sinaí fue una boda. Está escrito (Cantar de los Cantares 3:11): "Su madre lo coronó en el día de su boda". Ésta es la revelación en el Sinaí (Taanit 4:8, 26b).

El Monte Sinaí es también una escalera.

Si tomamos las letras de la palabra *SINaI* y las transformamos en números, encontramos que su *Guematria* (valor numérico) resulta entonces en el valor de *SuLaM*, escalera.

Ésta es la escalera en el sueño de Iaacov.

Está escrito (Génesis 28:12): "y he aquí una escalera... y los ángeles de HaShem subían y bajaban por ella".

Los bailarines suben y bajan, elevando y haciendo descender sus cuerpos. Ellos bailan en la escalera del Sinaí, el día de la boda.

El dinero que se da a los bailarines es denominado: "Dinero de Shabat".

Está escrito: "aquella que se queda en el hogar divide el botín". Éste es el dinero dado a los bailarines, tal como mencionamos más arriba.

En hebreo, este versículo es *unevat Bait T'jalek Shalel*. Las iniciales de cada palabra pueden leerse como *SHaBaT*, el Shabat.

Es costumbre que el novio diga un discurso erudito. Está escrito: "Su madre lo coronó en el día de su boda". El casamiento es la revelación en el Sinaí.

El novio dice palabras de Torá, tal como hizo HaShem en el Sinaí.

Es costumbre hacerle regalos al novio. Éstos son denominados *Derasha Geshank*, "Regalos por el discurso".

Está escrito (Salmos 68:19): "Subiste a lo alto; llevaste cautivos; recibiste dones entre los hombres". Éstos son los regalos que se le hacen al novio.

Se dice que el discurso del novio ayuda a unir la

pareja.

Está escrito sobre Iaacov antes que viese el sueño de la escalera (Génesis 28:11): "Y se recostó en ese lugar".

"Y se recostó" es *ValShCaB*. Esto también puede pronunciarse como *ValeSh CB* - "y hay 22". Éstas son las 22 letras del alfabeto hebreo.

El discurso une las 22 letras formando palabras de Torá, al mismo tiempo que une a la pareja.

Es costumbre de los bailarines hacer acrobacias, *Pristakes*, elevando y bajando sus cuerpos.

Está escrito (Génesis 46:4): "Descenderé a Egipto contigo y te haré subir". Esto está simbolizado por los movimientos de ascenso y descenso.

Pues el exilio en Egipto sólo tuvo lugar para permitir que se juntaran y se purificaran las chispas sagradas caídas por la emisión en vano de Adam.

"Te haré subir". Y esto se cumplió cuando Israel dejó Egipto, rectificando así el Pacto de Abraham.

El casamiento también es una rectificación del Pacto. Por lo tanto danzamos para simbolizar el exilio y la redención.

Es costumbre interrumpir el discurso del novio. Esto simboliza la rotura de las Tablas.

Es costumbre que el padrino del novio lo vista con el *Kitel*, la vestimenta blanca de lino.

Está escrito (*Ibid*): "Y Iosef pondrá su mano sobre tus ojos".

El hijo cierra los ojos del padre cuando éste fallece (*Tur Iore Dea* 352).

Iosef es el padrino.

El *Kitel* es la vestimenta del muerto.

Es *Iosef* quien hace estos preparativos para la muerte. Es costumbre que los bailarines den saltos.

La revelación en el Sinaí fue una boda. Por ello está

escrito (Éxodo 19:3): *"Y Moshé subió"*. Y también (*Ibid*. 19:20): *"Y Dios descendió sobre el Monte Sinaí"*. El Sinaí implicó "lo superior abajo y lo inferior arriba". Es por esto que los bailarines dan saltos.

(*Sijot HaRan* #86)

Costumbres de las bodas judías

Rabeinu *zal* habla ahora sobre un tema que es muy bienvenido por muchos. El tema de las bodas -bienvenido por muchos, evitado por algunos y temido por otros también- pero no estamos hablando sobre la boda misma sino sobre las costumbres que existían en las bodas y que son algunas cosas que quizás nosotros no hacemos hoy en día. Mencionaremos sólo algunas de las costumbres que había en aquellos días. Rabeinu *zal* demuestra los motivos para esas costumbres; no están hechas de manera azarosa. Hay una *kedushá* en cada *minhag*, en cada costumbre judía.

Subiendo

La primera costumbre descripta por Rabeinu *zal* es una que nosotros no hacemos hoy. Era costumbre en aquellos días bailar alrededor del *jatán*, del novio y de la *kalá*, la novia, gritando las palabras "*¡Ela!*". En hebreo, *ela* significa elevarse, subir. En general, esto no tendría ningún sentido, pero Rabeinu *zal* dice que hay una razón muy importante para ello.

Ela se está refiriendo a la *kalá*, quien es la que está ascendiendo. El *jatán* se mantiene en donde está; es la *kalá* la que se eleva y gana en este matrimonio. Entre el marido y la esposa, la esposa obtiene más que el marido en ciertos casos. Esto, dice Rabeinu *zal*, hace referencia a la Guemará que dice, "*Olá imo veeina ioredet imo*" (*Ketubot* 48a), la esposa sólo puede subir con su marido, pero no descender. Si el marido sube, ella también lo hace. Si él desciende, ella se queda arriba - la esposa sólo puede ganar y nunca perder.

Por supuesto, hay maridos que pueden arrastrar a sus esposas con ellos por la fuerza. Esto no significa que ella vaya a descender. Por ejemplo, ¿qué sucede si la esposa insiste en que ella quiere vivir en Eretz Israel y el marido dice que no? Aunque el marido es el aceptado señor de la casa, en este caso, cuando se trata de ir a Eretz Israel, la esposa puede insistir en que ella quiere subir y el marido debe aceptar. En este caso, el marido se transforma en seguidor y la esposa en líder. Si, al vivir en Eretz Israel, el marido insiste en que quiere dejar Eretz Israel, entonces la esposa no desciende con él. Ella dice, "Nos quedamos", y ella gana en este caso (*Shuljan Aruj, Even HaEzer* 75:4).

El verdadero liderazgo

Rabeinu *zal* dice que se supone que el marido, quien es el que lidera, debe hacerlo de manera espiritual cumpliendo *mitzvot* y estudiando Torá. Incluso luego de fallecer, se supone que estarán juntos. La persona que fallece no pierde a su esposa. Esto es por siempre después, pero ella asciende y no desciende. Si el marido sube al *Gan Edén*, ella lo sigue. Ella se queda en el *Gan Edén* con él. Pero si ella tiene un mal marido, es posible que sufra con él, *jas veshalom*, pero luego, cuando se trata de la recompensa final, si el marido baja al *Gueinom*, ella no desciende con él. Ella lo sigue si él sube, pero no si baja. Ella queda sola si él desciende. Esto es *ola veeina ioredet*, se eleva pero no desciende, y éste es el significado del grito de "¡*Ela*!".

Por lo tanto el marido debe ser muy cuidadoso y tratar a su esposa de la manera apropiada, con respeto, porque así disfrutará de una buena fortuna a lo largo de su vida, tanto material como espiritual. La Guemará afirma que el sustento del hombre, su *parnasá*, el dinero que gana, depende directamente de la actitud hacia su esposa. El respeto que le demuestre a su esposa, la manera en cómo la trate, se mostrará en los resultados de sus ganancias. Ganará más en proporción a cómo trate a su esposa. Por lo tanto la Guemará dice: Rava les dijo a sus *talmidim*, "Les ruego, consideren muy valiosas a sus esposas para que ustedes puedan ser ricos" (*Bava Metzia* 59a). El dinero es importante al menos para cumplir con las *mitzvot*.

El marido debe saber que "*Dor holej vedor ba*" (Eclesiastés 1:4), una generación se va y otra generación viene. La persona tendrá que retornar alguna vez como un *guilgul* debido a sus faltas. *Ishto ola veeina ioredet*, la esposa no retorna como un *guilgul*. Ella puede permanecer allí; no se requiere que retorne, a no ser que le beneficie el volver, pero no por sus acciones.

La esposa sólo puede subir en el matrimonio pero no descender. Esto, por supuesto, ha quedado testificado muchas veces por muchos maridos y por algunas esposas que lo reconocen. Ésta es la primer cosa que Rabeinu *zal* explica en cuanto a la costumbre de decir, "¡*Ela*!", que no tenemos hoy por razones obvias.

Cubriendo a la novia

Lo segundo sobre lo cual habla Rabeinu *zal* es conocido en *idish* como el *badeken*. *Badeken* significa que justo antes de la ceremonia de la *jupá*, el *jatán* es llevado hacia la *kalá*. Allí él toma un velo especial y cubre el rostro de la *kalá* con él. Hoy en día y en la mayor parte de los casos, se utiliza un velo transparente de modo que es solamente un recuerdo del hecho de que el rostro está cubierto. En algunos casos, usan un velo a través del cual no se puede ver nada.

Rabeinu *zal* explica que la kalá es la personificación de la *Shejiná*. La *Shejiná* es denominada Rajel, quien fue llamada "*Olimta shapirta velet la einin*" (*Zohar Mishpatim* 95a; *Shaar HaKavanot*, Introducción y *Drushei Kriat Shemá*), una hermosa joven sin ojos.

Esto, por supuesto, hace referencia a *Maljut*. *Maljut*, la *Shejiná*, la última de las *sefirot*, está representada por la luna, que no tiene luz propia. Cuando decimos luz, queremos decir *emuná*. La fe es llamada sin ojos. Rabeinu *zal* explica que la persona no puede decir que realmente tiene fe a no ser que esa fe sea ciega. La fe ciega es la única fe verdadera. Si la persona quiere ver una prueba, entonces ello no es considerado fe, es conocimiento. Si tú sabes algo, ello es conocimiento. Si tú no sabes nada sobre ello pero crees en ello de manera implícita, ciegamente, esto es una fe verdadera. Rabeinu *zal* dice que la verdadera fe significa que la persona cree en algo con tanta fuerza como si de hecho lo estuviese viendo (Likutey Moharán I, 65:5).

El hecho de que la persona no pueda verlo no significa nada para ella. Pues cree tan implícitamente en esa cosa como si fuera algo que de hecho estuviese viendo. Por lo tanto, dado que la *kalá* representa a *Maljut*, a la princesa, a la *emuná*, sus ojos se cubren para mostrarlo. La *kalá* es algo que debe estar oculto. El gran honor y el respeto de HaShem es algo que está oculto, al igual que los Nombres de HaShem que están muy ocultos. También podemos comprender esto como el *cavod* de HaShem que son los secretos de la Torá, que están ocultos. También aquí, la *kalá* está oculta, para demostrar que éste es el honor de HaShem, de la *Shejiná*, que debe estar oculto de la mirada de los humanos.

El fundamento de nuestra religión

El cubrir el rostro de la *kalá* nos enseña otro punto, un punto muy vital, que de hecho es el fundamento de nuestra religión. El fundamento de nuestra religión es llamado *taharat hamishpajá*, la pureza de la vida familiar. Sólo con esta pureza puede perpetuarse el pueblo judío. Cuando, como pueblo, somos puros, ello es lo que nos diferencia esencialmente de las otras naciones. El nacimiento de nuestros hijos es puro. No hay mancha en el alma de un niño que nace, pero es sólo si los padres se mantuvieron puros y obedientes de las leyes de *taharat hamishpajá*. Ellos guardaron las leyes de *nidá* y de *mikve* y, también muy importante, la *mitzvá* de *tzeniut*, del recato.

Tzeniut significa modestia, recato en la manera de vestir. Si la mujer se viste de manera modesta, entonces hay pureza. Pero si la mujer se viste de manera desvergonzada -es decir, se viste con ropas que no cubren todas las partes del cuerpo que deben estar cubiertas, o utiliza ropas masculinas como pantalones y demás- la mujer es una *perutza*, lo opuesto de *tzeniut*. Carece de recato. No es considerada una mujer judía pura y ello se refleja directamente en los niños que nacen.

Hay dos *mitzvot* básicas en la Torá y que representan la fe en HaShem. Una es el Shabat. La persona que no observa el Shabat es considerada atea, no importa qué más esté observando. Aunque obedezca todas las *mitzvot* de la Torá y estudie Torá y clame diciendo que cree en HaShem con todo su corazón, al punto que moriría por ello... el hecho es que aún es atea. El Shabat es la raíz de la fe.

El resto de los días de la semana están suplementados por la *mitzvá* de los *tefilín*. Nos colocamos los *tefilín* sobre el brazo, cerca del corazón y sobre la cabeza, cerca del cerebro. Consagramos nuestro corazón y nuestra mente a la fe en HaShem. La persona que no se coloca los *tefilín* todos los días no tiene el símbolo de la fe. También ella es considerada en un sentido atea.

Dado que esta *mitzvá* es tan vital y representa nuestra fe en HaShem, ¿cómo podemos comprender la conexión de las mujeres con ella? Ellas están incluidas en la *mitzvá* del Shabat, pero están exceptuadas de los *tefilín*. ¿Qué deben hacer para demostrar su fe en HaShem?

La respuesta es *tzeniut*. El *Zohar HaKadosh* dice que, aunque de acuerdo a la *Guemará*, la ley de *tzeniut* implica cubrir los brazos hasta el codo, de acuerdo al *Zohar HaKadosh*, es mucho más importante cubrir los brazos hasta la muñeca (*Zohar Nasó* 142a). Esto es un paralelo de la extensión de los *tefilín*. Las correas de los *tefilín* van desde la parte superior del brazo hasta la muñeca.

La parte de los *tefilín* correspondiente a la cabeza, que es incluso más importante, está representada por el hecho de cubrir el cabello de la mujer. No se permite que la mujer casada descubra su cabello. Éste es considerado *erva*, desnudez, y es igualmente una parte prohibida del cuerpo al igual que todas las otras partes ocultas. Por lo tanto la mujer que anda con el cabello descubierto es considerada una *perutza*, completamente desvergonzada. Una mujer así, dice la *Guemará*, está desacralizando directamente las leyes de la Torá, al punto en que debe ser divorciada (*Ketubot* 72a). El hombre no debe vivir con una mujer que lleva esas partes descubiertas, pues ello significa que ya no tiene fe en HaShem. Él no puede vivir con ella.

Por lo tanto *tzeniut* es equivalente a la *mitzvá* de los *tefilín* para los hombres. Al igual que para los hombres, para quienes la *mitzvá* de los *tefilín* simboliza la fe en HaShem, de la misma manera la *mitzvá* de *tzeniut* para las mujeres simboliza su fe en HaShem y ello las hace perfectas *baalei emuná*. Esto es lo que hace la *kalá* en el momento de la boda. Ella cubre su cabello por primera vez, pues hasta que no se casa, el cabello de la niña no es considerado *erva*. Aunque hay algunos *poskim* que mantienen que incluso antes del matrimonio debe estar cubierto, son muy pocos. La *halajá*, la costumbre, es seguir a aquellos que dicen que sólo es después del matrimonio. Sin embargo, los brazos deben estar cubiertos desde una edad temprana.

Arrogancia

Ahora subrayamos el *isur*, la prohibición del cabello. El cabello es *erva*. *Erva* significa algo que está prohibido porque es privado. Es una vergüenza revelarlo. De acuerdo al *Zohar HaKadosh* (Zohar Behaaloteja 151b) y tal como está expresado en el *Shuljan Aruj* (Shuljan Aruj Iore Dea 178:1) el cabello es el *inian* de los *dinim*, que significa los malos espíritus que se implantan en el cabello. Por lo tanto el *Zohar HaKadosh* y el Arizal (Shaar HaMitzvot, Kedoshim 8) nos dicen que es igualmente importante, y mucho más en ciertos aspectos, el que el hombre se ocupe de que su cabello esté corto, más que en una mujer.

La mujer puede tener el cabello largo pero tiene que cubrirlo. El hombre no puede tener el cabello largo y mantenerlo cubierto. El hecho de que tenga pelo largo significa que ha permitido que penetraran los malos espíritus en su cerebro, lugar en donde quedan enraizados y destruyen. En verdad, la misma *mitzvá* de los *tefilín* es dañada muy gravemente si hay cabellos largos que actúan como una separación entre los *tefilín* y la cabeza. Los *tefilín* deben estar lo más cerca posible de la cabeza. Se permite una fina capa de cabello, pero si el hombre se deja crecer el pelo, ello actúa como una separación.

Dice la Guemará: Si el cabello en la nuca es espeso, ello es, en cierto sentido, peor todavía (Sotá 10b). ¿Por qué? Porque esto es algo que detesta HaShem y que no es tolerado por el *Tzadik emet*. El Tzadik más grande es aquel que le dice al judío, "Si has quebrado las leyes de la Torá, si has cometido pecados durante toda tu vida y quieres arrepentirte de ello, eres bienvenido y yo te ayudaré con todas mis fuerzas. Haré todo lo posible y te garantizo tu salvación, aunque hayas quebrado todas las leyes de la Torá - excepto una". Si la persona es egoísta, las palabras de Rabeinu *zal* son: "Hazte a un lado. No quiero conocerte pues HaShem te detesta".

La Guemará dice que el orgullo y la arrogancia se

demuestran en la abundancia de pelo por parte de un hombre (Sotá 9b). Esto, por supuesto, es algo que se comprende fácilmente. En muchos casos es posible comprobar que una persona orgullosa, que utiliza el espejo para acicalarse, hará todos los sacrificios en aras de esa *tumá*. La inclinación al mal ha penetrado tan profundamente que se niega, a toda costa, a abandonar esa cosa malvada, pues ha quedado totalmente abrumada por ese grado de ego y de arrogancia. Éste es el deseo de autoestima y de lo que la persona considera un asunto de belleza, pero de hecho, no hay nada más horrible que el *rúaj hatumá* que se posa en el cabello y que hace que el cerebro de la persona quede espiritualmente contaminado.

Diferentes clases de pruebas

Encontramos muchos casos en que los hombres no sienten ninguna tentación por este insensato deseo de cabello largo, mientras que otros están esclavizados por esta adicción. Son tan adictos a ello que les es difícil quebrarlo. Cada persona tiene sus propias pruebas presentadas por el Cielo. La persona que es adicta a un deseo de dinero no se preocupa del cabello ni de ninguna otra clase de deseo. Las pruebas que le presenta el Cielo son pruebas relacionadas con la obtención de dinero o con el hecho de gastar el dinero de manera apropiada o de dar el monto correcto de *tzedaka*. En eso es probada.

Imaginen la alegría que le da al alma de la persona el superar esa tentación y pasar con éxito la prueba. No hay nada que pueda darle más crédito a la persona que pasar esa prueba. Los grandes Tzadikim de la época de la Guemará y de todas las épocas fueron probados con sus vidas.

Cada persona debe saber que esa prueba consiste en aquello que le es más difícil. La persona debe hacer todos los esfuerzos posibles para al menos comprender cuán poca es la ganancia de ir en contra de la voluntad de HaShem, de la voluntad de la Torá, y cuán inmensa es la buena fortuna si corrige sus faltas.

Esto es lo que afirma Rabeinu zal, "*Kevod Elokim haster davar*" (Proverbios 25:2), el *cavod* para HaShem es mantenerse oculto, no mostrar algo que está mal, no mostrar aquello que es maligno, *tamé* e impuro. Ser modesto, actuar con recato, vestirse de manera modesta ser humilde y puro. Éste es el motivo para cubrir a la *kalá* precisamente antes de la *jupá*.

Volver a actualizar la recepción de la Torá

Rabeinu *zal* dice que la *jatuna*, la boda misma, está representada por el *Har Sinaí*, como dice la Guemará, "*Beiom jatunato ze matán Torá*" (Taanit 26b), en el día de la boda eso es la entrega de la Torá. En el *Har Sinaí*, los judíos recibieron la Torá y en ese lugar Iaacov *Avinu* tuvo un sueño y vio una escalera que iba de la tierra al cielo. Sobre esa escalera, percibió ángeles que ascendían y descendían. Esto está representado por la recepción de la Torá, pues *SuLaM* (סלם = 130), "escalera", tiene la misma Guematria que *SINaI* (סיני = 130); la escalera corresponde al *Har Sinaí* en donde fue entregada la Torá.

Rabeinu *zal* dice que es debido a la visión del sueño de Iaacov que tenemos la costumbre de bailar en las bodas. Cuando la gente baila, asciende y desciende. Sube y baja en esta forma de baile, y ello tiene un origen. Ello se debe al hecho de que la *jatuna* representa la recepción de la Torá, los ángeles ascendiendo y descendiendo.

Es costumbre que el *jatán* diga una *drashá*, un *pilpul*, un *dvar Torá*, una disertación sobre la Torá. Ello se debe a que la boda representa el *Har Sinaí*, el *matán Torá*. Debe haber una enseñanza de Torá por parte del *jatán*. En el *Har Sinaí*, el *jatán* fue, *kiviajol*, HaShem. La *kalá* fue el pueblo judío. HaShem entregó la Torá. Por lo tanto es costumbre que el *jatán* diga palabras de Torá.

También es costumbre que en medio del *dvar Torá* del *jatán*, el resto comience a cantar algún *nigún* para interrumpir al *jatán* en medio de sus palabras. Rabeinu *zal* dice que hay un motivo para ello - es en memoria del hecho de que *matán Torá* significa la entrega de las Tablas. Moshé *Rabeinu* descendió con las Tablas y de pronto esas Tablas fueron quebradas. Es en memoria del hecho de que fueron quebradas, que se interrumpen las palabras del *jatán*.

Finalmente, está la costumbre de que haya en las bodas un *badjan*, un cómico, que entretiene a la gente haciendo cabriolas o parándose sobre su cabeza. Esto hace referencia al hecho de que el *pasuk* dice que Moshé *Rabeinu* subió al Cielo para recibir la Torá, mientras que el *pasuk* también dice, "*Vaiered HaShem al Har Sinaí*" (Éxodo 19:20), HaShem descendió al monte Sinaí. Ello significa que aquellos que estaban abajo subieron y que los que estaban arriba descendieron - es decir que lo de abajo estaba arriba y que la cabeza descendió. Cuando la persona se para sobre su cabeza, ésta está debajo y sus pies están arriba. Esto es en memoria del hecho de que HaShem, *kiviajol*, descendió al *Har Sinaí* y que Moshé *Rabeinu* subió al Cielo.

Éstos son los motivos para esas costumbres. Por supuesto, hay mucha más profundidad para todo esto, pero al menos tenemos un pequeño conocimiento ahora de lo que sucede, o de lo que debería tener lugar, en una *jatuna*, y de los motivos para ello.

Sija # 87

Llorando por un Hermoso Etrog

El concepto de Rosh HaShaná y de Iom Kipur supone la posesión de un *etrog* de gran hermosura.

La gente dice que el tonto posee una mujer hermosa [*Naar* en *idish* quiere decir tonto y en hebreo significa joven o inmaduro (*Rashi* sobre Génesis 41:12)]. El *etrog* es análogo a una esposa.

Está escrito (Cantar de los Cantares 4:7): "Amada mía, eres totalmente hermosa y no posees defecto alguno". Dice el *Zohar* que esto hace referencia al etrog (*Tikuney Zohar* 13, 29a, 21, 56b).

Está escrito también (Éxodo 2:6): "Y he aquí un niño [*Naar*] llorando y ella tuvo piedad de él". Dice el *Tikuney Zohar* que cuando los judíos son como este niño que llora, despiertan entonces la misericordia de HaShem.

En Rosh HaShaná y en Iom Kipur los judíos se asemejan a ese niño.

El niño que llora es un *Naar*. Esto también significa tonto.

Cuando los judíos se vuelven como ese niño, deben tener un hermoso *etrog*. El tonto tiene una mujer hermosa. Cuanto más personifican a "un niño llorando", más merecen este hermoso *etrog*.

La gente dice que el tonto tiene una mujer hermosa. Y ésta es la razón de ello: La inteligencia se encuentra en el cerebro.

El cerebro se nutre de la médula de los huesos.

Está escrito (Job 21:24): "Y la médula de sus huesos está humedecida". La médula se mantiene a través de las grasas y fluidos del cuerpo.

Las grasas y los fluidos nutren la médula y ésta mantiene el intelecto. Por lo tanto son las grasas y los fluidos del cuerpo los que mantienen el intelecto.

El tonto posee una inteligencia limitada debido a que su cerebro no puede alimentarse de la médula de sus huesos. Por lo tanto sus huesos quedan con una sobreabundancia de médula.

Está escrito (Génesis 2:21): "Y tomó una de sus costillas... e hizo con ella una mujer".

La esposa destinada a un hombre es tomada de sus huesos.

La esposa de un tonto recibe una sobreabundancia de médula. Posee por lo tanto una profunda inteligencia innata.

Está escrito (Eclesiastés 8:1): "La sabiduría de la persona ilumina su rostro". La belleza proviene del intelecto. Por lo tanto, la mujer de un tonto se ve hermosa.

Esto también es verdad en el dominio de la Santidad.

Las raíces del conocimiento son dirigidas hacia el *etrog*. Esto se halla explicado en los escritos del Ari.

El *etrog* es *Maljut*, la Novia Real.

El novio es *Zeir Anpin*, aquél de "Rostro Pequeño".

El cuerpo de *Zeir Anpin* está compuesto por las Seis Direcciones.

Las Mentalidades [*Mojín*] de este cuerpo son las Bondades de estas direcciones.

Cuando se toma el *etrog*, estas Mentalidades se canalizan hacia él.

Entonces, las Luces de la Bondad penetran en el *etrog*.

El Conocimiento es la Raíz de la Bondad.

Antes de que el Bien pueda entrar dentro del *etrog*, éste debe ser iluminado por el Conocimiento.

Éste es el misterio de agitar las Cuatro Especies, tal como está explicado en los escritos del Ari.

Cuando se toma el *etrog*, se dirige la luz de las

Mentalidades de la cabeza de *Zeir Anpin* hacia las Seis Direcciones del cuerpo.

Entonces, las Mentalidades del cuerpo se iluminan y crecen.

El *etrog*, la Novia Real, es entonces iluminado por estas Mentalidades.

El *etrog* es similar a la esposa del tonto.

El poder mental del tonto reside en la médula de sus huesos y no se eleva hacia su cerebro.

Puede por lo tanto ser entregado a su esposa.

En los ámbitos de la Santidad, las luces del Cerebro son introducidas en el Cuerpo.

El poder mental es entonces atraído hacia el *etrog* a partir del aumento de la luz en el cuerpo.

Y así se ilumina el *etrog*.

Estudia con atención los escritos del Ari y comprenderás bien esto.

También éste es el concepto de la Sucá.

Está escrito (Oseas 11:1): "Pues Israel es un niño y Yo lo amo". El amor es un abrazar, un abrazar con la mano derecha (Cantar de los Cantares 2:6, 8:3).

Este abrazo es la Sucá.

En Rosh HaShaná y en Iom Kipur, el judío entra en el aspecto de "He aquí un niño llorando y ella tuvo piedad de él".

Por lo tanto en Sucot puede entrar en la categoría de "Pues Israel es un niño y Yo lo amo" - la Sucá.

(*Sijot HaRan* #87)

Un hermoso etrog

Rabeinu *zal* dice que la manera en que la persona obedece las *mitzvot* de Rosh HaShaná y de Iom Kipur determina el tipo de *etrog* que merecerá obtener. Si se comporta de acuerdo a las reglas de Rosh HaShaná y de Iom Kipur, tendrá un hermoso *etrog*. El *etrog* es llamado *pri etz hadar* (Levítico 23:40), un fruto de belleza. Para tener un *etrog* realmente bello es necesario ser bueno en Rosh HaShaná y en Iom Kipur. Bueno significa el orar realmente con *kavaná*.

Dice Rabeinu *zal*: Está el dicho de que un *naar* tiene una esposa de gran belleza. *Naar*, un joven, significa una persona que es mentalmente inmadura, un hombre joven que es una especie de tonto. Esto no significa que si la esposa es bella, el marido es un tonto. Quiere decir que si el marido es un tonto, entonces en general su esposa es bella. En el *Zohar HaKadosh*, el *etrog* es llamado *isha*, una esposa (Zohar Ki Tetzé 283a; el *etrog* es la *Shejiná*, el aspecto femenino de lo Divino). Se hace referencia al *etrog* como a lo femenino, a la novia. Se dice sobre ese *etrog* en el *Shir HaShirim*, "*Kulá iafá raati umum ein baj*" (Cantar de los Cantares 4:7), eres completamente bella sin falla alguna. El *etrog* debe ser un fruto de perfecta belleza.

El llorar del naar

De acuerdo al *Zohar HaKadosh*, en Iom Kipur el judío es llamado *naar*, un joven. ¿Por qué? Cuando la hija del faraón rescató la pequeña caja en la cual fue colocado Moshé *Rabeinu* en el Nilo, ella encontró allí a un "*naar bojé*", a un niño, a un joven llorando, "*vatajmol alav*" (Éxodo 2:6), ella se llenó de piedad al ver a ese *naar* llorando. No era un joven, era un infante - pero se había desarrollado como un joven, en cuanto a la inteligencia, a una brillante inteligencia, motivo por el cual es llamado *naar*.

El *Zohar HaKadosh* dice que la hija del faraón representa a la *Shejiná*, el espíritu de HaShem, y que Moshé *Rabeinu* representa a los judíos mismos. De modo que cuando el espíritu de HaShem ve al judío llorar, derramando lágrimas en Iom

Kipur, la *Shejiná* se apiada de él. Sus pecados son perdonados y el judío es inscripto en el Libro de la Vida. Esto es lo que el *Zohar Hakadosh* dice sobre Iom Kipur en relación al hecho de llorar por remordimiento y al clamar por la *teshuvá* (Tikuney Zohar #11, 26b).

Alimento para el cerebro

Ahora bien, dado que los judíos son llamados *naar* en Iom Kipur, merecen por lo tanto un *etrog* de belleza, pues el *etrog* corresponde a la esposa. La pregunta es: ¿Por qué un joven sin demasiado cerebro merece o adquiere una mujer que posee belleza?

Hay una razón física para ello. Dice Rabeinu *zal*: ¿De dónde se nutre el cerebro? ¿De dónde proviene esta inteligencia? También proviene del "cerebro": se encuentra en los huesos del cuerpo, aquello que es llamado la médula, que tiene el mismo nombre, *moaj*. *Moaj* es el cerebro; *moaj shebeatzamot*, la médula de los huesos, es el alimento del cerebro. Ésa médula de los huesos es llevada hacia el cerebro a través de los fluidos del cuerpo. Éstos llevan esa médula hasta el cerebro y ello le da a éste su inteligencia.

¿Qué sucede en el caso de un tonto, de un joven? Su cerebro no está desarrollado, pues de alguna manera aún no tiene suficiente de ese fluido para llevar la médula hacia el cerebro, lo que significa que la médula se queda en sus huesos y no es llevada hacia la mente.

Ahora bien, Shlomo *HaMelej* nos dice, "*Jojmat adam tair panav*" (Eclesiastés 8:1), el brillo del rostro de la persona se debe a la sabiduría. Cuando hay sabiduría, ésta brilla en el rostro, *tair panav*. Rabeinu *zal* trae esto en el primer capítulo del *Likutey Moharán*. Allí explica que la sabiduría de la persona ilumina su camino, *panav*, su rostro, delante de ella. Para la persona que tiene sabiduría su sendero está iluminado, no está en la oscuridad. Dado que la belleza depende de la sabiduría y la sabiduría se queda en sus huesos, su belleza, su *moaj*, la médula, se queda en sus huesos. Éstos tienen esa belleza y nosotros sabemos que la esposa proviene de los huesos del hombre, de la costilla del hombre. Por lo tanto su esposa tendrá esa belleza.

Esta teoría es traída al hablar en un sentido espiritual. Pero, de hecho esta lógica es válida. Axiomáticamente, la esposa de un tonto es bella. Ello se debe a ésta serie de razonamientos lógicos. El cerebro es lo que le da brillo o belleza al rostro de la persona. Dado que el cerebro del tonto permanece en los huesos y dado que los huesos conforman a la esposa de la persona, por lo tanto un *naar* tiene una esposa bella.

Agitando las Cuatro Especies

Ahora bien, los cuatro *minim* -el *lulav*, los *hadasim*, las *aravot* y el *etrog*- representan las cuatro letras del Nombre de HaShem (Vaikrá Rabah 30:9). Por lo tanto y para que esas cuatro letras estén unidas como una, deben ser aferradas juntas, combinadas. *Iud-Kei* corresponden a *Jojmá* y *Biná*, *Vav* es *Zeir Anpin-Tiferet* y la última *Kei* es *Maljut*. Ésta es la Novia. *Vav-Kei* son el *jatán* y la *kalá*, el novio y la novia.

Ahora bien, la novia es el *etrog*. El *etrog* es la esposa, la novia. Aquí, el propósito de la *mitzvá* de agitar los cuatro *minim*, diciendo la *berajá* con los cuatro *minim*, es llevarlos hacia el *Maljut*, la *Shejiná*, la *emuná* que no tiene nada propio, sino sólo aquello que recibe de las *sefirot* que están por encima.

Al agitar el *lulav* con los otros *minim* hacemos que desciendan los *mojín* hacia *Maljut*. *Maljut* es *dinim*, rigor; y el *baal*, el *jatán*, es *jasadim*, *jesed*, bondad. Cuando el *baal* le da algo de sus *jasadim* a *Maljut*, ello *mamtik dinim*, endulza los *dinim* y anula ese rigor. Esto sólo es posible si el *baal*, la *Vav*, *Zeir Anpin*, recibe desde el origen de *Jojmá* y *Biná*. Pues también él tiene que tener *mojín*. De modo que al agitar el *lulav* y el *etrog*, hace que desciendan los *mojín* para él mismo desde *Jojmá* y *Biná*, las *sefirot* superiores, para luego transferir esto a *Maljut* (Shaar HaKavanot, Inian Suká 5).

Nutriendo al mundo

De modo que cuando hablamos de un *naar*... El que su esposa sea bella se debe a que él tiene sus carencias mentales. En este caso, *lehavdil*, en el caso de un *etrog*, de un *lulav*, lo hacemos de manera deliberada, queremos traer los *mojín*, haciéndolos descender hacia *Maljut*. ¿Por qué traer los *mojín* desde *Zeir Anpin*, desde los niveles superiores, hacia *Maljut*? Pues todo lo que recibimos en esta tierra sólo debe provenir de *Maljut*. Ésta es la Reina que nutre al mundo entero. Cuando llevamos a cabo las *mitzvot*, generamos un *ijud*, una unificación, entre *HaKadosh Baruj Hu* y la *Shejiná*, y HaShem le provee a la *Shejiná*, la que a su vez provee para todas nuestras necesidades.

Esto se hace a través de la *mitzvá* de los *arba minim*, de las cuatro especies... Pero, en última instancia, la belleza del *etrog* se debe a las lágrimas del judío en Iom Kipur. El judío que ora con *kavaná* en Rosh HaShaná y en Iom Kipur merece tener un hermoso *etrog*, el que a su vez le dará la *shefa* que él necesita (Ibid.).

Sija # 88

Un Habla Liberada

Es costumbre que en el *Shabat HaGadol*, el Gran Shabat previo a Pesaj, se den vuelta las mesas.

El habla permanece en el exilio hasta Pesaj.

Pesaj es *Pé Saj*, "la boca que habla" (Shaar HaKavanot, Inian Pesaj, #6).

En Pesaj, el habla sale del exilio. Ésta es la idea más importante del Éxodo.

Está escrito (Ezequiel 41:22): "Y Él me *habló*: ésta es la Mesa que se encuentra delante de HaShem".

La mesa es el habla.

"Y Él *me* habló", respecto a *mi* comida y sustento. Ésta es la Mesa que deriva de la categoría de Habla.

Está escrito (Deuteronomio 8:3): "De todo lo que emane de la boca de HaShem vivirá el hombre".

Cuando el Habla no está en el exilio, la Mesa se encuentra vuelta hacia nosotros en el aspecto de Rostro.

"Y Él me habló: Ésta es la mesa que se encuentra *delante* de HaShem". "Delante" es *Lifnei*, literalmente "hacia el rostro de".

Cuando "Él habló", la Mesa es entonces un aspecto de Rostro.

El Habla permanece en el exilio hasta Pesaj.

Se encuentra en Egipto, hasta el Éxodo.

Por lo tanto las Mesas son dadas vuelta, mostrando que el Habla no se halla aún en el aspecto de Rostro.

El Habla emerge del exilio sólo en Pesaj, *Pé Saj*, "La boca que habla".

(*Sijot HaRan* #88)

Redimiendo el habla

Rabeinu *zal* dice que el habla es algo intangible. No puedes tocarla. No puedes aferrarla. No puedes venderla. Pero existe tal cosa como un habla prisionera, un habla que va al exilio un habla que es redimida, que es llevada hacia una *gueula* y liberada. Por ejemplo, la persona ha recibido de HaShem el poder del habla para decir palabras de Torá o palabras de *kedushá*. Si, en su lugar, habla *lashón hará* o palabras de impureza, entonces está desacralizado un pacto.

Dos niveles del tikún habrit

Cuando se trata del *tikún habrit*, lo tenemos en dos sentidos - el *tikún habrit* inferior y el *brit halashón*. El *brit* también es con la lengua (*Sefer Ietzirá* 1:3). La persona que contamina sus palabras también *mejalel*, desacraliza el *brit*. Desacraliza el *brit halashón*, la lengua, lo que automáticamente envía a sus palabras al *galut*, al exilio. Esto requiere su liberación.

¿Cómo es posible liberar el habla? Mediante la observación y la corrección de todas las faltas en esta clase de habla, diciendo cosas que son correctas. Entonces la persona será capaz de orar con más *kavaná*. Si la persona dice palabras malignas, calumnias, o palabras que son *nivul pé*, profanas e impuras, verá que cuando se trata de orar, su habla está prisionera. No puede liberarla para orar con *kavaná*. No puede inspirarse y orar con pensamientos puros, no puede concentrarse en las palabras que está diciendo ni orar con sentimiento, pues su habla no está libre.

Aquí es donde tenemos el tema de "*Semijat gueula letefilá*" (*Berajot* 4b), la unificación de la *gueula* con la *tefilá*. Decimos, "*Baruj Atá HaShem Gaal Israel*", "Bendito Seas HaShem que liberas a Israel" y luego comenzamos las *Shmone*

Esere. Primero debemos liberar el habla de su esclavitud y entonces está libre para hablarLe a HaShem. Esto, dice Rabeinu *zal*, es lo que sucedió en Egipto. Cuando los judíos estuvieron esclavizados en Egipto, también el habla estuvo esclavizada. Los judíos no podían hablar con libertad. Estaban confinados a un lugar en el que no podían decir palabras de Torá y el habla misma quedó tan restringida que no podía expresarse *bekedushá*, en santidad.

Esto fue durante todo el período en que fueron esclavizados. Cuando los judíos fueron liberados de Egipto, el habla también salió de la esclavitud.

El significado de Pesaj

Por ello tuvieron, primero y ante todo, una festividad llamada Pesaj. *PeSaJ* proviene de las palabras *Pé SaJ* - *pé*, la boca, *saj*, el habla. La boca pudo finalmente hablar. *SaJ* es *SiJá*, que significa habla. La boca pudo finalmente hablar pues hubo una *gueula* para la boca. *Pé saj*, el habla salió libremente.

Por supuesto, cuando dividimos la palabra *PeSaJ* (פסח) en *Pé SaJ* (פה סח), tenemos una letra adicional. La letra *Hei* (ה) se agrega para demostrar que *Maljut* salió de la esclavitud. La letra *Hei* es *Maljut*, *maljut pé*, *Maljut* es la boca. *Maljut* está libre. Por lo tanto la *Hei* sale en libertad. Ahora la boca puede hablar.

El habla significa palabras, *milim*. *Milá* corresponde al *brit* y *milá* (מילה = 85) tiene la misma *Guematria* que *pé* (פה = 85). La boca es *milá*, que es la clave del habla a través de *Maljut*.

Dice Rabeinu *zal*: Es posible que la persona viva toda su vida hablando mucho, pero que sus palabras estén prisioneras, *jas veshalom*. Sus palabras no están libres y por lo tanto la persona no está libre para tener un contacto directo con HaShem, libremente. Una vez que ha purificado sus palabras, su habla sale del *galut* y es redimida, ella entonces está libre para hablarLe a HaShem con verdadera *kavaná*.

Sija # 89

Limpiando el Registro con Bondad

Existen manojos y atados de pecados (*Valkrá Rabah* 21:4).

Nos enseña el Talmud (*Avot* 4:2): "Un pecado trae otro pecado".

Cuando una persona peca, eso le hace cometer otra transgresión relacionada con la primera. Y esta segunda transgresión trae aparejadas más transgresiones asociadas con ella.

Cada pecado arrastra a otros pecados relacionados con él. Todos estos siguen entonces al primero. Los pecados que no tienen relación con él no se encuentran en ese grupo.

Estos son los manojos y atados de pecados.

El primer pecado, conjuntamente con los demás relacionados a él, conforma un manojo. Cada pecado subsiguiente forma de igual manera su propio manojo. De esta manera se crean manojos y atados de pecados.

Cada uno de estos manojos de pecados trae aparejada la creación de una tropa de ángeles que destruyen y acusan (*Avot* 4:1).

Estos Destructores y Acusadores claman: "¡Danos Vida! ¡Aliméntanos!".

Le claman a aquél que ha cometido el pecado, a aquél que los trajo a la existencia. Él es, literalmente, su dueño y es responsable por ellos. Es él quien debe proveerles de comida y sustento.

El primer pecado del manojo fue cometido sin ninguna clase de coerción. Por lo tanto es deber del pecador mantener al Destructor y Acusador así engendrado.

Pero debe mantener también a todos los otros pecados del atado.

Puede argumentar que fue forzado a cometerlos, que éstos fueron resultado de su pecado original, relacionado con ellos.

Esto no es una excusa válida.

Los Destructores y Acusadores pueden decir que él debió protegerse inmediatamente observando uno de los mandamientos de la Torá (*Sotá* 21a; *Valkra Rabah, loc. cit*).

Dado que no hizo nada para protegerse debe por lo tanto mantener y alimentar a la tropa entera.

El remedio para esto es estudiar y observar los Trece Atributos de Misericordia Divina (Éxodo 34:6, 6; Mica 7:18-20; *Rosh HaShaná* 17b; *Zohar* 3:128a; *Zohar Jadash* 24c).

Debes cumplir con estos Trece Atributos mostrando misericordia y realizando buenas acciones.

Si haces esto, la revelación de los Trece Atributos dentro de ti estimulará a los Trece Atributos de Misericordia de Arriba. Ellos humillarán y eliminarán al Destructor alimentado por tus pecados.

Esto es lo que decimos en nuestra plegaria: "Dios, Rey, sentado en un trono de misericordia... perdonando los pecados de su pueblo, extrayendo primero el primero..." (*Slijot; Rosh HaShaná* 17a). Esta plegaria introduce los Trece Atributos.

A través de los Trece Atributos, Dios extrae el primer pecado de cada manojo. Los otros pecados del grupo están libres entonces para retornar a Dios, Quien les otorga su subsistencia.

Está escrito (Salmos 51:15): "Enseñaré a los rebeldes Tus caminos y los pecadores volverán a Ti".

"Tus caminos" se refiere a los Trece Atributos.

Moshé Le pidió a Dios (Éxodo 33:13): "Permíteme conocer *Tus caminos*". Y Dios le reveló inmediatamente los Trece Atributos.

Si uno aprende a observar los *caminos* de Dios, los

Trece Atributos, entonces "los pecadores volverán a Ti".

Los Pecadores son los pecados de ese grupo, los que ahora pueden retornar a Dios.

Debemos comprender ahora cómo Dios mantiene con vida a estos ángeles de destrucción.

Existe en el Otro Lado la noción del primero entre los primeros.

Está escrito (Génesis 25:25): "Y Edom, el primero, salió". Por lo tanto, Edom es el primero del primero.

Éste es el primero de los pecados iniciales, trayendo aparejados a todos los demás.

El pueblo judío es tan santo que, de hecho, no debería pecar en absoluto. Nuestros pecados son producto de la diáspora, donde nos encontramos bajo el poder de las otras naciones. El hecho de que debamos pagar impuestos y levas es lo que nos lleva a pecar.

Por lo tanto, todos los pecados provienen de Edom, quien es la causa de nuestro exilio.

Este Edom es el primero entre los primeros.

Por lo tanto Dios coloca todos nuestros pecados sobre Edom quien debe entonces mantenerlos.

Está escrito respecto a aquéllos que nos llevaron al exilio (Salmos 69:28): "Coloca el pecado sobre su pecado".

Dios coloca los pecados de Israel sobre ellos y hace que mantengan a los ángeles destructores.

Esto se logra a través de la piedad, la que activa a los Trece Atributos de Misericordia.

Los pobres no tienen piedad.

Ellos se encuentran en la categoría de justicia estricta. Está escrito respecto a Shimón (Génesis 49:7): "Yo los dividiré en Iaacov y los dispersaré en Israel". Ellos irán de puerta en puerta aceptando la caridad (*Bereshit Rabah* 98:10).

Shimón se encuentra por lo tanto en la categoría de justicia estricta (*Zohar* 1:236a).

Podemos ver también que los pobres no tienen sentimientos de piedad y que son muy crueles.

Ellos se encuentran en la categoría de justicia estricta y la justicia no incluye piedad alguna (*Ketubot* 84a; *Zohar* 3:193a).

Los pobres no tienen piedad y por lo tanto no tienen parte en los Trece Atributos de Misericordia. Por lo tanto, no pueden activar estos Atributos en lo Alto.

Los pobres deben entonces solicitar clemencia.

Deben pedir ante Dios para que Él Mismo tenga piedad a través de los Trece Atributos y active así los Atributos de Arriba. Cuando Él hace esto, entonces "extrae primero el primero".

Está escrito (Salmos 79:8): "¡No tengas en memoria contra nosotros nuestros primeros pecados! Apresúrate, vengan Tus misericordias a encontrarnos, porque somos muy pobres".

Pedimos a Dios que "no tenga en memoria nuestros primeros pecados" en cada manojo de pecados.

Pedimos que Él "extraiga primero el primero" de cada uno de los atados. Entonces los otros pecados del grupo son automáticamente descartados y destruidos.

Pero Dios extrae "primero el primero" mediante los Trece Atributos de Misericordia Divina. Debemos activar por lo tanto primero estos Atributos, practicándolos en nuestras propias vidas.

Pedimos a Dios: "Apresúrate, vengan Tus misericordias a encontrarnos". Debemos pedirlo "porque somos muy pobres".

Estamos en la categoría del pobre que no puede hacer uso de los Atributos de Misericordia. No tenemos por lo tanto fuerza alguna para activar los Trece Atributos.

Extendemos entonces nuestras manos ante Dios, rogando que Él Mismo active los Trece Atributos de Misericordia: "Apresúrate, vengan Tus Misericordias a *encontrarnos*, pues somos muy pobres" y no tenemos la fuerza para hacerlo nosotros mismos.

"Apresúrate, vengan *Tus* Misericordias a encontrarnos", deben venir de Ti, "pues somos muy pobres".

Rogamos que Dios lo haga y que no "tenga en memoria nuestros primeros pecados".

Pues entonces Él "extraerá primero el primero" de cada manojo de pecados, haciendo que los otros ángeles de destrucción sean automáticamente eliminados y destruidos.

(*Sijot HaRan* #89)

Una reacción en cadena

Rabeinu *zal* dice que hay varias clases de pecados. La persona comete un pecado y éste es como un general. Ese general tiene soldados a su mando, esto es natural. Dice en *Pirkey Avot*: El resultado de una persona que comete un pecado es que un pecado lleva a otro (*Avot* 4:2). Si dices una mentira, tendrás que decir una segunda mentira para cubrir la primera. Esto llevará a una reacción en cadena de muchas más mentiras. Cuando la persona se permite caer, someterse a su deseo, a su mala inclinación, a su tentación, el resultado es que la segunda vez que sea probada, encontrará mucho más difícil el pasar la prueba. Caerá mucho más fácilmente. Se rendirá ante la tentación. La tercera vez será mucho más fácil y así esto se transformará en una reacción en cadena de pecados, hasta que ya no pueda controlarse más.

Todo esto se debe al primer pecado. Cometió un pecado que entonces llevó a un grupo de otros pecados. Esto se transformó en una *javilá*. *Javilá* significa un manojo o un atado. Esto es llamado una *javilá* de *averot*, un atado de pecados, liderados por la cabeza de ese atado, que es el general de ese grupo de pecados. Este atado, por supuesto, es un grupo que se encuentra dentro de una familia. El mismo tipo de pecado repetido muchas veces en diferentes formas es una clase de pecado. Si la persona comete otra clase de pecado, esto crea un segundo atado, *jas veshalom*. Esto puede llevar a muchas y diferentes clases de atados, hasta que la persona se ve abrumada por la peor clase posible de atados.

El problema con estos pecados es que claman pidiendo alimento. Quieren sangre. Son vampiros. Quieren que se los alimente, que se los cuide y absorben de la *kedushá* de la persona que los ha creado.

La persona que comete un pecado es llamada *baal averá*, señor de un pecado. *Baal* significa "marido". El pecado insiste, "Tú eres nuestro marido. Nosotros somos tus esposas. Estás obligado a proveernos y a darnos alimento, y el alimento es la sangre vital misma", *jas veshalom*. Imaginen el sufrimiento de la persona que se encuentra bajo el yugo de todos esos pecados.

El tikún

Rabeinu *zal* dice que el *tikún* para esto es que la persona cumpla con las trece cualidades de bondad de HaShem y, de ese modo, merecerá eliminar sus pecados, pues de esta forma se destruye al líder de esos atados. Una vez que el líder es retirado, el resto desaparece por completo. De modo que al cumplir con esas trece *midot* de bondad, todos los demás se desvanecen. Todos los días decimos en el *Tajanun*: "*Maavir rishón rishón*", "Extrae el primero, primero", HaShem retira *rishón*, el primero de esos grupos, debido a las trece *midot* de bondad.

Es posible que la persona sienta que no puede encontrar en su corazón la posibilidad de ser así de buena, pues quizás fue creada con un tipo diferente de temperamento. Es posible que ello se deba a que tiene un mal carácter o que carece de bondad en sí, aunque le gustaría ser tan buena como las demás personas. Puede entonces orarLe a HaShem, pidiéndoLe que Él Mismo decrete esas trece cualidades de bondad y, gracias a la propia bondad de HaShem, que Él Mismo retire a los líderes de esos pecados.

Esto es muy temporario, pues se requiere que la persona corrija todas sus malas cualidades. En especial, *jas veshalom*, si tiene la *midá* de *kaas*, de la ira, pues la ira también es como la idolatría. Sin embargo, la clave para eliminar a esos grupos de pecados es el bien, *tzedaka*, más aún, la bondad. La persona que es buena verá que esa bondad le es devuelta por HaShem. Debe ser buena con otro judío. HaShem se lo recompensará perdonando sus pecados y, más aún, eliminándolos por completo. Debes eliminarlos de tu registro y así verás que te liberan de ese pesado yugo.

Rabeinu *zal* dice que la carga más pesada para un judío es la carga del pecado (*Likutey Moharán* II, 7:3). Por lo tanto, en el *Beit HaMikdash* teníamos cada día unos *korbanot* especiales para eliminar esos pecados de los judíos.

Sija # 90

Preparación para dormir

¡Debes saber! Al dormirse, antes de hundirse en el sueño, la persona ve las almas de todos sus parientes fallecidos.

También ve las almas de todos aquéllos que comparten la misma Raíz de su alma.

Se nos enseña que al morir uno ve todas estas almas. Dormir es la sesentava parte de la muerte. Por lo tanto, también estas almas se ven antes de dormirse.

Cuando uno ve estas almas antes de dormirse, sólo las percibe de manera vaga y al pasar.

Incluso antes de morir existen muchos niveles de percepción de las almas.

Un gran Tzadik las verá muy claramente. Pero la persona común sólo las ve como al pasar, como una chispa relampagueando delante de sus ojos.

Dormir es sólo la sesentava parte de la muerte. Por lo tanto, la visión es sólo la sesentava parte de esta chispa relampagueante. Puede ser subliminal y no conscientemente percibida.

La gente no es consciente de la visión que se produce antes de dormir debido a que ella es sólo la sesentava parte de la visión, vaga de por sí, que uno tiene antes de morir.

Pero la verdad es que todos los hombres comparten esta visión.

(*Sijot HaRan* #90)

Un instante antes de dormir y de la muerte

Rabeinu *zal* habla de algo que era desconocido hasta su revelación. Rabeinu *zal* dice, "*Da*", "debes saber", por algo que él mismo aprendió del *Olam HaAtzilut*, el mundo más elevado de los cuatro niveles de la Creación. Cuando Rabeinu *zal* dice, "*Da*", quiere decir que ésta es la absoluta verdad, aunque suene bastante inusual.

Rabeinu *zal* dice que cada persona, sin excepción, ve pasar delante de sus ojos, en el último momento antes de quedar dormida por la noche, a todas las almas de sus familiares fallecidos. Aunque sus ojos estén cerrados, igualmente puede ver pasando a esas almas. Y no sólo sus parientes, sino que incluso puede verse a sí misma en sus vidas anteriores sobre la tierra.

Cada persona es un *guilgul*, una reencarnación, o muchas. Por lo tanto todas las partes originales de su alma desde el momento de la Creación y de la primera persona, *Adam HaRishón*, quien incluía a todas las futuras *neshamot*, pasan delante de ella al dormirse y al fallecer. También en el segundo previo al fallecimiento de la persona, mientras aún está con vida, ve a sus parientes delante de ella.

Esto es algo de lo cual es posible testificar personalmente. Aquel que esté de pie junto al lecho del Tzadik en el segundo anterior a su fallecimiento podrá ver una luz en los ojos del Tzadik y percibir que allí hay una revelación. Y cada persona, igualmente y antes de fallecer, ve las almas que pasan delante de ella con una gran claridad, al igual que todas las partes de su propia alma.

¿Cuál es la conexión entre éstas dos cosas? La Guemará dice que el sueño es exactamente una sesentava parte de la muerte *(Berajot 57b)*. Cuando la persona se duerme, ello es como una sesentava parte del morir. Por lo tanto, dado que esto es una parte de la muerte, la misma experiencia tiene lugar antes de dormirse al igual que antes de fallecer.

Sin embargo, este percibir las almas se produce durante un momento fugaz. Pasa de manera tan rápida que es sólo una sombra. La persona ve, pero no sabes qué es lo que está viendo. No comprende qué es lo que está pasando frente a sus ojos. Debido a la velocidad con la cual pasa frente a sus ojos, no puede aferrar con claridad aquello que ve.

Los parientes que acompañan

Segundo, dice Rabeinu *zal*, es algo aceptado por la mayoría de la gente que antes de fallecer, todo pasa delante de los ojos en un relámpago. Todo su pasado, toda su vida y, más aún, las almas de sus parientes que vienen cuando otra alma se agrega a sus filas. El hecho de que merezca o no estar con ellos depende del juicio, pero vienen a estar allí en el momento de su fallecimiento. Cuando la persona muere, esos parientes están presentes. El asunto es, sin embargo, que no todos los ven con claridad. Esto depende de cuán grande sea la persona.

Hay mucha gente que, incluso en el segundo de su muerte, cuando las almas están allí, no las ve sino de manera fugaz, como en el caso de la persona que está por quedarse dormida. En la mayor parte de los casos, sin embargo, incluso cuando la persona está por fallecer y esos parientes se hacen presentes y parecería ser que la persona tiene el poder de verlos con claridad… el hecho es que incluso entonces no son vistos claramente por la mayor parte de la gente. Cada persona tiene un diferente nivel para detectarlo y comprenderlo, un modo de tener una clara visión, una visión clara de ellos.

En el caso de antes de irse a dormir, por supuesto, nadie los ve con claridad. Todos los tienen frente a ellos. Cada persona, sin excepción, tiene a sus parientes allí, pues ésta es una fracción, una parte de la muerte misma. Por lo tanto ellos se presentan, pero no pueden ser vistos debido a la velocidad con la cual desaparecen. Es por ello que es algo que ninguna persona puede de hecho relatar, excepto un Tzadik que es tan grande que puede verlas y permanecer con ellas. Un gran Tzadik es aquel que visita el Cielo al dormir. Esto lo vemos en el Baal Shem Tov y en el Ari *zal*.

El momento crucial del *vidui*

Rabeinu *zal* está trayendo este punto para enseñarnos una lección muy importante y vital. ¿Cuál es el deber de la persona en ese momento precisamente antes de su fallecimiento? ¿Qué es lo que debe ocupar esencialmente la mente de la persona si su mente está lúcida? Si está por fallecer, sabe que es un asunto de minutos antes de que su alma la abandone. ¿Qué debe ocupar su mente?

Naturalmente, la confesión, la *teshuvá*. Hay una *tefilá* especial que dice la persona que está por fallecer: *tefilat vidui*. Ahora bien, la Guemará dice que si no tiene tiempo, si percibe que la muerte es inminente, al menos debe recitar esa frase rápidamente: "*Tehe mitati kapará al kol avonotai*" (Sanedrín 43b), HaShem, que mi muerte sea una *kapará*, un perdón, para todos los pecados que he cometido. Esto será como una confesión y una afirmación de arrepentimiento. Ésta es la obligación de toda persona precisamente antes de fallecer si su mente está clara, si es físicamente capaz de decir esas palabras de confesión.

Recuento sagrado

Rabeinu *zal* nos dice que, dado que hay una gran similitud entre el dormir y la muerte, podemos comprender el *Zohar HaKadosh* cuando dice que la persona, antes de dormirse por la noche, debe encontrarse entre aquellos que son buenos contables (Zohar Koraj 178a). Antes de dormir, realizará un claro recuento de sus acciones, al menos las de ese día… repasará todo lo que ha hecho ese día. "Hoy he cometido tantos y tantos pecados, he realizado tantas y tantas *mitzvot*. Agradezco a HaShem el haberme ayudado a realizar esas *mitzvot* y ahora Le digo a HaShem: Quiero arrepentirme de esos pecados que he cometido. Quiero limpiar mis registros, limpiar el recuento, sólo tener un registro puro". Las *mitzvot* deben permanecer y los pecados ser borrados. ¿Cómo?

Ahora estoy por atravesar el acto de una muerte parcial y antes de morir, decimos, "*Tehei mitati kapará*". Ahora Le digo a HaShem, "Que mis pecados sean borrados pues aquí mismo llevo a cabo el acto de un arrepentimiento en confesión, como si fuese antes de fallecer, un claro recuento de mí mismo". La persona debe saber que ésta no es solamente una frase. Entregamos nuestras almas a HaShem para que las guarde durante la noche y oramos para que HaShem nos las devuelva. Estamos hablando de esa parte del alma que nos abandona. La mayor parte del alma abandona a la persona al dormir. Cuando la persona está dormida, sólo queda con la parte más baja del alma misma, la parte animal del alma.

La parte más importante de la *neshamá* abandona al cuerpo para ser guardada para el juicio. El alma deja el cuerpo pues, cada noche, la *neshamá* de la persona debe enfrentar el juicio en el Cielo. Cada noche atraviesa un juicio similar a ese juicio principal que incluirá toda su vida después de fallecer. Dado que su alma está por ser juzgada en la noche, uno debe arrepentirse. Debe limpiarse antes de ese juicio al igual que la persona que debe limpiarse antes de la muerte, antes de que su alma enfrente el juicio por toda su vida.

Mañana y noche

Esto es lo que Rabeinu *zal* acentúa con estas palabras y con este *musar* que la persona debe ser digna de tomar en cuenta. Tanto por la mañana como por la noche este pensamiento debe prevalecer en su mente. Rabeinu *zal* dice que hay un *zikarón*, un recuerdo de *kedushá*, cuando uno se despierta por la mañana y que le hace recordar que hay una vida real más allá de ésta (*Likutey Moharán* I, 54:2). La vida esencial está en el *Olam HaBa*. Esta vida es muy temporaria. Haz lo mejor de esta vida aquí, para alcanzar la vida principal allí. Y antes de irte a dormir por la noche, debes tener el mismo pensamiento. Piensa el motivo de la misión que tenemos en esta tierra. Corrige aquello que ha sido mal hecho y sé digno de presentarte frente a HaShem perfectamente puro.

Sija # 91

Cómo amar la Torá

Si quieres estudiar con dedicación, cuídate de no hablar mal de un judío, nunca.

Cuando la novia es hermosa, el amor es perfecto. Pero, cuando la novia posee un defecto, el amor no puede ser total.

La Torá es una novia.

Está escrito (Deuteronomio 33:4): "Moshé nos ordenó la Torá, una herencia para la casa de Iaacov".

Dice el Talmud: No leas *MoRaSHa*, herencia, sino *Me'oRaSa*, la novia comprometida. "Moshé nos ordenó la Torá, la prometida de la casa de Iaacov" (*Berajot* 57a; *Pesajim* 49b).

Cada judío es una letra de la Torá. Las seiscientas mil letras de la Torá equivalen a las seiscientas mil almas Judías. La Torá es la raíz de todas las almas Judías. Si existe un defecto en un judío, ello implica también un defecto en la Torá.

Pero si procuras no hablar en contra de algún judío, podrás ver entonces que la Torá es perfectamente hermosa. Sentirás entonces un profundo amor por la Torá, pues cuando la novia es hermosa, el amor es perfecto. Este gran amor te llevará a estudiar con mucha dedicación.

Está escrito (Salmos 19:8): "La Torá de Dios es perfecta, ella restaura el alma".

Cada judío representa una letra de la Torá. Si la gente no busca los defectos en sus hermanos judíos ni habla de ello, entonces, la Torá es perfecta, sin defectos ni manchas. Cuando "La Torá de Dios es perfecta", entonces "ella restaura el alma". Cuando la gente siente este gran amor por la Torá y puede percibir su verdadera dulzura, entonces "ella restaura el alma". Cuando la gente no encuentra defectos en la Torá, su amor hace que sea digna entonces de dedicación y perseverancia en sus estudios.

(*Sijot HaRan* #91)

La *mitzvá* de todas las *mitzvot*

Rabeinu *zal* dice que hay una *mitzvá* que sobrepasa a todas las otras *mitzvot*: el estudio de la Torá misma, como dice la Mishná, "*Talmud Torá kenegued kulam*" (Peá 1:1), "el estudio de la Torá ante todas las cosas". Ello se debe a que sólo a través del estudio de la Torá puede la persona llevar a cabo las *mitzvot*. Todas las *mitzvot* dependen de *limud haTorá*.

Aparte del hecho de que el estudio de la Torá ilumina a la persona y le permite llevar a cabo las *mitzvot*, el estudio mismo es una gran *mitzvá*. Aparte del conocimiento que uno obtiene de ella, de la ayuda que da para ser capaz de cumplir con las *mitzvot* de la manera apropiada, también está la *mitzvá* del estudio de la Torá misma. Esta *mitzvá* es tan grande y tan vasta que es mucho más que todas las otras *mitzvot*. ¿Dónde es posible encontrar una *mitzvá* que sea tan grande en volumen y abundancia? Cada palabra de Torá es una *mitzvá* en sí misma.

Regularidad

¿Cómo es posible lograr esta gran *mitzvá*? El estudio de la Torá está abierto a todos. Cada uno de los *sefarim* que se encuentra en nuestros anaqueles es parte de la Torá. ¿Cual es la llave para ese armario? ¿Cual es la clave para abrir el *sefer* y estudiar?

La clave es una palabra: *hasmadá*. Todos pueden abrir

un *sefer* y estudiar de él. Una persona toma un *Jumash*, otra toma una Guemará, una tercera toma *mefarshim*. Éstos son diferentes tipos de *sefarim* que la persona puede comprender. Si no entiende nada, puede obtener el mismo *sefer* en español, lo que tiene el mismo valor. Igualmente está estudiando Torá. Sin embargo, ésta no es la clave para el estudio de la Torá. Es posible que la persona abra el libro y comience a soñar despierta, o que lo cierre, o que ni siquiera lo abra en primer lugar. ¿Por qué es así? Porque la clave es *hasmadá*, que significa el deseo interior, el amor interior por la Torá que lleva a la persona hacia el estudio de la Torá por sobre todos sus otros deseos.

¿Cómo es posible desarrollar un deseo por la Torá que sea tan grande al punto de elegirla por sobre todo lo demás?

Digamos que tienes la oportunidad de ir a ver un espectáculo interesante, o de ir a un elegante restorán o de recostarte y tomar una siesta. Estás cansado... pero aun así hay una persona que prefiere abrir una Guemará y estudiar Guemará. ¿Cómo es posible? ¿Cómo se alcanza ese anhelo, ese sentimiento de placer en el estudio de la Torá que es mejor que cualquier otro placer? Toda persona sabe que la Torá es muy valiosa, pero no tiene apetito por ella. ¿Cómo se desarrolla ese apetito?

Rabeinu *zal* dice que ello se logra cuidando la lengua. Nunca se debe decir una palabra maligna, *lashón hará*, una mala palabra sobre ningún judío, en absoluto. No simplemente sobre cierta gente, sino sobre todo judío vivo. Básicamente hay 600.000 *neshamot*. Algunas de esas almas están separadas en diferentes partes, de modo que tenemos millones de judíos. Podemos considerar a los judíos como 600.000 personas, pues ellos conforman las 600.000 letras de la Torá. Hay 600.000 letras en la Torá y cada una de esas 600.000 letras corresponde a un alma diferente de un judío.

Belleza completa

Ahora bien, Rabeinu *zal* dice que encontramos en *Shir HaShirim*, "*Kulaj iafá raati umum ein baj*" (Shir HaShirim 4:7) "Toda tú eres hermosa y no hay en ti defecto alguno". *Shir HaShirim* fue escrito por *Shlomo HaMelej*, pero *Jazal* dicen que *Shlomo HaMelej* es un nombre para HaShem. *Shlomo HaMelej* significa "*Melej she hashalom shelo*" (Shir HaShirim Rabah 1:1), el Rey de paz, que es HaShem. *Shir HaShirim* es el *jatán* hablándole a la *kalá*. El *jatán* le dice a la *kalá*, "Tú estás plena. Tu belleza es completa". La *kalá* es completamente bella, lo que significa que no hay falta alguna en ella - *umum ein baj*, no hay defecto alguno en la *kalá*. Cada uno de los órganos de cada parte del cuerpo de la *kalá* es perfecto, sin fallas.

Donde existe esa belleza perfecta, también el amor, *ahavá*, es perfecto. El afecto de ese *jatán* por esa *kalá* está completo. No hay nada como ello. Pero si hay un *mum*, un defecto en la *kalá*, el *jatán* no puede dejar de notarlo. Estamos hablando principalmente de un defecto en el carácter. Si la *kalá* tiene un mal carácter o es egoísta, o tiene alguna otra clase de defecto, entonces el *jatán* no tiene más remedio que percibir ese defecto o sentir profundamente que hay algo que falta en esa *kalá*, y no puede sentir un afecto completo por esa *kalá*; es imposible.

La Guemará dice sobre el *pasuk* "*Torá tzivá lanu Moshé morashá kehilat Iaacov*" (Deuteronomio 33:4): No leas *MoRaSHá* (מורשה, herencia), sino *Me'oRaSa* (מאורשה, la novia comprometida) - comprometida con los judíos (Berajot 57a). Los judíos y la Torá están comprometidos. La *kalá* es la Torá. De modo que cuando la Torá está completa, entonces el amor, *ahavá*, la devoción, el afecto también es perfecto.

El deseo por esa *kalá* es tan grande que sobrepasa a todos los otros deseos. El deseo por el estudio de la Torá es completo y perfecto. ¿Cuándo es que la Torá está completa y perfecta? Si los 600.000 judíos son perfectos. Si no carecen de nada, si no tienen defecto alguno, ello se refleja entonces en la Torá. Si la persona habla en contra de cualquier judío, está tomando una letra de la Torá y demostrando que esa letra no está perfecta, *jas veshalom*. Ahora la Torá ya no está perfecta, hay un defecto.

Perdiendo el amor

¿Qué sucede ahora? Esto disminuye el amor de la persona por la Torá. ¿Cómo puede entonces sentir *hasmadá*, la pasión y el deseo por aprender? No le agrada más la Torá. Si habla en contra de muchos grupos y sectas de judíos, ello le resta cada vez más a su *ahavá* por la Torá. Finalmente, llega a un punto en el que ya no tiene absolutamente ningún deseo por ella. La persona puede incluso desarrollar desagrado por la *kalá*, *jas veshalom*, o por algo que no le gusta y ello crece cada vez más. Se vuelve muy intenso y se transforma en odio. De modo que la persona puede sentir, *jas veshalom*, una aversión por el estudio de la Torá, en donde se siente rechazada. Ello se debe a que, ante sus ojos, la Torá no posee belleza. ¿Por qué no aprecia la belleza de la Torá? Pues ha hablado en contra de un judío y así ha generado un defecto; ha generado *pesul*, un defecto, dentro de sí.

Rabeinu *zal* dice que si quieres desarrollar una verdadera *hasmadá*, un verdadero deseo y amor por el estudio de la Torá, debes cuidar la lengua. Nunca hablar en contra de ningún judío. Que todo judío sea perfecto a tus ojos y que la Torá misma sea también perfecta. Así alcanzarás esta *hasmadá* perfecta. Esto es lo que dice el *pasuk*, "*Torat HaShem temima*", la Torá de HaShem está completa en su belleza, en su perfección, "*meshivat nefesh*" (Salmos 19:8), y así le da satisfacción al alma. La persona tiene anhelo y deseo del placer de la compañía de la Torá. Quiere estar en compañía de la Torá al igual que el *jatán* quiere estar cerca de la *kalá* de plena y perfecta belleza.

El consejo es evitar el *lashón hará* en contra de cualquier judío, aunque existan problemas entre los judíos, aunque haya disputas que sientes que son en verdad malas. Esos judíos están haciendo algo malo y esos otros están haciendo algo peor, y todos en el mundo son malos excepto, por supuesto, tú mismo, y ello es comprensible. Siempre puedes encontrar alguna falta en cada persona.

Una enseñanza clásica del Baal Shem Tov

Lo siguiente es algo muy importante que todos deben tomar a pecho. Oírlo es una cosa, pero absorberlo, actuar en consonancia con ello, eso es lo más importante.

La Mishná dice que los *negaim*, las manchas de la lepra determinadas por el Kohen, deben ser juzgadas por un *jajam* que puede ser incluso el Kohen mismo. Éste puede juzgar la lepra, las manchas, esos lugares malignos en cada persona. "*Kol hanegaim adam roé*", cada uno de esos *negaim*, de esas manchas, puede ser vista por una persona, quien puede observarlas y juzgarlas, "*jutz miniguei atzmo*" (Mishná Negaim 2:5) excepto aquellas propias. Sus propias manchas, sus propios lugares malignos, no puede verlos, no puede juzgarlos.

Dice el Baal Shem Tov, "*Kol hanegaim adam roé jutz*", cada falta que ves fuera de ti, en otra persona, si ves esa falta en la otra persona, debes saber que ella es "*miniguei atzmo*", es algo que tú mismo posees (Rabí Eliahu Jaim Rosen). Tú ves una falta en alguien porque tú posees esa falta y es por ello que puedes verla. De no poseerla, no podrías ver que el otro la tiene. No sabrías que existe. Por lo tanto la persona debe ser muy cuidadosa y no hablar en contra de un judío.

Elige tu *mitzvá*

La cuestión es: Dado que hay tantos judíos que están haciendo cosas malas y cometiendo pecados, ¿se me permite el no hablar en contra de ellos? Las palabras del Rabí Natán deben ser nuestra guía.

El Rabí Natán dice que el hablar mal de un *rashá* se encuentra en el *Pirkey Avot*, en los *mefarshim*, que dicen que ello está permitido (Avot 1:6; ver Rabeinu Iona). El *din* dice que puedo hablar sobre un *rashá*. Tengo la libertad de emitir el peor tipo de *lashón hará* y de calumnia a un *rashá*; esto está permitido.

Dice el Rabí Natán: Si estamos buscando *mitzvot*, tenemos *mitzvot* mucho mejores para llevar a cabo. La *mitzvá* de hablar mal sobre un *rashá* es mejor dejársela a los demás, pues esa clase de *mitzvá* sólo puede hacerle daño a la persona misma (Likutey Halajot, Rebit 5:20).

La real *mitzvá* es ser *dan lekaf zejut*, juzgar para el lado del mérito, como dice Rabeinu *zal* (Likutey Moharán I, 282). Toma a un *rashá* que es muy malo a tus ojos y busca sus puntos buenos. Búscalos, encuéntralos, habla de ellos... y al hacerlo encontrarás, de pronto que la persona no es tan mala como habías pensado. En realidad y después de todo, es buena.

Busca sus puntos buenos. Aquí hay una persona que es tan sincera en su *ahavá* por Eretz Israel, en su *ahavá* por otro judío, en su respeto por los grandes *talmidei jajamim*... Sale a luchar para evitar que el *talmid jajam* deba salir. He aquí una cualidad que es más grande que todo lo que puede encontrarse entre aquellos que son mucho más religiosos. Ahora bien, ¿por qué transgrede el Shabat? Porque nunca estudió; nunca se lo enseñaron. Un judío como éste está deseoso de sacrificar su vida; imaginen si se le hubiera enseñado sobre la importancia del Shabat. Habría sacrificado su vida por el Shabat más de como lo hubiéramos hecho nosotros. ¿Cómo puedes hablar de él? Has visto que, al mirar sus puntos buenos, los puntos malos de pronto han desaparecido por completo.

Dice Rabeinu *zal*: Ésta es la verdadera dirección que deben tomar los pensamientos de la persona sobre los demás. De esta manera, elevará a aquella persona que ya no será considerada un *rashá*. La persona misma encontrará un nuevo deseo de Torá y de *mitzvot* y, a los ojos de HaShem, será alabada. Será considerada como uno de los seres más elevados posibles pues esto es lo que HaShem desea. HaShem quiere ver que se hable el bien sobre Su pueblo. Aquellos de quienes pensamos que son *reshaim* siguen siendo hijos de HaShem. HaShem desea protegerlos, Él quiere defenderlos.

Ésta fue la grandeza de Moshé *Rabeinu*, quien defendió a los judíos ante todo lo que hicieron en el desierto. Él luchó para defenderlos de todo aquello que hicieron mal, enfrentándose a la Corte Celestial. En el Cielo se establecieron decretos en contra de los judíos debidos al Becerro de Oro, al deseo de carne y a todas las otras veces en que se sublevaron y se rebelaron. Moshé *Rabeinu* luchó en contra de ese decreto celestial cuyo objetivo era herirlos, dañarlos, enviar la plaga, destruirlos. Él no estaba luchando en contra de HaShem, *jas veshalom*. Estaba luchando contra los ángeles en el Cielo que son ángeles vengadores. Estaba luchando contra esos ángeles que querían el rigor. El deseo de HaShem es sólo *jesed* y bondad. HaShem quiere al judío que defiende a los demás y que evoca la bondad de HaShem en el Cielo, en lugar del rigor.

Con esta actitud, la persona puede elevarse, elevar a todo el pueblo judío y adquirir un fuerte lazo de unión entre ella misma y la *Torá HaKedosha*.

Sija # 92

El momento para la batalla

Cuando un alma desciende a este mundo, comienza a elevarse la tarea a ella destinada.

Por ejemplo, cuando nace el alma de un estudioso, el estudio en general es elevado en el mundo. Y continuará elevándose desde el día de su nacimiento hasta el día de su muerte. De igual manera, cuando nace el alma de un rey, la estrategia militar y los temas asociados al gobierno comienzan a desarrollarse.

El tipo de estudio influenciado por el alma dependerá del tipo de erudito en el cual se encarne y se desarrolle el alma. Lo mismo es verdad respecto del alma de un rey. Ella puede producir un reino bueno o uno malvado.

En general, la tarea asociada con un alma particular es elevada desde el mismo día en que esa alma entra en el mundo.

En la vida de todo hombre existen años de vigor, años de estabilidad y años de declinación.

Si un hombre vive setenta u ochenta años, el primer tercio de su vida corresponde a sus años de crecimiento. El siguiente tercio a aquéllos de estabilidad y el último tercio a los años de declinación.

Durante un tercio de tu vida, avanzas paso a paso conjuntamente con tus poderes y habilidades. Luego experimentas una etapa de estabilidad y finalmente, durante el tercer tercio de tu vida, te encuentras en tus años de declinación.

Tus años de estabilidad son aquéllos de plenitud, en los que todas tus fuerzas son perfectas y totales.

Te encuentras entonces en la categoría de la luna en oposición.

La luna nueva es muy pequeña.

Comienza entonces a crecer hasta que se coloca en oposición al sol, momento en el que alcanza su mayor tamaño y permanece estable. Luego comienza a disminuir y su tamaño decrece.

La humedad está determinada por la luna.

A medida que avanza el ciclo lunar, las mareas comienzan a crecer. Hacia el final de ese ciclo, la luna decrece y se reducen las mareas.

Cuanto más entra una palabra en el lenguaje de la gente, más benigna se torna.

A menudo dice el Talmud: "Es como dice la gente".

Existen dichos no judíos que entran en la conversación judía. Estos dichos son entonces elevados y se transforman en conceptos refinados.

Estos dichos son como el agua del mar.

Es muy salada como para poder beberla. Pero cuando atraviesa montañas de arena, se vuelve fresca y dulce. Pues la arena purifica el agua y la hace potable.

[El Rebe no elaboró más este tema].

(*Sijot HaRan* #92)

Talentos del alma

Dice Rabeinu *zal*: Cuando nace una persona, llega al mundo una *neshamá*, un alma. Ese niño que acaba de nacer tiene muy poco cerebro y muy poca fuerza física, pero el alma está dotada de dones especiales.

Encontramos gente que, en su juventud, comienza a hacer cosas especiales que otros no pueden. Algunas personas pueden ejecutar instrumentos musicales a una edad muy temprana, mientras que otras pueden luchar durante años y nunca desarrollar ese talento. Algunos tienen una mente muy aguda para las matemáticas, otros tienen talento para el arte. Esos talentos vienen con el alma. Es el alma la que está dotada de esos talentos bendecidos por el Cielo y el alma es la que transfiere los talentos al cuerpo en etapas graduales.

Rabeinu *zal* dice que si un alma que desciende tiene un cierto talento, un cierto poder, esa clase de talento o de poder se vuelve importante en ese momento en el mundo. Por ejemplo, si un alma llega al mundo con una profunda comprensión de las matemáticas y de la ciencia, en ese momento comienzan a manifestarse nuevas revelaciones en los mundos matemáticos y científicos. Ese tipo de *jojmá* se vuelve muy valiosa en ese momento. Si esa alma está dotada de realeza, de alguien que está destinado a volverse un líder, en el momento en que esa persona nace hay algo sobre el liderazgo que comienza a brillar y a ser elevado en el mismo mundo. Se forman nuevos líderes.

Tres etapas básicas en la vida

Hay tres etapas básicas en la vida de una persona. Un tercio de su vida es la etapa de crecimiento, cuando continúa desarrollándose. La segunda etapa es el período de pasividad, donde simplemente mantiene el *status quo*, sin avanzar ni retroceder. La tercera etapa de la vida tiene lugar cuando la persona comienza a retroceder y a declinar.

Cuando la persona se encuentra en el desarrollo, en su juventud, si pone su mente en el estudio, puede obtener mucho más entonces que en cualquier otro momento de su vida, pues su mente se encuentra en su estado más brillante. La Guemará dice que la mente de un niño tiene el poder de absorber tan claramente que éste puede aprender más en un día que una persona adulta en un año (cf. *Shabat* 152a). Todo aquello que estudie una persona adulta se borra de su memoria muy rápidamente, mientras que el aprendizaje del niño se mantiene profundamente absorbido, posiblemente para toda su vida.

La primera etapa en la vida de la persona es el primer tercio de su vida. Por ejemplo, si la persona está destinada a vivir 75 años, hasta la edad de 25 se encuentra en la etapa de desarrollo. Su pico es a la edad de 25. Desde los 25 hasta los 50 años, la segunda etapa, se mantiene estática. Por supuesto que puede agregarle a esto, pero no al paso rápido que tuvo hasta los 25 años. En la tercera parte, desde los 50 hasta los 75 años, aunque piensa que está cubriendo más terreno, de hecho está retrocediendo. Se está encogiendo mentalmente, y por supuesto también físicamente, hasta que desaparece completamente al fallecer.

El movimiento de la luna

Rabeinu *zal* dice que esto corresponde a la luna. La naturaleza de la luna es que comienza como un nacimiento. La luna nace en el primer día del mes, un *molad*. Puede ser el día anterior al primer día del mes. El nacimiento de la luna nueva continúa hasta la mitad del mes. Entonces se mantiene estática durante un tiempo y luego comienza a decrecer en tamaño.

¿Qué es lo que hace que la luna crezca? El tamaño de la luna es fijo; no crece ni declina en tamaño. Lo que cambia es la luz que la luna refleja del sol. Cuando la luna comienza a moverse en su órbita, cada vez más luz se refleja en ella hasta que enfrenta al sol por completo. En ese punto, recibe la luz directa del sol y nosotros vemos a la luna en su plenitud. Ésa es la parte que mira hacia nosotros. Cuando la luna continúa en su órbita, comienza a declinar en tamaño debido a la cantidad de luz que refleja proveniente del sol hasta que, en su último momento, desaparece por completo - y esto constituye el final del mes.

Ahora bien, la luna nueva nace al día siguiente, literalmente unas horas más tarde. Lo mismo que la persona que también fallece. Dice en *Kohelet*, *"Dor holej vedor ba"* (Eclesiastés 1:4) "una generación se va y una generación viene". Una generación fallece y una nueva generación nace. Dicen *Jazal*, "No digas 'nueva', di *'oso dor'*" (ver *Kohelet Rabah* 1:4). La generación que fallece ahora renace. Hay un constante *galgal*, una rueda que rota y gira. Esa *galgal* realmente significa *guilgul*, reencarnación. La generación que fallece es la misma que ahora es hecha renacer. La gente continúa volviendo una y otra vez.

El movimiento de las mareas

Ésta es la etapa del comienzo, la etapa del medio y la etapa final. Vemos que así como la luna se desarrolla desde el primer día del mes hasta mediados del mes y luego declina, lo mismo sucede con las mareas. Al comienzo del mes, la marea comienza a elevarse. A mediados de mes es cuando tenemos la marea más alta y luego ésta comienza a retroceder hasta el final del mes, cuando queda completamente pasiva. Luego vuelve a comenzar pues es la luna la que la guía. Ésta es una de las maravillas de la Creación, cómo es que la luna determina la turbulencia de las aguas, de los océanos.

Todo esto lleva nuevamente a la persona misma. La persona debe saber cómo guiarse durante la vida. Debe saber cuánta energía poner en sus acciones y en sus *mitzvot* y ganar con las *mitzvot*.

El momento óptimo para la batalla

El significado simple del *pasuk*, *"Mipnei seiva takum"* (Levítico 19:32), levántate ante la vejez, es que debes levantarte delante del anciano. Dice el *Zohar HaKadosh*: "Ante la vejez" significa antes de que llegues a la ancianidad. No te levantes, no hagas *teshuvá*, no te arrepientas sólo en la ancianidad, cuando estés retrocediendo, deforme y débil (*Zohar Kedoshim* 87b).

La verdadera *teshuvá*, el verdadero momento para que te levantes y busques alturas mayores en *kedushá*, es antes de llegar a la vejez. "*Mipnei seiva*" - antes de que envejezcas, ése es el momento que cuenta. La Guemará dice que la persona que envejece y luego dice, "Ahora venceré a mis deseos", se está engañando. Dice la Guemará: ¿Cuán admirable puede ser el que la persona supere sus deseos cuando ya no le queda ningún deseo? (ver *Avodá Zará* 19a). El momento para mostrar este heroísmo es en la juventud, cuando la sangre hierve y la tentación es muy grande. *Mipnei seiva takum*. Rabeinu *zal* dice que esto es algo con lo cual debemos guiarnos durante nuestras vidas.

Sija # 93

Aferrándose al *Tzadik Emet*

¡Debes saber! Existe una luz que brilla en mil mundos.

Esta luz es tan intensa que la gente común no puede soportarla. Sólo puede ser aceptada por un gran sabio capaz de dividir los miles en cientos.

Tal sabio puede dividir esta gran luz en porciones más pequeñas capaces de ser aceptadas por aquellos que se encuentran debajo de él. Ellos pueden entonces recibirla de a poco.

Una lección puede llegar a ser tan compleja que resulte incomprensible. Pero, si se la divide en conceptos más simples, cada uno de ellos será comprendido por sí mismo. Y de esta manera toda la lección se torna clara.

Lo mismo es verdad de la luz que brilla en mil mundos. Es una luz simple que no puede ser percibida en partes. Siendo un concepto unitario, sólo puede ser captado como un todo.

Existe un erudito que es vengativo y rencoroso como una serpiente. El puede dividir los miles en cientos.

Tal sabio puede dividir esta gran luz en partes, de modo tal que puedan ser comprendidas y aceptadas.

Está escrito (Proverbios 17:9): "Aquél que sigue mentando el asunto, separa un príncipe".

Rashi explica que "aquél que sigue mentando" es una persona vengativa y rencorosa, repitiendo aquéllo que otro le hizo. Mediante esto, él "separa un príncipe", se separa a sí mismo de Dios, que es el Señor y Príncipe del Universo.

Esto se refiere a un individuo común. Un Sabio, por otro lado, tiene el deber de ser vengativo y rencoroso.

Nos enseña el Talmud: "Todo sabio que no es vengativo y rencoroso como una serpiente, no es un erudito" (*Ioma* 22b).

Este versículo habla también del sabio vengativo y rencoroso capaz de dividir los miles en cientos. "Aquél que sigue mentando el asunto" y es vengativo y rencoroso, "separa al Príncipe". Príncipe es *ALuF*, un jefe de miles. *ELeF* es mil. "Aquél que sigue mentando el asunto", el sabio vengativo y rencoroso, "separa los miles", divide los miles en cientos.

Nos enseña el Talmud: "Si ves un sabio que es vengativo y rencoroso como una serpiente, cíñelo a tu pecho" (*Shabat* 63a). Explica *Rashi* que "finalmente te beneficiarás con su erudición".

Tal sabio vengativo puede dividir la gran luz en porciones, separando los miles en cientos. Por lo tanto, "finalmente te beneficiarás con su erudición". Pues sin él, la luz es tan grande que no serás capaz de tomarla.

Existe una razón lógica por la cual sólo un sabio vengativo es capaz de dividir los miles en cientos, pero es de hecho muy profunda.

Aquél que la comprenda podrá devolver la vida a los muertos. A él se refiere el Talmud cuando nos enseña que "llegará un tiempo en que los Tzadikim resucitarán a los muertos" (*Pesajim* 68a; *Zohar* 1:114b, 135a).

Aquél que comprende esto, verdaderamente comprende la muerte. Cuando uno divide los miles en cientos, introduce entonces mil en cien y transforma la muerte en cientos.

Mil es *Elef*, la letra *Alef*. Muerte es *MaVeT*, Mem Vav Tav. Introduciendo los miles en la muerte, introduciendo *Alef* en *MaVeT*, se obtiene Mem Alef Vav Tav, *MEOT*, los cientos. Introduce los miles en la muerte y tendrás los cientos.

Aquél que no comprende este concepto no puede

saber por qué es feliz ahora.

No puede comprender la Unidad de Dios de la cual hablamos en la segunda linea del Shemá: "Bendito sea el Nombre de la Gloria de Su Reino por siempre".

Es costumbre recitar este párrafo en voz baja. El Talmud lo explica mediante una parábola. Una princesa siente el aroma de un sabroso budín llamado *Tzikey Kedarah*, una sabrosa tarta preparada por una persona del vulgo. Si ella pide probarla, pasará vergüenza, pero si no lo hace, se sentirá mal. Por lo tanto, sus servidores se la traen en silencio.

Aquél que no comprende la noción del sabio vengativo, no comprende el significado del *Tzikey Kedarah*.

Tampoco comprende el significado de las dos primeras letras (*Jet* y *Shin*) de la palabra *JaSHmal*, el "electrum" percibido en la visión de Ezequiel. Y tampoco comprende el significado de *Noga*, el brillo de la visión de Ezequiel, mencionado en el versículo (Ezequiel 1:4): "Un brillo a su alrededor". No conoce las obras de la *Merkavá*, la divina Carroza (Jaguigá 2:1). No comprende el concepto del Pacto, ni por qué los pueblos lo disputan.

Mashíaj comprende perfectamente este concepto.

Pero los Tzadikim no pueden llegar a comprenderlo salvo que ellos mismos puedan dividir los miles en cientos. Estos son los Tzadikim vengativos y rencorosos.

Estos Tzadikim son el cinturón de Mashíaj.

Nos enseña el Talmud: "Si ves un sabio que es vengativo y rencoroso como una serpiente, cíñelo a tu pecho". Este es el cinturón de Mashíaj.

Está escrito respecto a Mashíaj (Isaías 11:5): "La justicia será el cinturón alrededor de su pecho". El *Targum* lo traduce como: "Y los Tzadikim estarán a su alrededor".

Éste es el concepto de "*Matun Matun*", "esperando,

esperando", el aspecto de cientos. Aquellos Tzadikim capaces de dividir los miles en cientos serán el cinturón de Mashíaj. Ellos resucitarán a los Tzadikim de niveles más bajos.

(*Sijot HaRan* #93)

La luz a través de mil mundos

Dice Rabeinu *zal*: Hay una luz celestial que brilla a través de mil mundos. Hay mil mundos y esa luz brilla a través de todos ellos. Se requiere de un *talmid jajam* muy grande, de un Tzadik erudito que tenga el poder de dividir esa luz que es demasiado grande para que el hombre común pueda recibirla. Ahora tenemos esa luz de miles dividida en cientos. La dividimos en cientos pues los cientos son lo suficientemente más pequeños como para que una persona más pequeña la pueda recibir. Cuando es mil, es demasiado grande para que una persona común pueda recibir esa luz. Cuando se divide en cientos, entonces una persona menor de una categoría menor puede recibir y absorber también esa luz.

¿Qué quiere decir el que esa luz de mil mundos se divide en cientos? Dice Rabeinu *zal*: ¿Quién es el *jajam*, quien es aquel capaz de dividir esa luz de mil en cientos? Sólo es un *jajam* que es un "*nokem venoter kenajash*" (*Shabat* 63a). Las palabras de la Guemará indican que un verdadero *talmid jajam* es aquel que es tan vengativo que se vengará como una serpiente ante cualquier mal que se haga. Un verdadero *talmid jajam* es aquel que se vengará como una serpiente.

Entonces continúa diciendo la Guemará: Si ves a un *talmid jajam* que es de esa clase de *talmid jajam* vengativo, entonces "*jagrehu al matneja*", únete a él, apégate fuertemente a él, quédate junto a él. ¿Acaso eso no es peligroso? Si él toma venganza de todo, ¿no podrá acaso hacerte daño? El *talmid jajam* puede decir una palabra de maldición y la persona podría fallecer. Pero la Guemará dice que cuando veas a uno así, asegúrate de apegarte a él y no lo dejes ir, pues él es aquel que puede dividir esa luz de mil mundos en cientos y te dará la posibilidad de absorber esa luz que es tan grande.

Analicemos esto en un sentido simple aunque Rabeinu *zal* dice que la única persona que realmente comprende esto es Mashíaj. Mashíaj sabe cómo dividir esa luz; por lo tanto Mashíaj realmente nos traerá la luz de la *gueulá*, de la redención. Aun así, en cierto grado, en un pequeño sentido, ¿qué podemos ganar con ello?

Trayendo la vida y no la muerte

La palabra "mil" es *elef* (אלף), con las mismas letras que *pele* (פלא). *Pele* significa un milagro, una maravilla. Algo que se encuentra más allá de nuestra concepción, algo que es demasiado profundo para nosotros. Ese Tzadik que divide esto en cientos es capaz de traer vida a aquellos que están muertos.

Tomemos a alguien cuya mente y cuyo corazón están dormidos, alguien que no estudia, alguien que no comprende. Ese Tzadik puede darle vida a esa persona pues él tiene el poder de *tejiat hametim*, el poder de resucitar a los muertos. ¿Cómo? Dividiendo ese mil en cientos. Ahora bien, la palabra para "cientos" es *maot* (מאות). La palabra para "mil", *elef*, que también conforma la letra *alef* (אלף). Para hacer que la palabra *maot* tenga una *alef*, debes comenzar con la palabra *mavet* (מות, muerte). Entonces colocas la *alef* (אלף) en *MaVeT* (מות), creando la palabra *MAOT* (מאות). Ese Tzadik puede convertir esos miles en cientos y traer vida, cientos, en lugar de muerte.

¿Qué clase de Tzadik es éste?

Dice el Rabí Natán: ¿Qué se quiere decir cuando hablamos de un Tzadik que es vengativo como una serpiente? ¿Acaso es algo de lo cual uno debe vanagloriarse?

Dice el Rabí Natán que el significado de esto es que la serpiente es un animal que hace daño. Una pitón tragará a un animal o morderá a un ser vivo y lo matará con su veneno. La serpiente no recibe placer alguno de todo esto. Nada en absoluto. La serpiente no siente ningún placer al comer algo excepto la tierra misma.

Ese *talmid jajam* que se venga de una persona que hace el mal ejecutará esa venganza sin buscar ningún placer en ella. En general la venganza es dulce. La persona desea vengarse pues siente el placer de ello. Cuando un verdadero *talmid jajam* se venga en aras del honor de HaShem, sin una pizca de deseo por la revancha misma, sin obtener ni una gota de placer de ello, éste es el verdadero *talmid jajam* que es tan grande al punto de ser capaz de darles vida a los muertos (*Likutey Halajot, Edut* 4:5).

La luz del *tejiat hametim*

Esta luz tan grande que ilumina en mil mundos significa que alcanza los lugares más elevados y profundos del Cielo. Es el lugar en el Cielo que posee el poder de *tejiat hametim* - puede devolverles la vida a los muertos, darles nueva vida y rejuvenecerlos. Aquellos que han perdido el deseo de la vida espiritual y se han alejado tanto de la Torá y de HaShem necesitan ese *tejiat hametim*. Pero para obtenerlo, necesitan un Tzadik tremendamente poderoso, uno capaz de elevarse tan alto en la *kedushá* al punto de poder darles nueva vida a esas personas.

Ésta es la luz del *Gan Edén*, que es llamada la luz de los mil mundos. *Pele* (פלא), que como hemos visto tiene las mismas letras que *elef* (אלף), corresponde a *Kéter*, la Corona, que es la más elevada de todas las *sefirot*. El Tzadik puede elevarse hacia esa cima, hasta *Atik*, que es la raíz. El Tzadik tiene el poder de traerles esa vida a aquellos que han fallecido espiritualmente.

Éste es el poder del *Tzadik emet*. Esto es lo que gana la persona al unirse a ese Tzadik. Ve y busca, encuentra a ese Tzadik, apégate a él con un lazo muy fuerte y nunca lo dejes ir. De esa manera, podrás estar seguro de que el Tzadik te guiará, te protegerá y te elevará a lo largo de toda tu vida y también por siempre después. Ésta es la clave para la vida eterna de la persona en el aspecto de su *neshamá*.

GLOSARIO

Ajaronim - Autoridades halájicas posteriores al *Shuljan Aruj*

Afar - tierra

Ahavá - amor

Alef-bet - Alfabeto hebreo

Aliá - ascenso

Am haaretz - persona simple

Apikorsut - herejía, ateismo

Ashrei - bendito, afortunado

Asiá - acción, el mundo más bajo

Atzilut - el mundo más elevado

Av Harajaman - Padre Misericordioso, haciendo referencia a HaShem

Avot hakedoshim - santos patriarcas

Ain - la nada

Baal teshuvá - quien retorna a la fe

Bajur, pl. bajurim - estudiante de ieshivá

Bejirá - elección

Beit Hamikdash - Santo Templo

Beit midrash - salón de estudio

Berajá - bendición

Bikurim - primeros frutos llevados como sacrificio al *Beit Hamikdash*

Biná - comprensión; con mayúscula hace referencia a una de las *Sefirot*

Bitajón - confianza (en HaShem)

Bitul - anulación

Brit - ritual de la circuncisión

Briá - creación; el Segundo Mundo

Busha - vergüenza

Jag - festividad

Jaguigá - sacrificio llevado en una de las tres festividades, Pesaj, Shavuot y Sukot

Jajam, pl. Jajamim - Sabio

Jakirut - estudio filosófico

Jalaf - cuchillo ritual

Jalá, pl. Jalot - pan trenzado para el Shabat

Jametz - levadura, prohibida en Pesaj

Jánuca - festividad celebrando la victoria sobre los griegos en el año 3622 y la reinauguración del *Beit Hamikdash*

Jas Veshalom - Hashem no lo permita

Jazal - nuestros Sabios, de bendita memoria

Jesed - bondad; con mayúscula hace referencia a una de las *Sefirot*

Jisaron, pl. jesronot - carencia

Jidush, pl. jidushim - novedades

Jilul habrit - lit. "impurificación del Pacto"; pecados de naturaleza sexual

Jojmá - sabiduría; con mayúscula hace referencia a una de las *Sefirot*

Jol hamoed - días intermedios de Pesaj y Sukot, cuando se permiten algunos trabajos

Joshej - oscuridad

Jumash, pl. jumashim - los cinco libros de la Torá

Daat - entendimiento; con mayúscula hace referencia a una de las *Sefirot*

Daven - orar

Din - juicio

Dreidel - trompo de cuatro lados con el cual se juega en Jánuca

Drush - homilía

Ein Sof - infinito

Emuná - fe

Emuná pshutá - fe simple

Emuná shleima - fe completa

Eretz Israel - la Tierra de Israel

Etrog - cidra, una de las cuatro especies que se utilizan en Sukot

Eved HaShem - siervo de HaShem

Gaavá - orgullo

Galgalim - cuerpos celestes

Galut - exilio

Gan Edén - Jardín del Edén

Ganev - ladrón

Gaón - genio

Gashmiut - materialismo

Guedolei Israel - lit. "grandes de Israel", importantes eruditos de Torá y líderes

Gueinom - infierno

Guemará - Talmud, La redacción de la Torá Oral, tal como fue enseñada por los grandes maestros desde el año 50 a.e.c. hasta alrededor del año 500 e.c. La Mishná fue la primera codificación, dispuesta en su forma presente por el Rabí Iehudá el Príncipe, alrededor del 188 e.c. Subsecuentes debates fueron recopilados en la *Guemará* por Rav Ashi y Ravina en Babilonia cerca del año 505 e.c., y es conocido en general como el Talmud de Babilonia.

Guematria - sistema para calcular el valor numérico de las letras y palabras hebreas, utilizado en los escritos rabínicos y kabalísticos para explorar los significados ocultos de la Torá.

Guevurá - fuerza; con mayúscula hace referencia a una de las *Sefirot*

Guilgul - reencarnación

Halajá - ley judía

HaMotzi - bendición recitada antes de comer el pan

Har Sinaí - Monte Sinaí

Hashgajá - supervisión, Providencia Divina

Havdalá - lit. «separación»; bendición recitada al final del Shabat

Hitbodedut - lit., «auto reclusión»; el Rebe Najmán utiliza el término para referirse a la práctica en la cual uno determina un tiempo y un lugar particular para hablar privadamente con Dios

Ieidá - conocimiento

Ieshivá pl. ieshivot - academia de Torá

Iesod - cimiento; con mayúscula hace referencia a una de las *Sefirot*

Ietzer hará - la inclinación al mal

Ietzirá - formación, el tercer mundo

Ieush - perder la esperanza

Ijud - unificación

Inián - idea

Irá - temor

Irat shamaim - temor al Cielo

Irat haromemut - temor a la majestad de Dios (como opuesto al temor al castigo por el pecado)

Iom Kipur - día del perdón, considerado el día más santo del año judío, un día de ayuno, arrepentimiento y perdón Divino

Iom Tov, pl. Iamim Tovim - festividad judía

Isru jag - lit., «unido a la festividad»; el día después de una de las tres festividades, Pesaj, Shavuot y Sukot

Isur - prohibición

Kaas - ira

Kabalá - cuerpo de la sabiduría mística judía

Kadish - lit., «santo"; plegaria comunal santificando el nombre de Dios, recitado en varios momentos del servicio de plegarias

Kashia - dificultad, pregunta difícil

Kavaná - intención, concentración mental; en el uso kabalístico, ciertos Nombres Divinos y conceptos místicos sobre los cuales se medita al orar o al cumplir con las mitzvot

Kavod - honor

Kedushá - santidad

Kefirá - herejía

Kefitzat haderej - lit. «saltando el camino»; un milagro mediante el cual la distancia física se acorta y se recorre en un corto período de tiempo

Kriat Shemá - plegaria relacionada con la unidad de Dios y la aceptación de las mitzvot

Keter - corona; con mayúscula hace referencia a una de las Sefirot

Kesher - conexión

Ketoret - incienso compuesto por 11 especies y quemado diariamente en el *Beit HaMikdash*

Kibutz - lit. «reunión»; usualmente la reunión de los jasidim de Breslov en el *tziun* del Rebe Najmán en Umán para Rosh HaShaná

Kidush - bendición recitada sobre el vino para santificar el Shabat

Kidush Hashem - santificación del Nombre de Dios, en general al morir en aras de mantener la fe judía

Kisufim - anhelo

Kitrug - acusación

Kiviajol - por así decirlo

Koaj - fuerza, poder

Kodesh - santo

Kohen gadol - sumo sacerdote en el *Beit Hamikdash*

Korbán, pl. korbanot - sacrificio

Lamdan - erudito

Lejem mishne - lit. «pan doble»; dos hogazas enteras sobre las cuales se recita la bendición *HaMotzi* en el Shabat

Lehavdil - «para distinguir; utilizado al mencionar algo positivo en conjunción con algo negativo

Likutey Moharán - colección de enseñanzas del Rebe Najmán

Lishmá - por sí misma

Lo taasé - prohibición en la Torá

Maariv - plegaria nocturna

Majzor - libro de plegarias para las festividades

Malaj, pl. malajim - ángel

Malaj HaMavet - Ángel de la Muerte

Maljut - reinado; con mayúscula hace referencia a una de las *Sefirot*

Masejta, pl. masejtot - tratado de la Guemará

Mashal - parábola

Mashiaj - mesías

Mekarev - acercar

Menorá - el candelabro de siete brazos utilizado en el Santo Templo. En minúsculas hace referencia al candelabro de ocho brazos utilizado para cumplir con la mitzvá de encender las velas de Jánuca

Menuja - descanso

Merkavá - carroza

Midá, pl. midot - rasgos de carácter

Midrash - enseñanzas rabínicas homiléticas

Mikve - pileta de agua utilizada para purificación ritual

Minjá - plegaria de la tarde

Mishná - la redacción de la Ley Oral que conforma la primera parte del Talmud

Mitnaged, pl. mitnagdim - oponentes al movimiento jasídico

Mitzvá, pl. mitzvot - precepto de la Torá

Mufla - maravilloso

Nachat - santificación, contento

Nashim tzidkaniot - mujeres rectas

Nekudá, pl. nekudot - vocales en el alfabeto hebreo

Nekudot hakesef - lit. «puntos de plata»

Neshamá - alma

Netilat iadaim - ritual del lavado de manos antes de comer pan

Nevúa - profecía

Nidá - impureza ritua debida a la menstruación

Nivdalim - creaciones espirituales

Olam - mundo

Olam HaBa - el mundo que viene

Olam HaZe - este mundo

Parnasá - sustento

Parshiot - pasajes bíblicos

Pasuk, pl. pesukim - versículos de la escritura

Pesaj - la Pascua judía, una festividad bíblica, conmemorando el éxodo de Egipto

Pilpul - dialéctica Talmúdica

Piut, pl. piutim - poema litúrgico judío

Posek, pl. poskim - autoridad halájica

Psak - regla halájica

Rajamana litzlan - que Dios nos salve

Ratzón - voluntad, deseo

Rashá, pl. reshaim - persona malvada

Rishonim - primeras autoridades halájicas, antes del *Shuljan Aruj*

Rosh HaShaná - el Año Nuevo judío

Rujaniut - espiritualidad

Sajar - recompensa

Safek - duda

Seder - lit. orden; la agenda diaria, usualmente para el estudio de la Torá

Sefer, pl. **sefarim** - libro

Sefirá, pl. **sefirot** - una de las Diez Emanaciones Divinas a través de la cuales llegaron a la existencia todas las entidades, en todos los niveles de la Creación y con las cuales son recreadas continuamente *ex nihilo*. Estas emanaciones son *Kéter, Jojmá, Biná, [Daat], Jesed, Guevurá, Tiferet, Netzaj, Hod, Iesod* y *Maljut*.

Sejel - intelecto

Smijá - ordenación rabínica

Shabat - sábado

Shajarit - la plegaria de la mañana

Shafal - bajo, este mundo

Shamaim - cielo

Shas - toda la Guemará; abreviación de «Shisha Sedarim», los seis órdenes de la Mishná

Shavuot - festividad conmemorando la entrega de la Tora

Shedim - demonios

Shejiná - presencia Divina

Shmone Esere - lit. 18; la *tefilá* central de cada una de las plegarias diarias

Shiflut - modestia, humildad

Shijejá - olvido

Shiur, pl. shiurim - clases de Torá

Shojet - carnicero

Shul - sinagoga

Shuljan Aruj - lit., «la mesa servida»; e código de la ley judía compilado por el Rabí Iosef Caro (1488-1575), el punto de referencia de la *halajá* para todos los judíos

Sija, pl. sijot - una charla, conversación

Sichat julin - Conversación mundana

Sifrei musar- libros sobre el comportamiento ético

Simjá - alegría

Sukot - festividad bíblica conmemorando el benevolente cuidado de HaShem del pueblo judío durante su viaje de 40 años por el desierto y Su continua providencia de bendiciones materiales

Tajlit - propósito

Talmid, pl. talmidim - estudiante

Talmid jajam, pl. talmidei jajamim - erudito en la Torá

Talmid muvhak - discípulo principal

Tanaj - la Biblia

Taná, pl. tanaim - sabio de la Mishná

Targum - lit. «traducción»; la traducción al arameo de las Escrituras; a veces hace referencia al idioma arameo en general

Tejiat HaMetim - La resurrección de los muertos

Tefilá, pl. tefilot - plegaria

Tefilin - filacterias, cajas de cuero especiales conteniendo versículos bíblicos donde se declara la unidad de Dios y los milagros del éxodo de Egipto, utilizados por los varones judíos sobre la cabeza y el brazo durante las plegarias de la mañana

Tehilim - libro de los salmos

Teshuvá - lit., «retorno»; retorno a Dios, arrepentimiento

Tikún HaBrit - lit. «reparación del pacto»; mantener la pureza en temas sexuales

Tosfot - comentaristas del Talmud de los siglos 12 a 15

Tref - alimento que no es *kosher*

Tumá - impureza ritual

Tzadik, pl. tzadikim - una persona recta; en el pensamiento Jasídico, aquel que ha purificado su corazón de todo mal, transformándose en un canal para la revelación Divina y la verdadera compasión

Tzadik emet - la verdadera persona recta

Tzavaa - testamento

Tzedaka - caridad

Tzelem Elokim - lit. «la imagen de Dios», hace referencia al aspecto divino de la humanidad

Tzitzit - hilos especialmente preparados y anudados que usan los varones judíos en las prendas de cuatro esquinas

Tziun - lit. «marca»; la tumba de un Tzadik

Vidui - confesión

Zejut, pl. zejuiot - mérito

Zman - tiempo

Zohar - El clásico fundamental de la Kabalá, de la escuela del Rabí Shimón bar Iojai (aprox. 120 e.c.), compilado por su discípulo, el Rabí Abba.

Zojé - meritorio

Diagramas

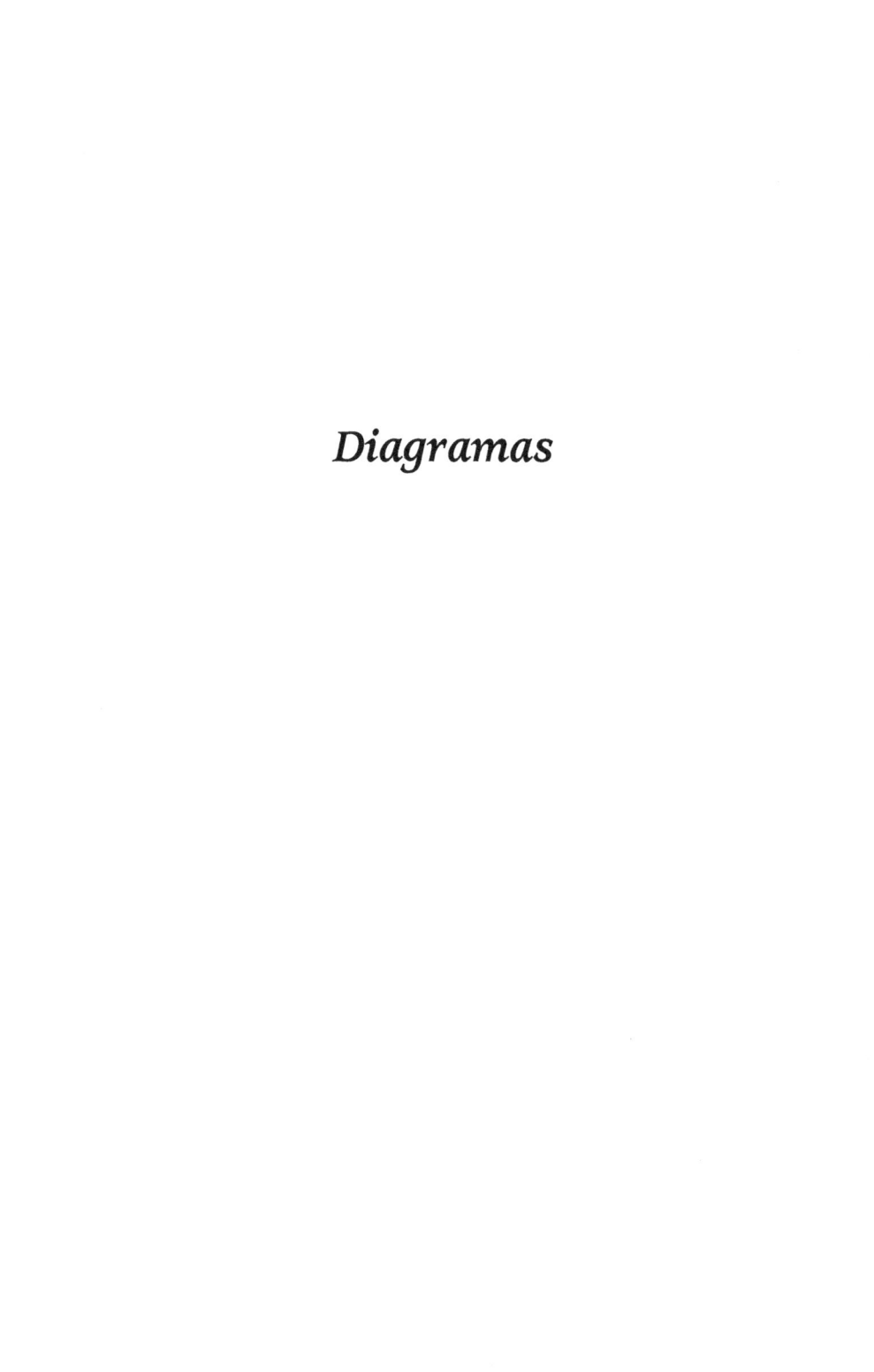

EL ORDEN DE LAS DIEZ SEFIROT

KÉTER
|
JOJMÁ
|
BINÁ
|
JESED
|
GUEVURÁ
|
TIFERET
|
NETZAJ
|
HOD
|
IESOD
|
MALJUT

ESTRUCTURA DE LAS SEFIROT

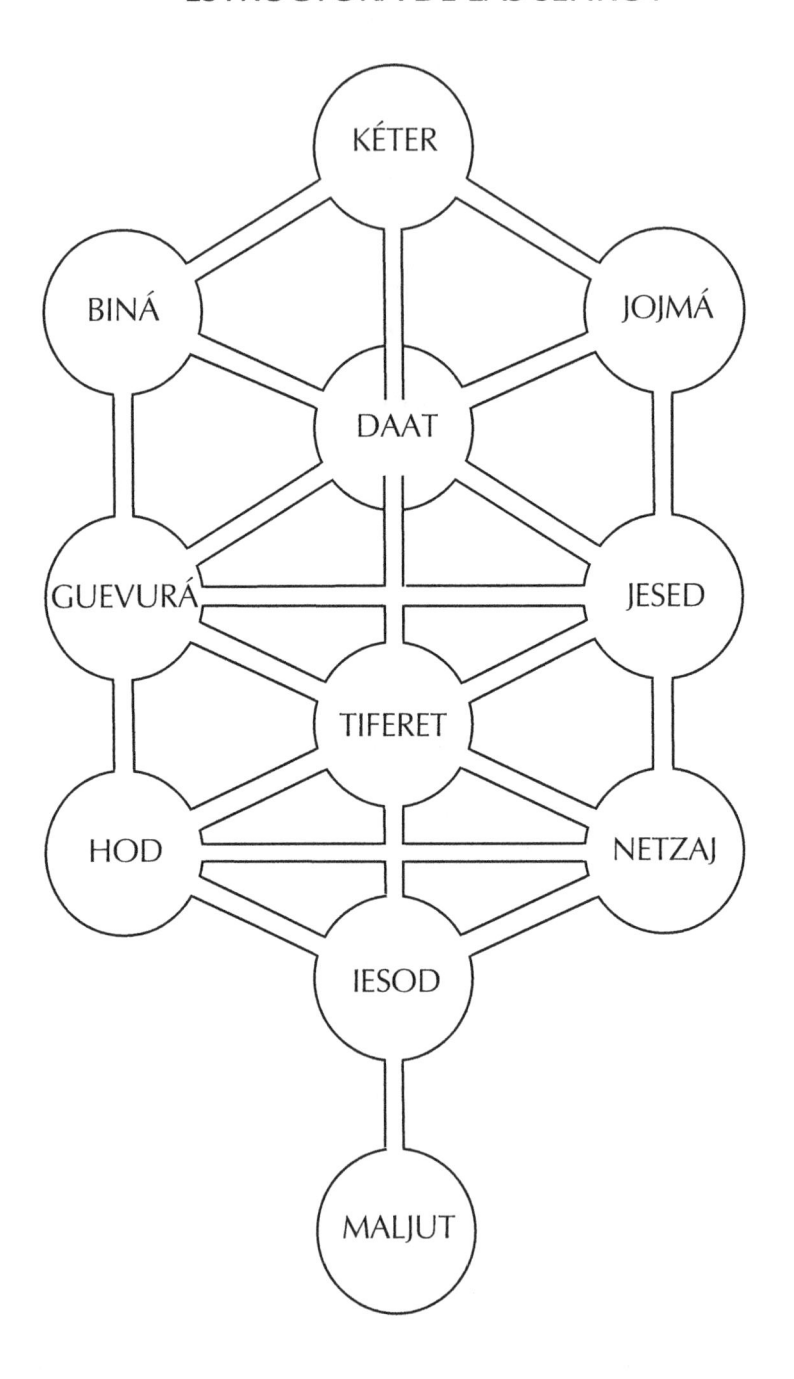

LAS SEFIROT Y EL HOMBRE

Kéter - Corona, Voluntad	Cráneo
Jojmá - Sabiduría	Cerebro derecho
Biná - Comprensión	Cerebro izquierdo
(Daat - Conocimiento)	(Cerebro medio)
Jesed - Amor	Brazo derecho
Guevurá - Fuerza, Restricción	Brazo izquierdo
Tiferet - Belleza, Armonía	Torso
Netzaj - Victoria, Duración	Pierna derecha
Hod - Esplendor	Pierna izquierda
Iesod - Fundamento	Órgano Sexual (Brit)
Maljut - Reinado	Pies

Alternativamente: Jojmá corresponde al cerebro/mente; Biná al corazón
Alternativamente: Maljut corresponde a la pareja del hombre, o la boca

NIVELES DE EXISTENCIA

MUNDO	MANIFESTACION	SEFIRÁ	ALMA	LETRA
Adam Kadmón		Keter	*Iéjida*	Ápice de la Iud
Atzilut	Nada	Jojmá	*Jaiá*	Iud
Beriá	Pensamiento	Biná	*Neshamá*	Hei
Ietzirá	Habla	Tiferet *(seis Sefirot)*	*Rúaj*	Vav
Asiá	Acción	Maljut	*Néfesh*	Hei

MUNDO	HABITANTES	T-N-T-A
Adam Kadmón	Los Santos Nombres	
Atzilut - Cercanía	*Sefirot, Partzufim*	*Taamim* - Musicalidad
Beriá - Creación	El Trono, Almas	*Nekudot* - Vocales
Ietzirá - Formación	Ángeles	*Taguim* - Coronas
Asiá - Acción	Formas	*Otiot* – Letras

LOS PARTZUFIM - LAS PERSONAS DIVINAS

SEFIRÁ	PERSONA
Kéter	Atik Iomin
	Arij Anpin
Jojmá ⎫	
⎬ Daat	Aba
Biná ⎭	Ima
Jesed ⎫	
Guevurá ⎪	
Tiferet ⎬	Zeir Anpin
Netzaj ⎪	
Hod ⎪	
Iesod ⎭	
Maljut	Nukva de Zeir Anpin

Nombres alternativos para Zeir Anpin y Maljut:
Zeir Anpin: Iaacov, Israel, Israel Sava, Torá, Ley Escrita, Santo Rey, el Sol.
Maljut: Lea, Rajel, Plegaria, Ley Oral, Shejiná (Divina Presencia), la Luna.

LAS SEFIROT Y LOS NOMBRES DE DIOS ASOCIADOS CON ELLAS

Kéter - Corona	Ehiéh
Jojmá - Sabiduría	IaH
Biná - Comprensión	IHVH (pronunciado Elohim)
Jesed - Amor	El
Guevurá - Fuerza	Elohim
Tiferet - Belleza	IHVH (pronunciado Adonai)
Netzaj - Victoria	Adonai Tzevaot
Hod - Esplendor	Elohim Tzevaot
Iesod - Fundamento	Shadai, El Jai
Maljut - Reinado	Adonai

NUMEROLOGIA DE LAS LETRAS HEBREAS
GUEMATRIA

300 = שׁ	70 = ע	20 = כ	6 = ו	1 = א
400 = ת	80 = פ	30 = ל	7 = ז	2 = ב
	90 = צ	40 = מ	8 = ח	3 = ג
	100 = ק	50 = נ	9 = ט	4 = ד
	200 = ר	60 = ס	10 = י	5 = ה

Made in the USA
Middletown, DE
29 September 2024

61284422R00169